台北市立教育大學幼兒教育學系副教授
國立台南大學幼兒教育學系副教授
弘光科技大學幼兒保育系副教授

幼兒 創造性思考 的表徵經驗

台中市愛彌兒幼兒園積木活動紀實

馬祖琳◎主編

馬祖琳、戴文青、臧瑩卓、林意紅、
愛彌兒幼兒園教學團隊◎著

高琇嬅◎策劃

心理出版社

目錄 CONTENTS

作者簡介 About the Authors

馬祖琳
美國普渡大學課程與教學博士
國立屏東科技大學幼兒保育系副教授

戴文青
美國密蘇里大學兒童發展碩士
國立政治大學教育研究所博士候選人
曾任台中市愛彌兒幼兒園研究企劃專員
著作：《學習環境的規畫與運用》（1993 年，心理出版社）

臧瑩卓
美國南加大幼兒教育碩士
新生醫護管理專校幼兒保育科講師
曾任台中市愛彌兒幼兒園研究企劃專員
編著：《嬰幼兒學習環境：理論與實務》（2006 年，群英出版社）

林意紅
美國 Bank Street College 幼兒教育碩士
曾任台中市愛彌兒幼兒園研究企劃專員、永春分校園長
撰述：《甘蔗有多高》（2001 年，信誼基金出版社）
《鴿子》（2002 年，信誼基金出版社）

愛彌兒幼兒園教學團隊
一九八一年五月二十日，高琇嬅老師在台中市創辦愛彌兒幼教機構，擁有一群追求幼兒教育核心價值，不受市場功利思潮影響的專業團隊（高琇嬅老師曾任慈明高中代理校長，並於二〇〇四年協助佛教普暉法師於台中市創辦私立慎齋小學）。

積木是孩子建構幾何與結構力學基礎概念的秘密武器

文／林佩蓉博士

台北市立教育大學幼兒教育學系副教授

中華民國幼兒教育改革研究會第七任理事長

「從遊戲中學習」是幼兒教育最重要的教學原則之一，強調老師要多提供學前階段孩子自主遊戲的機會，讓孩子在遊戲過程中，不僅能充分體驗到學習的樂趣，也能有多方面的學習。而積木正是符合此一原則且能達成幼兒教育目標的最佳工具之一，因為積木能讓孩子自由發揮想像及創意、滿足其快速堆疊搭建出建築物的成就感，而積木也是孩子探索基礎幾何及結構力學概念的重要媒介。

遺憾的是，因為積木較佔空間、費用較為昂貴，以及市場上強調讀寫算符號的學習、不重視孩子自主遊戲的學習，當今在幼教現場，很少幼兒園像本書的愛彌兒幼兒園一樣，在每間教室及園所的資源教室皆規劃了積木角，提供多樣的積木型式，包括：單位積木、大型的中空積木，讓孩子每天都有自由遊戲時間，利用多樣的積木建構出各式房屋、橋樑，從遊戲中學習。

也因為愛彌兒幼兒園的不隨波逐流、不跟著市場起舞、堅持回歸教育的本質及落實幼教專業的理念，所以我們在本書中，才可以很清楚地看到愛彌兒孩

子的圖像與眾不同。我們看得到，愛彌兒孩子在搭建積木的過程中，發展出更高層次的社會互動能力（在遊戲型態上，從獨自遊戲、平行遊戲到合作遊戲）、認知思考能力（在問題思考上，從關注所搭建之建築物造型像不像的單一面向思考，到關注建築物結構穩不穩、是否具備特定功能、是否美觀的多面向思考），以及符號表徵能力（在構想或成品的繪圖紀錄上，從簡單、想像到複雜、寫實）。

國內有關積木角的書籍非常稀少，本書不僅是最新，所涵蓋的議題最完整，也是唯一呈現本土教學案例的一本，內容豐富，包括：積木的類別、功能及發展歷史、如何設計積木角、如何在積木角引導孩子深入探索，以及多個實際教學案例。另外一個重要的特色，是邀請多位學有專精及經驗豐富老到的學者專家共同執筆，並請馬祖琳老師針對每個實際教學案例做深入剖析，幫助讀者了解理論與實務之間的關係，很適合做為現場幼師的入門書。

本書的出版不僅對幼教實務工作者在如何進行積木教學上有重要意義，對學術研究工作者在幼兒探索積木過程中，如何建構一些學科概念上也有重要意義。我嘗試從本書愛彌兒幼兒園多個積木教學案例中，歸納出本土孩子探索積木的幾個時期：

一般而言，孩子一開始在接觸積木時，通常事前並無特定構想，而是一邊把玩，一邊探索，利用隨機分類、組合、排列、堆疊……以了解積木的物理性質（例如：積木硬硬的、角尖尖的，形狀大小或長短不同）及搭建技巧（例如：積木可以怎麼玩？在把玩過程中，發現積木可以用來堆疊、圍堵或架橋等）。

隨著對積木物理性質及搭建技巧的熟悉與了解，孩子對積木的探索會進入到另外一個時期——使用積木表徵構想，例如：想要用積木蓋出溜滑梯、天橋、101 大樓或愛彌兒的園舍建築，且在使用積木搭建出建築物的過程中，會開始關注不同面向的問題，而思考與解決這些面向的問題，會促使孩子在不知不覺中建構了一些攸關數量、幾何及結構力學的基礎概念，雖然孩子未必知道或使用與這些學科概念有關的專有名詞。

孩子在使用積木搭建出建築物的過程中，首先最關注的問題，是如何使用積木搭建出與構想中真實物體或建築物外觀造型相似的成品，他們會直接選擇

形狀與建築物外觀造型看起來相似的積木作代表，例如：孩子要蓋車子，以一塊積木當成一輛車；之後，孩子會想要搭建出更大型、與物體或建築物外觀造型相似的成品，此時孩子會運用更多的積木隨意組合、堆疊，例如：孩子想要蓋可以坐的大車，於是以大型積木當作車底，不斷往上堆疊，然後跨坐於堆疊的積木上，稱它為 "March"。

由於孩子很關注積木所搭建出的成品，是否與構想中真實物體或建築物的外觀造型相似，促使孩子對於積木之幾何基本圖形的覺察，以及幾何基本圖形的分解與合成之敏感度會大大提升，例如：不同形狀的積木，組合起來會變成什麼樣的形狀？要搭建出 March 車，需要利用哪些不同形狀的積木組合起來才像？甚至孩子因此對積木的數量及比例也會有所了解，例如：孩子發現四倍塊積木等於兩塊雙倍塊積木，也等於基本塊積木，使用四倍塊積木搭建橋墩不夠時，可以使用雙倍塊或基本塊積木替代。

隨著孩子解決搭建物體或建築物造型像不像的問題之後，孩子開始關注結構力學方面的問題——怎麼搭建物體或建築物才比較穩固不會倒塌？藉由不斷解決倒塌的問題過程中，孩子會發現，大塊積木要放在下面搭建比較穩固，同數量橫放往上堆疊的四倍塊積木，會比直立並排圍堵的四倍塊積木不易倒塌，而搭建 101 或愛彌兒園舍建築的城牆時，單橫排和雙橫排的積木交錯堆疊上去會比未交錯堆疊上去更加穩固，就如同坊間真實磚牆單橫排和雙橫排磚塊的交錯排列。

克服了積木成品造型看起來更加寫實、結構更加堅固的問題之後，孩子自然會把焦點轉移到積木成品能怎樣玩才好玩？是否具備特定功能？為了能玩，要更好玩，孩子會想要搭建出更大型、更立體、具備特定功能的成品，例如：孩子搭建出造型看起來有點像但人無法乘坐的車子，更進一步會想要蓋自己可以坐的 March 車，再進一步又想要蓋很多人可以一起乘坐的娃娃車；蓋天橋，要如何搭建才能讓人真的可以走上去；蓋棒球場，要如何搭建才能讓人真的可以坐上去；蓋迷宮、溜滑梯或彈珠遊戲，要如何設計與搭建才能讓人覺得有趣好玩……等。

孩子為了要達成讓所搭建的物體或建築物具備特定功能的目標，必須重新整合並延伸先前搭建積木的所有經驗，並思考造型、結構與功能三者的動態關

係，重新搭建出理想中的成品。在此更高難度的任務與挑戰過程中，孩子不僅培養出合作學習的態度與能力，對於積木搭建的技巧、數量形與結構力學的學科基本概念有更深刻的體驗與理解，甚至因為積木搭建的主題不同，也培養出其他方面重要的概念或能力，例如：彈珠溜滑梯的遊戲中，孩子經驗了重力、磨擦力的實驗；迷宮的遊戲中，孩子探索了空間方位的概念。

　　總之，這本書不僅開啟了研究幼兒如何探索積木的一扇窗，也開啟了研究老師如何進行積木教學的一扇門。我深覺愛彌兒幼兒園的孩子是幸福的，期望有更多幼師及幼兒園願意加入幼教幸福列車的營運，參考本書發展積木教學的課程案例，讓更多的孩子能像愛彌兒的孩子一樣幸福！

推薦序 2

創造性積木建構遊戲之威力

文／許惠欣博士　國立台南大學幼兒教育學系副教授

「**積**木」是幼兒創造性建構遊戲之一種開放性材料，提供幼兒使用左右腦半球之機會，幫助幼兒身體動作、認知、語言、社會情緒與創造力之發展。對積木的情有獨鍾是始於研究 Froebel 恩物和 Montessori 教具，然而由於指導本系碩士班研究生進行與積木相關之研究——彭子怡（2006）之「型式積木」（pattern blocks）、石素瑜（2007）之「百力智慧片」（polydrons）、吳雅玲（2008）之「單位積木」（unit blocks）與洪勁亭（進行中）之「七巧板」（tangrams），對幼兒多元與創造性之積木建構遊戲，總是嘖嘖稱奇，從此乃與積木結下不解之緣。

愛彌兒幼兒園的教師透過資源之提供（如益智區之古氏積木、骨牌、拼接水管、實物照片／圖片、玩空間遊戲和閱讀相關繪本）、實地參觀（如參觀棒球場和科博館、走迷宮和天橋、畫觀察圖）、提問、鷹架與支持，引導幼兒應用「單位積木」和「空心大積木」（hollow blocks）合作解決與生活有關的八個方案——書店、娃娃車、迷宮、圓形棒球場、從樓梯到天橋、旅順愛彌兒、溜滑梯和彈珠溜的溜滑梯，讓幼兒做個小小探索家、科學家、解題者與多元的溝通者。不僅符合方案之精神，又可培養幼兒全方位的發展，也證實了積木乃幼兒園中不可或缺的玩物，具有統整數學、科學、語言、藝術、健康體育等學

習領域之創造性威力。

愛彌兒幼兒園積木活動方案之紀實具有下列五項重要的含義：(1)加入兩歲組「娃娃車」的方案後，讓我們目睹 Johnson 積木建構的七個發展階段，即「攜帶、堆疊、架橋、圍牆、形式與對稱、早期表徵和晚期表徵」。(2)幼兒從積木活動中習得 Piaget 之三種知識，即「物理知識」（「彈珠溜的溜滑梯」中之力學）、「社會傳統知識」（迷宮、圓形棒球場、天橋、溜滑梯和書店）與「邏輯數學知識」（分類、部分與整體、比例和空間關係、分配、替換和旋轉）。(3)幼兒於積木活動中表現了 Bruner 之三種表徵模式，即「動作表徵」（以替換方式解決積木數量不足之問題）、「圖像表徵」（畫設計圖或平面圖）與「符號表徵」（以「→」標示迷宮之出入口；以 B1，1-4 表示旅順愛彌兒之樓層數）。(4)幼兒之積木建構符合 Froebel 恩物之三種表現形式，即「生活的形式」（迷宮、圓形棒球場、天橋、溜滑梯和書店）、「美的形式」（旅順愛彌兒建築物之對稱）與「知識的形式」（估算、數算、分配、替換、測量）。(5)由於愛彌兒幼兒園平日落實學習區活動，提供幼兒豐富的積木建構遊戲，故幼兒除了應用積木實施方案，扮演「社會性戲劇遊戲」（sociodramatic play）（棒球比賽和開書店），也實踐了「美國數學教師協會」（National Council of Teachers of Mathematics, NCTM）於二〇〇〇年所出版的《學校數學之原則與標準》（*Principles and Standards for School Mathematics*）中所規定之五項數學「歷程標準」，即「解題、溝通、推理、連結和表徵」。

衷心期盼愛彌兒幼兒園積木活動方案的分享，能激發更多幼教老師重視積木建構之教育意義，提供幼兒自由探索試驗與合作建構各種積木之時間與空間。

推薦序 3

自愛彌兒課程發展歷程探尋積木教育的軌跡

文／張斯寧博士　弘光科技大學幼兒保育系副教授

台中市愛彌兒幼兒園即將出版第七本幼兒教育專書《幼兒創造性思考的表徵經驗：台中市愛彌兒幼兒園積木活動紀實》，這是一本自構思、籌劃至出版，歷經數年完成，且在幼兒教育界十分罕見之幼兒園積木課程紀實的書。自己十分幸運能接到愛彌兒幼兒園創辦人——高琇嬅老師邀約序文的來電，因而能較讀者們早些時刻拜讀這麼一本不論是在積木課程活動的發展實例，或者是在活動後的課程解析，都能吸引閱讀者在反覆參照前、後文之間，不斷反芻與再三玩味的幼教積木課程專書。

在細細咀嚼整本書的基礎篇與其中的主題課程實例——用積木蓋的書店，以及表徵篇內的七個積木方案活動與分析後，下述的想法常縈繞在自己的腦海中：愛彌兒幼兒園課程的發展並非一蹴可幾的，而是一段幾近三十年的漫長發展歷程，因此，愛彌兒積木區的建置、運作而至主題課程、方案課程於其中的萌發與發展，必然在愛彌兒課程發展的歷史脈絡中有跡可尋？但，囿於本書主要聚焦於愛彌兒幼兒園師生共同發展出積木課程活動的紀實與解析，有關於課程背後積木區本身或積木主題、方案課程的發展歷程，較遺憾的無法同時呈現於本書中，在思索日後讀者在閱讀本書時，若能先自愛彌兒課程發歷史脈絡中清楚了解「積木」在其間的角色扮演、發展與重要性，將更易於融入於所閱讀

之各積木課程活動紀實中。於是，嘗試由愛彌兒幼兒園相關的出版物〔如：《學校附近的地圖》、《建構主義取向的幼兒課程與教學——以台中市愛彌兒幼兒園探究課程為例》等（2007，心理）〕，高老師對幼兒教育學習社群所分享文本資料中來發掘答案，對於無法擷取自書面資料的問題，即以直接就教於高老師的方式來為上述問題尋找答案，並做為本書的序文之一。

壹、在愛彌兒的課程發展歷史中尋找學習區與其中的積木區

回溯愛彌兒幼兒園的課程發展歷史，在一九八九年是園本位課程發展的啟始，肇因於高老師希望提供幼教專業學人一個專業實務舞台，再藉由與第一線教師的專業互動以促動彼此的專業成長，進而落實植基於近代研究發現幼兒學習特質之幼教課程教學的想法，因而於園內成立「研究企劃室」，特別延聘國內外幼兒教育碩、博士擔任專職的課程與教學企劃。「愛彌兒研究企劃室」自成立迄今歷經了五個發展階段：第一階段（始於一九八九年）的研企人員以鄭秀容和蔡慶賢老師為主軸；第二階段（始於一九九一年）的研企人員以戴文青老師為主；第三階段（自一九九三年開始）的研企人員則以臧瑩卓、顏蔭、李淑惠、陳昭容、田育芬、魏淑君老師等為主；第四階段（自一九九六年開始）的研企人員是以陳慧齡、林意紅老師等為主；二〇〇一年之後，愛彌兒課程與教學的企劃與發展、教師專業研修等工作，則由高老師與研企團隊一起領軍，此為第五階段。

每個階段不同研企人員所帶進的不同幼教專業知能，都深深的影響著愛彌兒幼兒園的課程發展。

以學習區的活動為例：第一階段的鄭秀容老師等研企人員配合專業師訓的實施，讓老師們開始在幼兒教室內的開放空間中規劃出不同的「學習區」（為全台中市首先建置者），積木區即為常置學習區之一，以提供孩子在同一學習時段能有個別、自由、且多元的學習選擇；此外，老師們也針對幼兒在學習區內與人、事、物的互動，著手進行觀察與記錄。第二階段的研企人員戴文青老師，則為老師們在各個學習區的課程教學的運作上帶入具體可行、且易於依循的「學習區的活動設計」、「情境佈置」及「檢核表」等。當老師們在學習區的運作上駕輕就熟且漸入軌道之際，第三階段的研企人員臧瑩卓老師等人則針

對愛彌兒教師們在學習區運作的框架上加以解構，並注入了教師的專業自主，老師們因此能靈活的規劃、安排與運作各學習區，每日上午含括個人、小組、團體時間的學習區探索時段也因此確立。第四階段的研企人員林意紅老師，自美國紐約 Bank Street College 取得幼兒教育碩士學位後返台服務，不但帶入空心大積木此一受幼兒喜愛與親近的建構與創造表徵媒材，且將愛彌兒各班的單位積木補足成套。尤其是將美國紐約 City and Country School（單位積木的發源創始學校）對幼兒積木建構遊戲的重視態度與支持、引導策略技巧引介至愛彌兒幼兒園，讓愛彌兒幼兒園的孩子也有機會一如美國紐約各幼兒園（如：河濱街學院附屬幼稚園、哥倫比亞大學附屬幼稚園、City and Country School 等）的孩子般，能有機會在與積木的盡情互動中創造、表徵、戲劇扮演、假設、實驗與發現。加之，此階段研企人員所帶入對孩子當下的關注與興趣而做活動調整的彈性主題（概念網）課程與活動，單位積木與空心大積木提供孩子在對生活環境中深深吸引他們的主題事物探究後，用以統整探究經驗、創新與表徵所獲得與主題相關知識概念的媒材。此外，在具體經驗後的建構表徵歷程中，孩子也交織著對自己假設的實驗與修正，也因此對自己周遭世界愈發深入理解。此外，部分完成的積木作品，搭著一些配件與道具，孩子往往就自發的延伸出社會戲劇遊戲（活動）。

另外，值得注意與一提的是，雖然在二〇〇四年全美語與雙語教學盛行的時刻，幼兒家長蜂擁的將孩子送往標榜著 "No Chinese" 的幼兒園。高老師順勢將愛彌兒旅順、各園的硬體重新改造，學習區空間在擴增為較原先兩倍寬闊的情況下，老師們對學習區的專業運作更有開展的空間。但積木建構（遊戲）與愛彌兒空間規劃間的關聯性不僅於此，當反覆閱讀《幼兒創造性思考的表徵經驗：台中市愛彌兒幼兒園積木活動紀實》一書之際，時時可以發現大型積木建構物（如：圓形棒球場、天橋、彈珠溜的溜滑梯、用積木蓋的書店等）矗立在園所一隅。這些龐大的建構物並非教室內積木區所能容納得下，然而愛彌兒師生都能在學校所規劃留置的戶外或半戶外空間（原本規劃提供師生活動之用）中，不受限制的發現與選擇適合搭建大型積木建構物的空間。唯一的例外為「積木書店」的搭建，因建構物本身佔地寬廣，因此申請借用學校展示孩子作品及課程紀實板的展場，才足以容得下積木書店。也因此，當愛彌兒幼兒園

數年前一場週三晚間的教師研修，邀請在學前幼兒數學鑽研甚深的屏東科技大學幼兒保育系馬祖琳老師蒞園為老師們分享「幼兒數學創造性教學引導策略」，積木書店引起馬老師注視良久，也因此促成馬老師慷慨應允及撥冗擔任此書主編的因緣。在馬老師殫精竭慮的藉由幼兒心智發展的多元觀點來分析愛彌兒的各個積木課程，本書於焉誕生。

貳、在愛彌兒的課程發展歷史中尋找積木區課程的遞變——逐漸邁向在積木區中發展而成的方案課程

由於奠基在前四階段研企人員的努力帶領與訓練老師在學習區及積木區的規劃、運作及課程的實施經驗，第五階段的研企團隊在高老師帶領與努力之下，二〇〇一年（民國九十年）之後在愛彌兒的各個幼兒園內也發展出許多精彩的積木課程，如：彈珠台、高速公路，與本書內的各個積木搭建活動。這些積木課程活動仍一如第四階段末期及第五階段初期的多元模式：在主題探究之下搭著積木建構的方案（例如「用積木蓋的書店」）、或老師本身希望讓孩子探究某些概念——尤其是數概念或幾何空間概念（例如「用積木蓋出愛彌兒旅順分校」）、或出自孩子本身遊戲的需求而選擇積木媒材（例如「圓形棒球場」）。

自二〇〇五年開始，以「全人發展（目標及內容）‧建構取向（方法及評量）」為核心特色的愛彌兒園本位課程已漸漸發展成型。為彌補主題探究課程往往以全班（或大組）的方式進行，未必能顧及每一位孩子的學習機會及需求，為能履踐對個別孩子學習的全面關照，教師於是依據幼兒各領域能力的發展，對孩子做觀察、互動與了解，有計畫的增強個別孩子的發展能力。孩子不但可以自主的依知識能力屬性在相關的學習區內進行主題下方案的探究，也可在學習區中以個別的方式與材料互動，兩者皆能在同儕間的激盪或教師的引導與催化下發展出深入實作的方案探究活動。二〇〇七年左右，愛彌兒幼兒園的課程邁入如下的階段：讓孩子在自主與學習區互動的歷程中，對其中材料有目的、步驟的探究與問題解決，因而發展出方案課程。積木課程活動也自此源自於幼兒自身（或與小組同儕）在積木區中對單位積木或空心大積木的互動歷程發現並聚焦於某一議題的核心概念，並進一步探究實驗問題解決發展而成。本

書中的「積木區的娃娃車」、「從樓梯到天橋」、「單位積木蓋的溜滑梯」、「彈珠溜的溜滑梯」皆為二〇〇七年左右所發展之積木課程。

參、在愛彌兒的課程發展歷史中尋找影響積木區課程、紀實與促成出版《幼兒創造性思考的表徵經驗：台中市愛彌兒幼兒園積木活動紀實》一書的因素

一、愛彌兒創辦人高老師對積木教育功能的體認、欣賞與推廣運用

在愛彌兒幼兒園的老師們都深信積木區：在滿足孩子想像、表徵、創作與社會遊戲需求的同時，積木建構也能促進孩子大、小肌肉的發展，並提供孩子學習與應用數學概念、語文的機會；孩子於過程中也學會溝通、遵守規則、輪流、分享、互助、合作，以及對他人作品的鑑賞態度。因此，每位孩子的自信心、勇於面對挑戰的態度、自主性的嘗試（如：大膽假設與小心求證）、問題解決的能力，也都在積木建構的歷程中顯見。積木對愛彌兒孩子在學習發展上的正向影響，實應歸功於各階段研企老師對學習區的介紹、帶入與引導；但若再進一步追本溯源，則創辦人高老師在一九九〇年間三次造訪美國紐約，在參與 Bank Street College 的幼教研修課程及進入哥倫比亞大學附屬幼稚園參訪之際，對於紐約這些著名幼兒園多能提供半個以上的教室空間給孩子們專注愉悅的從事積木的建構與遊戲之用而深受感動，並體驗出積木此一學習媒材對孩子的吸引力。高老師於是著手蒐集與幼兒園積木課程活動相關的美、澳等西方文獻與課程影帶，並深入閱讀觀賞後對積木教育功能的信任、支持與期待，在在且深遠的影響著愛彌兒幼兒園在積木相關軟、硬體的規劃、提供，及積木課程理念的推廣、體現，甚而積木課程文化的型塑。

積木除了具開放、可塑、可逆、挑戰等特性之外，一向倡導並以實際行動履踐環境保護的高老師，始終不能忘懷積木的環保性。她將積木及紙箱此兩建構媒材做比較之後，發現積木不但在環保特性上優於紙箱，因為紙箱的可重組性不及積木（同一組積木可做反覆建構與解構還是原先在尺寸上截然相同的同一組積木，不似紙箱在割裁尺寸不正確後，勢必需另尋新紙箱再做修正與建構，易造成材料上的浪費）；此外，積木對孩子能力的挑戰性也勝過紙箱，以

建構房子為例，放置一個紙箱，立面（牆）即刻出現，但若以積木搭建一面牆，孩子除需一層一層往上堆疊，還需面對及思考「以哪一種方式堆疊較為穩固而不易傾倒？」此一問題的挑戰。

二、愛彌兒創辦人高老師對課程紀實的重視與實踐推動

課程紀實概念得自於高老師在一九九六年、二〇〇〇年、二〇〇二年與二〇〇五年四次親赴義大利瑞吉歐幼兒學校的參訪與專業課程的研修經歷。高老師對這些「述說著孩子學習故事」的課程紀實牆面印象深刻，於是在一九九六年搭著彈性主題課程實施的順風車，藉教師專業研修課程帶領老師們將師生主題探究的歷程加以記錄與整理。一方面將課程發展的社會情境與脈絡具體重建，提供教師了解孩子在各領域發展的依據，以及教師課程教學省思與方向、策略調整的機會。另一方面園內課程紀實的多元呈現，如：各班的電子報、班級內的課程紀實板，與園內的課程紀實展場，也是親師互動、溝通與彼此成長的橋樑，提供幼兒家長對孩子身心發展及進展進一步了解的依據，促使家長對孩子教養工作更具信心，進而走進並參與孩子的學校學習，也促成了家庭與幼兒園在孩子學習上夥伴關係的形成。

此外，高老師也前瞻的將園內各班的主題課程紀實結集、刊印與發行《探索》期刊，但在主題課程紀實專書的出版上，高老師一直感念任教台北教育大學幼兒教育系所林佩蓉老師的鼓勵、指導及不吝指正，方才有華文世界的第一本課程紀實專書《甘蔗有多高》於二〇〇一年出版，也帶動了日後多本幼教課程專書的出版。不但能讓愛彌兒幼兒園或其他幼兒園老師們能有課程進行與發展的文本在手邊做為個人課程教學上的參考，也能與關注幼兒教育的家長及學界分享。然而，積木課程紀實直至二〇〇九年方才出版問世，與愛彌兒第一本課程紀實的出版晚了將近九年，只因孩子多以肢體（大小肌肉）動作從事積木的建構，而每個動作都發生在短短的一瞬間，老師們在觀察記錄上頗具挑戰性，而錄影也未必能由三百六十度角呈現孩子積木建構的全貌；加上孩子在建構歷程中許多想法是存在於腦海中，少有語言文字來呈現其內在思考，於是老師在積木課程紀實工作上往往以作品倒追其建構當下的策略與思考，資料的來回、反覆蒐集是一件具挑戰性且富難度的工作。在國外，積木課程也因此多以

影帶呈現。《幼兒創造性思考的表徵經驗：台中市愛彌兒幼兒園積木活動紀實》可謂是幼兒教育界十分罕見的幼兒園積木課程紀實專書。

（積木）課程紀實對愛彌兒幼兒園本身而言，也足以成為日後追溯課程與教學發展彌足珍貴的歷史資料。除此之外，高老師也期待（積木）課程紀實的出版除了有利愛彌兒幼兒園老師們積木課程規劃實施之參考（能由站在巨人肩膀上看世界的鉅觀角度來思索班級積木課程活動的進行與發展），同時也能與身處幼兒周邊的重要成人分享積木此一遊戲媒材對幼兒各學習向度的助益。

後記：在此次資料蒐集及序文書寫的過程中，發現一件事：原來幼兒園負責人在園所規劃經營與運作、教師專業成長及課程教學實施上，若能始終如一的以孩子全人發展、終生學習的長遠利益為前提，並以此做為園所的遠景，再赴諸以植基在日新學習、自省智慧、利他精神的實現行動，這將會是有利園內生師、幼兒家長與幼教相關人士的人生志業。

文／馬祖琳

幾個世紀以來，積木一直被視為幼兒的優質學習材料。在台灣，積木的遊戲價值、教育功能與教學延伸應用，也常見於幼兒教育相關的書籍中，但多偏向於理論介紹、教學應用的原則性建議，以及對應於原則的片段式範例說明。因此在一般的幼兒教室中，積木遊戲的形式通常是在「角落時間」時段，幼兒在積木區所從事的自由堆疊與搭蓋之建構遊戲，較少進行由師生合作、共同搭建完成特定標的物造型，且類似於主題課程形式的積木活動。

台中市愛彌兒幼兒園自一九九七年起，增加多單位積木（unit block）及空心大積木的學習媒材，鼓勵幼兒運用積木進行遊戲活動，並依據幼兒的興趣，萌發出以積木為主的各式主題課程，並將課程紀實發表與出書，讓讀者留下深刻而被感動的印象。這些發表過的課程紀實，是以陳述主題課程的發展流程為主，並以教師的發問、引導方式，幼兒的回應內容、構想討論、設計圖、堆疊行動，以及在積木搭建過程中所運用的數學技能與知識等內容，來展現教師如何鼓勵幼兒觀察再觀察、構想再構想及呈現再呈現的互動與鷹架歷程。另外，課程紀實中所描述幼兒的口說語言、繪圖、搭建構想與積木創作成品，提供幼兒教師與讀者洞察（insight）幼兒內在心智結構、概念發展與問題解決能力的管道。此類課程紀實一方面提供肯定積木對於幼兒發展與學習的意義與價值之範例，另一方面也讓讀者體認到幼兒的自主（autonomy）學習經驗對於幼兒知識建構與學習的重要性。

「他們好厲害」，常為讀者用於感佩幼兒的積木創作靈感與問題解決巧思之回應，但卻因現有的積木功能與教學應用知識的不足，以及積木有關的理論性知識與積木活動實例之間的距離，使得許多想要模仿或複製這樣的課程流程

與教學模式的讀者，常有知道教學程序（know what and how），卻不理解轉化為教學程序的理論與概念基礎（know why），而在模仿過程中有力不從心的窘境。例如：帶領幼兒觀察或是閱讀與主題相關的繪本，幼兒並沒有出現預期中的反應、疑問或搭蓋行動，而卻有窮於回應幼兒其他象徵性表徵符號（圖畫內容或積木創作形式）所表達的心智運作意義之情況。幼兒的主動學習與問題解決潛力，以及求新求變的特性，使得每一次的積木建構遊戲都會有創新內容產生，幼兒教師無法以模仿活動程序範例的方式，而能立即而有效的回應幼兒實踐積木堆疊構想的內在心智運作需求。

在愛彌兒幼兒園的積木活動紀實中，幼兒是以口說語言、文字符號、圖形、圖畫、積木創作、戲劇遊戲等方式，象徵與表達其經由內在心智組織生活體驗、知識背景、學習經驗與創新想法所形成的心理表徵系統。積木所具有的比例關係、重組性以及低真實性的特性，使得積木成為幼兒用於外在表現其內在心理表徵，以及精進內在心智結構的有效媒介。幼兒在複製生活體驗與學習經驗的積木操作與遊戲歷程，主動地精緻化與複雜化其心理表徵系統，並促成心智與知識的成長。此外，幼兒為完成理想中的積木創作造型與複製建築物模型，經常面臨積木成品與構想不同，以及積木數量不足與結構無法穩固等問題，幼兒因而持續不斷以個人創新的構想，修改與重組積木結構，才得以完成構想中的積木創作。換言之，幼兒的積木建構歷程，蘊含幼兒以創造性思考解決積木堆疊問題以及精進幼兒心智結構與運作的心理表徵經驗。

若富含成功經驗的積木遊戲活動與主題課程紀實，未能配合針對教學策略的基礎架構與理論背景、幼兒回應教學程序所展現的外在象徵性符號與行動，以及對應於外在象徵性符號的內在心智運作機制，提出互動機制的說明與詮釋，將可能使得積木活動的紀實被窄化，並用於導引成人讚嘆幼兒積木創作成品的外在表現，以及由成人觀點所賦予的知識學習意義，忽略積木為媒介的幼兒內在心智運作、表徵轉化與解題思考等心理表徵經驗，對於幼兒知識建構與概念發展的意義。因此，本書嘗試對於積木的心理表徵的媒介功能，做更為深入的闡述與探討，並結合幼兒心理表徵系統、知識論、心智模式理論、萌發課程原理、心理表徵轉化機制、問題解決引導取向與科學遊戲等相關理念，針對愛彌兒幼兒園的積木遊戲與課程實例，就幼兒、教師、積木特性、繪本、參觀

經驗、設計圖等所構築的知識建構情境的互動脈絡，進行微觀分析，並著眼於幼兒的內在心智運作之詮釋，以擴展有關積木在幼兒教育的功能與應用之相關知識，更期盼能增進與強化幼兒教師對於如何開啟與延續幼兒進行積木建構遊戲之認識。

全書是以基礎篇及表徵篇共十二章進行論述。基礎篇的內容主要為說明積木的教育功能及其應用之基礎知識，並以主題課程形式的積木創作活動說明幼兒積木操作歷程的學習意義與價值。第一章「積木的歷史沿革」，說明木質積木運用於幼兒教育的緣起與演變歷程，以及簡介一般幼兒園較常使用的「單位積木」與「空心大積木」的材質、種類、尺寸與數量。第二章「幼兒積木遊戲的發展與功能」，首先闡述幼兒從事積木遊戲的發展階段與特徵，再由社會建構論的觀點，論述積木遊戲的教育性功能，以及如何提供支持幼兒自主學習的積木遊戲情境。第三章「積木的教學運用」，是以實務性的觀點，說明幼兒教室積木區的環境設置、開放原則與常見問題的處理建議，以及幼兒教師在積木區所扮演的角色與功能。

第四章「用積木蓋的書店」主題活動，是以課程紀實說明積木活動歷程，並探討幼兒在該主題課程中的積木操作學習經驗，其探討的路徑為：先由幼兒發展角度來論述幼兒在認知、創造力／藝術、社會／情緒與肢體動作的學習體驗，再闡述空心大積木的教育功能與應用原則，最後探討教師引導課程發展所扮演的多元角色內涵，完整說明積木、教師、幼兒所共築的遊戲與學習情境脈絡。此外，就認知遊戲的觀點而言，該積木主題課程為指導式的社會戲劇遊戲類型，提供幼兒統整生活經驗與先備知識，以及擴展創造力及想像力的練習與學習機會。幼兒先以單位積木堆疊出類似於書架形式的積木成品，來象徵其所觀察與感受到的書店特徵。在面臨書架不是書店的同儕挑戰後，幼兒經由協議機制，共同持續評估、修正設計圖與積木書店的造型與結構，並歷經多項問題的解決思考，完成理想中的書店外型場景與內部道具佈置。

表徵篇的內容主要是探討與闡釋積木的表徵媒介功能與幼兒積木操作的心智運作歷程，包含闡明積木創作所發揮的表徵媒介功能之觀點論述，以及運用該觀點所分析的七個積木創作活動（課程、遊戲）。積木創作活動分析的形式為：依據活動紀實的內容，歸納教師的引導策略，詮釋幼兒的平面繪圖與立體

積木創作的表徵意義，以及參觀、閱讀繪本、同儕討論等新訊息，對於更新積木結構與內在心智結構的促進功能。第五章「幼兒積木創作的表徵經驗」，是由心理表徵與認知遊戲的觀點，論述以積木為媒介所引發的主動學習經驗，以及幼兒積木創作表現與建造的特性。

　　第六章「幼兒表徵能力的成長軌跡」，詮釋幼兒搭建積木娃娃車所展現的表徵能力，並具體回應積木具有為幼兒表達內在想法與感受的媒介功能之觀點。第七章「自由創作與想像的表徵形式」，說明幼兒在建構想像迷宮歷程中，如何運用積木來表徵其所構想的造型，以及所表現的積木結構特徵。第八章「戲劇遊戲場景的建構」，是藉由幼兒建構圓形棒球場的積木遊戲歷程，說明幼兒關注於打棒球的社會戲劇遊戲，以及教師關注於積木創作的寫實建構的現象。基於戲劇遊戲與建構遊戲的不同需求，幼兒以象徵與寫實手法交互用運用積木素材，來呈現屬於幼兒自己所詮釋的真實棒球場模型與棒球賽情景。第九章「幼兒表徵能力的創塑」，是以心智模式的觀點，闡述教師如何運用心智模式精鍊途徑，包含：教具操作的模化歷程、新訊息的提供、閱讀繪本的模式互動、照片與積木造型的差異比較、增加身歷其境的知覺經驗與暗示性疑問的解題建議，來提升幼兒表徵內在思考的能力，進而完成積木天橋的搭建。第十章「視覺世界的表徵轉化」，說明幼兒經由參觀愛彌兒幼兒園建築物外型與內部結構、繪製觀察圖、閱讀房子結構繪本與廣告單等經驗所形成的視覺感知與心像，如何轉化為平面構圖與立體積木造型兩個象徵系統，來表徵其所詮釋與理解的建築物結構，並反映出他們於空間概念的認知基模。第十一章「科學本質的創作與問題解決歷程」，說明教師如何採用「問題解決」取向之引導方式，引導幼兒自發性思考如何解決積木建構上的問題，而達成複製溜滑梯模型的目標，以及幼兒如何運用積木的數學關係特性，完成樓梯造型創作構想，並陳述幼兒雖沒有領悟到的「力學」原理，但卻能採用「擋住」的自然想法與舉動，成功解決積木坡道下滑落問題的現象。第十二章「力學原理的科學遊戲」，闡述幼兒搭蓋積木溜滑梯，是為了「玩」滾彈珠遊戲，但此蘊含力學原理的探索性科學遊戲，提供幼兒一個可以體驗「只知其然但不知其所以然」的力學原理實驗活動。

　　早在二〇〇五年「書店」主題課程結束後，高琇嬅老師就有意要將此以積

木為主的課程活動與幼教夥伴們分享。在張斯寧老師的引薦下，我接下幫忙統整課程紀實與撰寫活動分析的重任，但一直受困於思考如何能具體彰顯「書店」主題課程中積木的心理表徵功能，以及如何在一個單一主題活動中，涵蓋並詮釋積木的多元功能與積木操作歷程所隱含的學習意義與價值。在高老師的耐心等待，以及我厚顏的遲遲不肯放手下，出書進度一再延宕。直至二〇〇八年二月，愛彌兒幼兒園又多了數個積木遊戲活動紀實，讓我找到了撰寫架構構想：另外選出七個具代表性的積木活動，依據各個積木活動的內容，以由簡而繁的方式，依序論述積木的多元功能與學習意義。而後，在臧瑩卓、戴文青、林意紅老師的鼎力相助下，完成這令人期待又難產的「積木」書。特別感謝林意紅老師統整積木「書店」的課程內容，並詳實的詮釋幼兒參與積木建構歷程所蘊含的學習內容。若沒有此源頭的「書店」課程活動，本書將失色不少。

　　最後，感謝這些小小積木建築師的積極參與，讓我有機會向他們學習並建構與擴展個人的積木相關知識。對於已經國小五年級的積木書店小建築師，以及耐心等候的高琇嬅老師，我需要說：「對不起，我的動作實在是有點慢。」

幼兒創造性思考的表徵經驗：台中市愛彌兒幼兒園積木活動紀實

第一篇

基礎篇

幼兒創造性思考的表徵經驗：台中市愛彌兒幼兒園積木活動紀實

chapter 1

積木的歷史沿革

文／臧瑩卓

　　積木是在眾多玩具中，能夠通過時空考驗，深受幼兒青睞的一種玩具。郭春在（2006）於一份探討幼兒玩具設計要素的研究中，也發現教保人員認為最能引起幼兒興趣的玩具就是積木。在學前教育的領域裡，運用積木做為幼兒學習的媒介已行之有年，積木提供幼兒真實的操作經驗，幼兒在操作積木的過程中，促進了自身感官、大小肌肉、認知、創造力及社會情緒等方面的發展。

第一節 積木的發展與演變

　　早在十七世紀的德國，身為數學家的 Erhard Weigel（1625-1699）開始認真思考兒童教育的本質，他創辦「道德學校」，賦予遊戲極高的評價，認為幼兒們必須透過遊戲發展其智育和德育，並開始在幼兒遊戲中使用木片和木塊等材料。到了十八世紀，教育家 Gutsmuths（1759-1839）開始提倡單獨遊戲的優點，相當推崇由孩子一個人就能進行操作的積木遊戲。他認為藉由積木這種素材簡單的玩具，能夠幫助孩子發展想像力和創造力，孩子會依照自己的意思堆出城堡、房子或車站等造型，而得到相當大的成就感。同時期另一位教育家，後人尊稱為幼教之父的 Froebel（1782-1852），則進一步制定出積木的規格（瞿中蓮、夏淑怡譯，2000）。

　　Froebel 是第一位透過具體的玩具，將長久以來大家所探究的兒童教育與遊

戲、玩具之間的關係，加以明確形式化的教育家，並於一八三七年在德國創辦了世界上第一所幼稚園，做為實踐其教育理想的場所。Froebel 認為，對孩子有幫助的教育必須能夠啟發孩子與生俱來的自發性及創造性，而遊戲就是一種自發性的自我教育，透過遊戲的方式，會產生最好的學習效果。早從一八三五年開始，Froebel 就開始研究適合幼兒操作的玩具，一直到一八五〇年才逐步發展完成，這一系列玩具稱為「恩物」，共有二十種，其中第二種到第六種恩物的設計都與積木有關。第二種恩物由六公分規格的木製圓球、圓柱體和立方體組成，分別用繩子懸掛在一根木棒上，可以幫助幼兒直觀地認識物體的形狀和各種幾何圖形。第三種到第六種恩物就是依半吋、一吋、兩吋等規格切割而成的積木。第三種恩物是沿三個方向把一個立方體分成八個相同的小立方體，以使兒童獲得整體與部分的概念；第四種恩物是把一個立方體分成八個相同的小長方體，以使兒童獲得長、寬、高的概念；第五種恩物由二十一塊小正方體、六塊大三角柱、十二塊小三角柱等三十九塊組成；第六種恩物是由十八塊長方體、十二塊柱台、六塊長柱等三十六塊組成，以使兒童認得各種幾何圖形。由於積木的規格是依照尺寸切割而成的，所以若將每一種恩物所包含的全部積木收在一起，都可以形成一個大立方體。Froebel 在教育實踐和教育理論研究的基礎上，創立了完整的學前教育理論體系，其思想在世界各國流傳，並對十九世紀美國的教育家產生了影響。

另外，著名的義大利教育家 Montessori（1870-1952）於一九〇七年在羅馬創辦「兒童之家」，其所使用的基本教具，有些也含有積木建構的概念，例如感官教具中的粉紅塔、彩色圓柱及棕色梯，直到目前採用 Montessori 教學理念的學校仍在使用中。

然而從 Froebel 到 Montessori，讓幼兒自由建構積木的概念並未被鼓吹，直到十九世紀末二十世紀初時，美國教育學者 Caroline Pratt 的出現，才將積木廣泛的運用於幼兒自由遊戲之中。Pratt 認為，學校教育應是幫助人們進行有效的思考及積極的工作，從建立社會意識中創造更美好的世界，所以極力抗拒當時權威式的傳統教育，反對機械式的讀、寫、算教學模式，她鼓勵幼兒自由遊戲，設立了一所以幼兒自發性遊戲為原動力基礎的學校（Beaty, 1996; Winsor, 1984），並且發明了我們現在所稱的單位積木（unit blocks）和空心大積木（hollow blocks）。

　　Pratt 的單位積木中，標準單位積木的形狀與比例和 Froebel 第四恩物類似，皆為 1：2：4 的長方體，但是尺寸比 Froebel 第四恩物大。她的單位積木的構想，則是受到 Patty Hill Smith 的影響，在 Pratt 的自傳中曾提及：「在所有我見過提供給孩子們的教材中……Smith 發明的這些積木似乎是最適合孩子的需求。一個簡單的幾何圖形，孩子可以把它當成各式各樣的東西，例如一輛卡車、一艘船或火車的車廂。孩子還會使用積木建造各種建築物，從穀倉到摩天大樓。我已經可以預見孩子們在我未來的學校裡，用積木建造了一整個社區。」（引自 Beaty, 1996）。Pratt 認為積木不只是孩子在自由時間隨意玩玩的材料，如果老師能從孩子的經驗出發，孩子的積木遊戲內容會更豐富，如此才能增進老師的教學與幼兒的學習（Winsor, 1984）。於是 Pratt 將 Smith 設計的積木加以改良，發明了單位積木，使之具有更多的彈性及變化。

　　Pratt 除了發明單位積木之外，她在一位小兒科醫師的協助下還設計了空心大積木、梯子和平板，幫助幼兒的肩膀及手臂在安全的遊戲中能得到適當的運動。經由深入的觀察，Pratt 發現幼兒不僅喜歡建構積木，還喜歡在建造的積木作品中爬上爬下，發展他們的肌耐力、協調力、平衡力及自尊心；除此之外，他們還會扮演、分享或是爭辯周遭世界裡的各種資訊，呈現他們對所處世界的認知。當時著名的教育家 Dewey 對於 Pratt 的發明深表讚賞，很快的 Pratt 的單位積木就享譽全美國，得到各方的讚嘆；時至今日，這些材料仍被賦予高度的評價，美國各地的學前教育機構仍將單位積木視為幼兒教室中最基本的學習材料（Beaty, 1996; Cartwright, 1990）。

✵第二節　積木的類型

　　在幼兒的教室中，除了上述的單位積木及空心大積木外，尚有許多種類的積木。從尺寸來看，包括大、中、小型的積木；從外形來看，有空心、實心、塊狀、片狀、粒狀、棒狀等形式；從材質來看，市面上有運用木頭、塑膠、金屬、泡棉或紙板製作而成的各式積木；從顏色來看，有採用單純原木色澤或色彩豐富的積木。這些各式各樣的積木，雖然皆能引發幼兒以排列、組合、堆疊

等方式進行建構遊戲，但是在教室中若只有提供小型積木，則孩子在玩法上是比較受限制的。小型積木由於體積小、材質輕，積木的穩定性較低，所以幼兒在搭建的過程中，積木比較容易倒塌，作品規模也比較小。相對而言，木質單位積木和空心大積木的穩定性較高，幼兒在搭建的過程中，較容易出現大型作品；而搭蓋出的建築物由於有容身之處，所以孩子們常常會穿梭其中，把自己融入情境裡，這種親身參與的方式，會讓幼兒對於周遭的事物有更深刻的認知，也是小型積木無法提供的功能（王真瑤譯，1997；Cartwright, 1990）。

本書要探討的愛彌兒幼兒園積木活動紀實，即是以幼兒操作木質單位積木和空心大積木的過程為例，從中了解幼兒運用積木時的表徵思考、想像與創新經驗。以下針對單位積木和空心大積木的材質、尺寸及數量做進一步深入的探討。

壹、單位積木

Pratt 發明的單位積木是用平滑自然的原木所製，上面既無花紋也沒有漆上任何顏色，而且各種形狀之間具有一定的數學比例關係，一單位積木的長為 5 又 2/1 吋，寬為 2 又 3/4 吋，高為 1 又 3/8 吋，其他尺寸的單位積木皆由此比例延伸而成。Pratt 希望孩子們在玩積木的時候，能夠盡量運用他們的想像力，不要被材料上的花色所限制。單位積木的內容除了半單位、一單位、二單位和四單位的長方體積木之外，還包括拱形、半羅馬拱形、1/4 圓拱形、1/4 圓、彎曲形、方柱體、二方柱體、圓柱體、大圓柱體和轉接塊等不同造型的積木（圖1-1）。

這些單位積木演變至今已發展出三十四種不同的形狀（Politis, 2007），其形狀名稱及尺寸請參考表 1-1。

然而我們應該提供多少數量的積木才適當呢？基本上對於剛接觸積木的孩子可以依循量多種類少的原則，先設置小方塊、基本塊、雙倍塊、四倍塊的積木，等孩子熟悉積木的特性及使用規則之後，再陸續加入其他形狀。Stanton 和 Weisberg（1984） 曾針對不同年齡層的幼兒，提出適當積木數量的建議，可做為參考（表 1-2）。

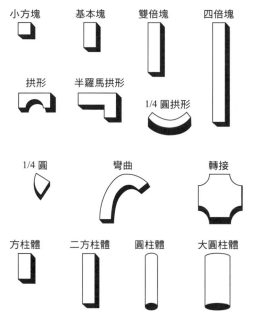

圖 1-1　Pratt 發明的單位積木

資料來源：Beaty (1996).

表 1-1　木質單位積木形狀名稱及尺寸表

圖形	名稱	尺寸（吋）
	小方塊	1-3/8 × 2-3/4 × 2-3/4
	基本塊	1-3/8 × 2-3/4 × 5-1/2
	雙倍塊	1-3/8 × 2-3/4 × 11
	四倍塊	1 3/8 × 2-3/4 × 22
	小方柱	1-3/8 × 1-3/8 × 2-3/4
	方柱塊	1-3/8 × 1-3/8 × 5-1/2
	大方柱	1-3/8 × 1-3/8 × 11
	小圓柱體	直徑一吋圓面積 × 2-3/4
	圓柱體	直徑一吋圓面積 × 5-1/2
	大圓柱體	直徑一吋圓面積 × 11
	羅馬拱形	1-3/8 × 2-3/4 × 5-1/2
	小半圓	1-3/8 × 2-3/4 圓
	小三角	1-3/8 × 2-3/4 三角
	三角塊	1-3/8 × 5-1/2 三角
	大三角	1-3/8 × 11 三角
	斜坡	1-3/8 × 5-1/2 斜坡

表 1-1　木質單位積木形狀名稱及尺寸表　　　　　　　　　　　　　（續）

圖形	名稱	尺寸（吋）
	小平板	11/16 × 2-3/4 × 2-3/4
	平板	11/16 × 2-3/4 × 5-1/2
	11 吋平板	11/16 × 2-3/4 × 11
	22 吋平板	11/16 × 2-3/4 × 22
	底板	1/8 × 5-1/2 × 11
	十字轉接塊	1-3/8 × 8-1/4 × 8-1/4
	直角轉接塊	1-3/8 × 5-1/2 × 8-1/4
	1/4 圓	1-3/8 × 2-3/4 圓
	大半圓	1-3/8 × 2-3/4 × 5-1/2
	小彎曲	1-3/8 × 5-1/2 × 5-1/2
	大彎曲	1-3/8 × 5-1/2 × 11
	Y 形轉接塊	1-3/8 × 5-1/2 × 8-1/4
	歌德形	1-3/8 × 11" x 8-1/4
	1/2 歌德形	1-3/8 × 2-3/4 × 5-1/2
	小拱壁	1-3/8 × 1-3/8 × 4-1/8
	歌德門	1-3/8 × 5-1/2 × 2-3/4
	1/2 羅馬拱形	1-3/8 × 2-3/4 × 2-3/4
	小凹口形	1-3/8 × 2-3/4 × 2-3/4

資料來源：Politis (2007).

表 1-2　單位積木數量與幼兒年齡對照表

積木名稱	三歲（15～20 人）	四歲（15～20 人）	五歲（15～20 人）
小方塊	48	48	60
基本塊	108	192	220
雙倍塊	96	140	190
四倍塊	48	48	72
小方柱體	0	4	8
方柱體	24	48	72
小圓柱體	20	32	40
大圓柱體	20	24	32
小彎曲	12	16	20
大彎曲	8	16	20
小三角	8	16	18
大三角	4	8	12
11 吋平板	12	30	60
22 吋平板	0	12	20
斜坡	12	32	40
直角轉接塊或 X 型轉接塊	0	4	8
Y 型轉接塊	2	2	4

資料來源：Stanton & Weisberg (1984).

貳、空心大積木

　　空心大積木的材質為木質，製作必須精良，一定要夠穩，足以讓孩子安全的爬上爬下，但是又不能太重，重量必須在孩子能負荷的範圍之內，讓幼兒自己能夠搬得動，並與梯子、平板、木箱、鋸木架一起搭配使用，以增加幼兒遊戲時的安全性。由於中空大積木較佔空間且數量有限，Cartwright（1990）建議用於裝扮遊戲為主。若放在室內，方形空心大積木（10"×10"×5"）、長形空心大積木（10"×20"×5"）、平板（45"×5"）各十個即可；若放在戶外或專門的遊戲室，當空間為 30'×40' 的時候，則可加倍。另外，還可增加大箱子（30"×40"×30"）、梯子（45"）、鋸木架（20"×30"）、貨車、娃娃，引發孩子更多的學習。空心大積木及相關配備，請參考圖 1-2。

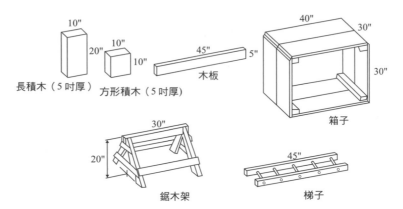

圖 1-2　空心大積木及相關配備

資料來源：Cartwright (1990).

參考文獻

王真瑤（譯）（1997）。**積木：遊戲與活動計劃**。台北：成長基金會。

郭春在（2006）。從幼兒身心發展觀點探討幼兒玩具設計要素之研究。**應用藝術與設計學報，1**，53-62。

瞿中蓮、夏淑怡（譯）（2000）。**玩具國物語**。台北：商周。

Beaty, J. J. (1996). *Preschool: Appropriate practices*. Orlando, FL: Harcourt Brace Jovanovich, Inc.

Cartwright, S. (1990). Learning with large blocks. *Young Children, 45*(2), 38-41.

Politis, N. (2007). *Unit block sizes and shapes*. Retrieved April 12, 2008, from http://www.abcwoodenblocks.com/unit-block-sizes-and-shapes/

Stanton, J., & Weisberg, A. (1984). Suggested equipment for block building. In E. S. Hirsch (Ed.), *The block book* (pp. 110-112). Washington, DC: National Association for the Education of Young Children.

Winsor, C. B. (1984). Blocks as a material for learning through play: The contribution of Caroline Pratt. In E. S. Hirsch (Ed.), *The block book* (pp. 2-7). Washington, DC: National Association for the Education of Young Children.

幼兒創造性思考的表徵經驗：台中市愛彌兒幼兒園積木活動紀實

chapter 2

幼兒積木遊戲的發展與功能

文／戴文青

　　積木遊戲可說是一種亙古的人類遊戲，即便是電子、網路遊戲當道的今日，積木卻從未在幼兒的遊戲生活中缺席，只要看到積木，不需任何人的提醒，孩子們就像是小狗看到肉骨頭般，自動撲上前去。積木為何會有如此的魅力？關鍵就在其「開放」特質！無論你怎麼堆、怎麼排都好，變化無窮，錯了還可重來，深具創意與挑戰性，此特質正符應了人類發展的基本脈絡。而積木可還原、再創造的特質，更是符合幼兒的發展需求，喜歡不斷重複做同一件事情，做了拆、拆了再做。因此，就如同沙水一樣，積木是幼兒最喜歡的「原始型」遊戲之一！

　　但不知是否由於積木太常見了，或大人自以為是地認為幼兒會較喜歡電腦、芭比娃娃等流行玩具，而忽略了積木在幼兒學習與發展上可以扮演的角色，以致在幼兒園裡常會發生這樣的情景：

- 積木櫃裡亂成一團，或如同廢物般閒置於狹小的角落或桌椅旁。
- 老師視玩積木為「自由活動」，當幼兒在玩時，只做壁上觀或「放牛吃草」。
- 也有人認為木頭積木是一種「危險」的東西，怕孩子亂丟、亂敲，或當成打人的武器，因而限制幼兒接觸木頭積木的機會。
- 當孩子不斷重複堆疊積木或排長條時，老師以為他不會玩積木而打斷他的動作，想教其蓋房子。或當孩子搭完一個精彩作品，得意之餘，推倒，再重蓋，體驗那種成就感。但這樣的行為卻被老師視為一種破壞，製造

噪音，而加以訓斥！

凡此種種皆是因為大人不了解積木的教育價值與幼兒身心發展特質而產生的忽略或誤導行為，而其剝奪幼兒學習機會與或在幼兒內心所造成的挫敗感，恐非言語可形容的。

第一節　積木遊戲的發展階段

基本上，學齡前幼兒的積木遊戲內涵可區分為四個階段，每個階段各有其行為與建構特徵。老師需細心觀察，了解各階段幼兒不同的需求，才能規劃適當的遊戲區，提供合宜的積木類型或給予關鍵的建議，亦即，適時扮演搭鷹架的角色，導其生長，而非揠苗助長或「放牛吃草」式地任其生長。需強調的是，階段行為是循序漸進的，不會跳接，後面階段的行為是建基在前一階段的行為。再者，階段行為與發展年齡間的關係並非絕對的，有人快有人慢，因此，老師應觀察個別差異狀況，給予適時的協助。

壹、階段一：認識積木

對一歲半左右的幼兒來說，通常不會有實際的搭建行為，積木對他而言與其他玩具或物品並沒有特殊之處，都能引發其好奇心，想把玩看看。他們喜歡抱著積木走來走去，或放在口袋裡、塞到某個地方再拿出來，或弄成一堆「據為己有」！再不然就將積木搬過來、搬過去。偶爾還會咬咬看！這些在大人眼中看似無聊的舉止，卻意謂著孩子正在「認識」、探索這個新東西；覺得它硬硬的、滑滑的、平平的、重重的，有好多「樣子」！漸漸的，他知道這種東西叫「積木」！雖然他無法說出每一種形狀的名稱，也無法理解幾何圖形的原理，但他卻能從把玩探索中，覺察每一種形狀的特色。

貳、階段二：重複性排列、堆疊與象徵行為

到了兩歲左右，幼兒慢慢發展出基本的建構行為。在這個階段的積木遊戲有兩個特徵，一是疊高、排長條。他們總會將積木一塊挨一塊的，排列成一長串或疊成為高塔狀（圖 2-1）。這種過程對他來說是一大挑戰，也極具吸引力，

他會聚精會神地不斷重複同樣的動作，即便是積木倒了，也會不厭其煩的重建之。一開始，幼兒或許不能清楚的說出自己在做什麼，但在不斷觸摸、比較與實驗的過程中，幼兒會漸漸「內化」：靠近、分開、好高、好長、短的……一個接一個之次序等概念。然後他會比較哪一塊比較長（短）、比較大（小），或誰的塔比較高（矮）……等。這種「比較」事物間關係的動力，便是測量之始。此階段的另一行為特徵是，幼兒發展出象徵式的行為，例如，他會拿起一塊長方形積木，當它是行動電話，有模有樣的講起電話（圖 2-2），或者跨坐在大積木上，開始開車（圖 2-3）。而此階段幼兒正處於 Piaget 所說的「自我中心」階段，因此常會看到幼兒一面玩積木，一面自言自語（自我中心語言）的有趣畫面。

另外值得一提的是，由階段一與階段二的行為特徵亦可看出，一、兩歲的幼兒通常不會在意積木的形狀，且其社會行為實屬「獨自遊戲」期，因此，即便是一群人在一起，也是各行其事，不會有實質上的互動或合作行為。

參▸ 階段三：架橋、圍堵與對稱圖形

約三歲左右，幼兒漸漸邁入第三階段的建構行為時，幼兒的作品漸漸具象，常會出現如橋狀、圍堵（用數塊積木圍出一個空間）及對稱等三種型態。因此，這個階段的幼兒開始在意積木的形狀，比如在架橋時，得先排兩塊一樣

圖 2-1　「我要蓋一個高高的房子」（苡瑄，2 歲 11 個月）

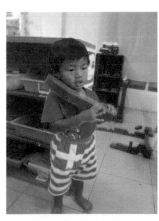

圖 2-2　假裝講電話（浩群，2 歲 2 個月）

圖 2-3　坐在木板上面說自己在開火車（怡棱，2 歲 1 個月）

的積木做橋柱（圖 2-4、圖 2-5）；排列對稱圖形時，左邊擺了什麼，右邊也一定要找到同樣的積木擺放才行。就是在這種區辨、尋找及比較各類形狀積木的過程中，「分類」的概念便衍生了。另外，空間概念也隨時隨刻「出現」在幼兒的實驗過程中空間概念也漸漸發展出。如：車子從橋「下」、橋「上」走過；動物走「進」、走「出」柵欄；把動物「圍」起來，有人靠「近」、走「遠」了……等。再者，要多大的範圍才能將一群動物關起來？要搭多高的橋才能讓車子通過？要多少積木才能湊出一個人可以坐進去的房子（圖 2-6）……等。這些都是掌握面積、體積概念的開始。而在拼湊、比較積木時，幼兒更會「意外地」發現積木間的比例與組合關係。例如，找不到同樣尺寸大小的正方形做圍牆時，會去找兩塊小的三角形拼成正方形。搭橋時，發現兩塊正方形可以拼成長方形做為橋墩……等。這些現象都能讓幼兒深刻體認部分與全體間的微妙關係。

　　而在這個階段，幼兒漸漸邁入所謂「平行遊戲期」，在搭建積木時會開始與他人互動，共同搭建作品，但還稱不上是實際的合作行為，也常會因需要某種形狀的積木而與人發生衝突。

肆、階段四：實質建構期

　　約四歲半左右，當幼兒的建構技巧愈來愈純熟時，他會開始有計畫性的搭建積木，其作品也會相當具象，且愈來愈趨向複雜的大型作品（圖 2-7～2-10）。當你詢問他的作品內涵

圖 2-4　蓋路橋——調整橋墩的位置（亭茵，3 歲 5 個月）

圖 2-5　正在搭蓋高架橋（亭方，4 歲 3 個月）

圖 2-6　圍出人可以坐進去的房子（柏宏，4 歲 1 個月；瑪芯，3 歲 6 個月）

圖 2-7　搭蓋便利商店外牆（偉云，5歲1個月）

圖 2-8　規劃便利商店內部空間（舒雯，5歲6個月）

圖 2-9　合作搭蓋夢幻城堡外牆（上枚，5歲；育宸，4歲4個月）

時，他們通常都會一五一十的說明結構細節與搭建過程。也因此，這個階段的幼兒對積木尺寸、形狀，甚或是數量的需求，更是「挑剔」。比如：搭一個斜坡、搭一座碼頭、模仿一輛汽車⋯⋯等，都有其特殊的需求。他也會開始精確地「數」積木，還差幾塊就可搭成一間房子，這裡多了幾塊⋯⋯等，「量」的概念已從過去一堆一堆的粗略印象發展到一塊塊點算的階段。這個階段對幼兒最大的挑

圖 2-10　搭蓋火車站（紫誼，5歲1個月）

戰就是「解決各種結構性問題」，如：搭一個斜坡時得用哪幾種積木最合適？如果正好沒有合適的積木的話，那得用什麼形狀替代？要先放哪一塊積木，才能再擺另一塊？如何保持一個高塔的平衡⋯⋯等（圖2-11、圖2-12）？就在不斷的錯誤與修改的實驗過程中，幼兒漸漸掌握思考問題與解決問題的能力，更重要的是，他獲得了「自信心」。

　　此階段的另一關鍵特點是，幼兒常常會三三兩兩一起合作搭建積木，他們會彼此協調，商討誰搭哪一部分，或某些人負責拿積木、某些人負責搭蓋⋯⋯等（圖 2-13、圖 2-14）。這當中或許也會發生一些言語爭執，甚或是肢體衝突，但不管如何，這些都是幼兒發展社會性行為必經的人際互動課題。

圖 2-11　正在實驗不易倒塌的積木搭蓋
方式（信維，5 歲 3 個月）

圖 2-12　搭蓋雲霄飛車的長軌道（家翔，
5 歲 8 個月）

圖 2-13　合作蓋船身（宏林，4 歲 7 個
月；庭茂，4 歲 9 個月）

圖 2-14　合作搭蓋台中火車站（巽榛，6 歲；
陞暟，5 歲 10 個月；瑜娜，5 歲 7 個月）

☀️第二節　積木遊戲的教育功能

　　Vygotsky 的社會建構論提示我們，人類高層心智活動是在豐富且頻繁的社會與文化的情境中發生；透過不斷與他人的互動與對話（概念或意見上的分享、爭辯、溝通與協商），內化於個體的心智結構，讓原有的組織產生質的變化。此機制是一個主動建構且循序漸進的過程，而非影像複製（模仿）或累積（記憶）的過程。Piaget 的「動態均衡論」也提醒我們，知識的發生是人與環境不斷互動的過程中，協調內在的建構與外在情境至一平衡狀態的結果。處在前運思期（直觀推理）的幼兒正是要靠大量「行動經驗」來修正、改變（accomodation）內在知識結構，或吸收、同化（assimilation）新的知識，來適應、了解乃至改變他的生活世界。

　　以上兩位學者的觀點對教育者的啟發是，我們需體會學習是主動自發的、有目的的、需親身體驗，且是有循序漸進的階段性行為；更重要的是，學習是有個別差異的，每個人依照其特有的發展時鐘，在生活世界中展現自我。違反此學習本質，學習就無法發生。易言之，孩童的學習是衍生於其遊戲的過程中；遊戲是孩童成長的重要課題，而各種教材、玩具更是其成長過程中不可或缺的媒介之一。由各階段幼兒參與積木遊戲的過程中，可看出積木可說是一種具有綜合性教育價值的教材，讓學習發生於無形（表 2-1）。

✎ 表 2-1　積木遊戲的教育功能表

肢體動作	語言	社會性	自我情緒	認知
手指手腕的靈活度、手眼協調、雙手協調、平衡感、空間感……等。	專有名詞的掌握、符號表徵能力、溝通與傾聽……等。	接受與尊重團體常規、樂於分享、分工合作、尊重他人、利他行為……等。	自主性與自信心的培養、挫折忍受度、樂於嘗試……等。	學習做計畫、提升問題解決能力、數、量、圖形空間與邏輯推理等數學概念的掌握……等。

資料來源：作者自行整理。

當幼兒在來回搬運積木，從事種種堆高、排列與搭建時，其手指靈巧、手眼協調、距離判斷、四肢協調、平衡感……等肢體動作發展，便在無形中得以增長。而幼兒搭建積木時，其作品參照的源頭便是生活經驗（家中生活經驗、故事中的片斷、郊遊時看到的影像……等）的重現。如：參觀動物園回來，便用積木蓋動物園。經驗重現是幼兒發洩情緒、肯定自我、掌握周遭世界的重要媒介之一，積木可隨意組合的開放特質，正好可滿足此階段幼兒的這項需求。另外，在與友伴共同搭建積木時，會有大量的機會相互討論、溝通意見，即便是吵架、爭執的情境，都會增長幼兒的表達與傾聽等溝通技巧；此外也提供絕佳的情境，讓幼兒學習與人共事的機會，體悟分工合作的愉悅。

而單位積木多變化的形狀組合及其間所「暗藏」的數學比例關係，讓幼兒在堆疊、拆合積木的過程中，自然而然的「發現」，進而「實驗」、「體會」許多空間和數理概念，提升思考層次與解決問題的能力。對成人而言，數理乃是各種事物與形式間的系統化關係，也是運作抽象思考的基本能力。這包括：歐幾里得幾何原理、長度、測量、數量、面積、體積，以及地誌學、透視學等空間關係。在學前階段的幼兒，當然無法理解、運作這些抽象概念，但他們卻是在積極的「準備」狀態中。在此過程中，幼兒也會學得許多專有名詞，如：形狀名詞、建築物名稱……等，都能提升幼兒的思考層次。

第三節　支持性的積木遊戲情境

若說學習是每個人依照其特有的發展時鐘，在生活世界中展現自我。那麼教育者的最高藝術表現便是掌握每位學習者的特質，讓學習發生於無形。而積木遊戲的開放特質正能符應此教育藝術表現。

前文的論述觀點，或許會讓許多老師以為積木區是一個任由幼兒自由發揮的地方，只要佈置好適當的積木區就可退至一旁做「壁上觀」即可。老師若真的抱持這樣的心態，表示其未能掌握社會建構論的真諦，不但會使積木區喪失其教育價值，也可能忽略幼兒成長契機！

當幼兒進入積木區後，許多問題也隨之而來，老師除了繼續扮演環境規劃者角色外，更需積極地扮演觀察、誘導及中介者等多重角色，如此才能發揮積

木區的本質。單位積木既蘊含豐富的教育價值，那麼，教師在積木區所需扮演的一個重要角色便是如何在不干擾幼兒遊戲進行的情況下，誘導幼兒發展各種能力，尤其是語言與思考能力。如前文所述，幼兒在堆疊積木中，自會發現或體會一些數理關係，但是他們卻無法自行用專有術語描述之，或有系統的將之概念化。而有時幼兒甚至是不了解自己搭建的作品所代表的意義，因此老師必須時時「隨機應變」，先觀察幼兒的搭建行為及成品，然後藉由描述、建議或討論其作品的方式，幫助幼兒將自己的行為作品「語言化」及「概念化」，進而培養發現問題、解決問題的能力。比如，老師可以說：

> 「哇！你用了好多三角形和正方形的積木，你要不要數數看一共有幾塊三
> 角形和幾塊正方形？」
> 「你左邊和右邊所排的積木都一模一樣耶！」
> 「你看，這四塊正方形的排在一起，剛好和這一根長方形的一樣長！」
> 「你要做一個圓的東西呀？可是沒有圓的積木了，怎麼辦呢？哪些積木湊
> 起來可以變成圓的？」
> 「你說你在高速公路上開車，要去桃園，可是到了桃園車子怎麼下來呢？」

老師需切記的是，在和幼兒討論或描述其作品時，應避免使用下列的詞句，如：

> 「哇！你搭的好棒！」
> 「你搭的好漂亮！」
> 「你搭的是什麼東西？」
> 「你搭的是火車吧！」

類似這些「可愛」且又直截了當的問話方式，常會予人空洞的感覺，並不能讓幼兒覺得你真的關心或了解他的作品，而更不好的結果是，這些話語都是屬於「單向溝通」模式；常在一個問題、一個答案，甚至是不用回答的情況下，就終止對話，絲毫不能幫助幼兒成長。老師應就幼兒搭建作品所使用的「積木量」、「形狀」、「特點」、「搭建方式、過程」、「新技巧的運用」，和幼兒做雙向溝通，如此才能讓幼兒感受你真的重視他的作品，進而讓他仔細

研究自己的作品。而幼兒的語言與思考能力，也就是在這樣的師生互動中得到潛移默化。一般而言，幼兒搭建積木的技巧會隨著年齡增長，或經由觀察模仿而得以精進，但在某些情況下（如：缺乏環境刺激、缺乏耐心等），還是會有許多孩子常停在某一能力階段上原地打轉，或者無法突破一些架構技巧而放棄。面對這樣的孩子時，老師不妨試著用下列方法加以引導：

- 在積木區四周張貼一些積木搭建作品之大張圖片，營造氣氛，刺激幼兒向它「挑戰」！
- 若有幼兒連續三、四星期一直重複搭建同一作品形式，或在同一技巧上打轉時，老師可在其身旁「不聲不響」地搭建難度較高的作品，讓他「意外」發現後模仿之。或者，直接建議他、邀請他一起搭建，然後「趁機」示範新的搭建技巧。
- 當幼兒搭建失敗而氣餒時，老師的精神鼓勵與協助常有事半功倍之效。例如，老師可以說：「這高速公路好像不太好搭！我們來看看問題出在哪裡！」「會不會是你底下這些積木太小了，所以才會倒下來，你要不要換大的積木再試試看？」

另外，在積木區常會令老師感困擾的問題可能有：

- 沒人來！

幼兒不進入積木區玩的原因非常多，如：不熟悉、陌生感、幼兒間的相互影響……等。只要老師確定不是因佈置不當而引起的情況下，或許可試試兩種技巧：(1)自己先坐到積木區，靜靜地把玩，不需多久就會引來一群人跟進。(2)在地上隨意搭建一個未完成的作品。根據完形心理學（gestalt psychology）的論點，人對不完整或未完成的事物，總有一股衝動要將之完成。因此，當幼兒看到地上的作品，或許會好奇、多事地繼續搭建。當然，這其中最重要的就是老師本身的態度，一個不了解或不喜歡積木的老師是不可能誘導幼兒探索這類玩具的。

- 應該擺多少積木？

這得視幼兒的發展能力、是否有接觸過積木，以及學期作息狀況而定。對二至三歲或剛接觸積木的幼兒而言，正處於探索階段，太多的選擇機會，反而會使他們不知所措，而產生挫折感或破壞行為。因此，一開始，積木的形狀不

要過多（八至十種即可），且最好是基本形狀，如：長方形、正方形等。數量方面可視積木區要容納的人數而定（每人約需三十至五十塊）。另外，開學之初，幼兒情緒較易浮躁，也不宜提供過多的刺激。

·男生或大孩子獨佔的局面

老師若長期觀察幼兒在積木區的互動行為便會發現，開學過後不久，積木區便成為男生的天下，而在混齡的教室裡，更是大男生專利區。女生或小班的幼兒一旦進入，沒幾分鐘便被「趕出來」，或覺得無趣而自動退出。面對幼兒這種「幫派」似的群性行為，老師有時是無法介入，也無可奈何的。但若任其無限地發展的話，也將剝奪女生或弱小幼兒的「權益」。因此，老師需視狀況，嘗試用下列方式「介入」：

(1)直接帶女生或小班幼兒進入積木區，和其一起搭建，或者扮演「牽線者」，伺機引導他們加入男生或大孩子的遊戲。

(2)利用分享時間，多讓女生及小班幼兒談論他們的作品。

(3)設定「女生使用日」或「小班使用日」。老師若覺得各種方式用盡都無效後，可在一星期中選定一兩天，限定男生或大孩子不得進入積木區，讓「弱小族群」得以有接觸積木的機會，待情況好轉後，再取消之。

·收拾困難

積木區由於空間廣、且積木量大，在收拾上的確較其他區域費時費力，因此常被老師視為頭疼區域，甚至將這種心態「傳染」給幼兒，一到收拾時間，便做「鳥獸散」，無人收拾，最後演變為老師眼見幼兒不願收拾，便限制幼兒的使用時間或用量，甚至「關閉」積木區。其實，這種惡性循環的結果，皆緣於老師本身錯誤的心態與管理不當。其實，只要積木上貼有清楚的標示，收拾時間一到，老師便可和幼兒玩「分類配對」遊戲：請（要求）每一個在場的幼兒收拾一兩種積木，而老師自己也要加入收拾，除了示範收拾技巧外，還可視狀況「煽火」，添加收拾樂趣與效率。例如，老師可說：「哎呀，正方形的積木快收完了，長方形的好像……」「咦，這裡有好多動物，還沒回家哩！」孩子們通常是喜歡相互競爭，也極富同情心，更喜歡幫老師做事。老師只要善於「利用」幼兒的特質，任何煩瑣的收拾工作皆可變為有趣的遊戲。

不過，有時候孩子們會捨不得拆掉自己精心搭建的作品，或尚未完成的

「工程」。此時，老師不妨視狀況，將其作品保留至隔天，繼續擴展或完成；或者在分享時間，請其介紹作品與搭建心得。一旦孩子覺得受重視後，再拆掉其作品，就不會受阻了！

chapter 3

積木的教學運用

文／林意紅

第一節　積木區環境設置

　　整體而言，積木建構區應是一個寬敞、開放、清爽、簡單明亮的空間。吸引著孩子進去發揮創意、自由建構。

　　在學期正式開始之前，面對著等待規劃的教室，應該把積木區安排在哪個位置呢？積木區又應該如何設計呢？

壹、單位積木區設置原則

一、空間的選擇：以避開動線為原則

　　「積木被不小心踢（撞）倒了」是積木區最常發生的問題之一。如果在設計之初就能將動線的因素考慮進去，自然能避免許多不必要的碰撞。一般而言，門口、工作櫃、飲水機、洗手台、廁所、樓梯等附近，都是孩子經常走動的地方，因此比較不適合設置積木區，都以遠離門口、靠牆的區域為佳。

　　選定位置之後，可運用牆壁、櫃子或者貼線的方式，圍出比較封閉的區域，讓積木區（圖 3-1～3-3）獨立出來，避免與其他活動互相干擾。

　　相較於教室裡的其他學習區（語文、益智等），積木的建構是很需要空間與材料的。如果空間狹小、材料不足，就容易出現搶地盤、搶材料、時常撞到作品的情形，孩子的創意根本無從發揮。因此，足夠的空間與材料，是積木區能否發揮功能的基本條件。

　　那麼，積木區應該有多大？應放多少積木呢？

圖 3-1　愛彌兒逢甲分校積木區

圖 3-2　美國 Bank Street College School for children 積木區

圖 3-3　美國 Bank Street College School for children 積木區

　　取決於孩子的人數、年齡與使用積木的經驗，可參考表 1-2。在紐約市下城的 City and Country School，也就是 Pratt 當初最先使用單位積木的學校，他們的教室裡常常有 1/2 到 2/3 的空間，都屬於積木建構區，而滿牆的積木（圖 3-4、3-5），數量更是令人羨慕不已。

二、積木櫃的規劃

　　每一層、每一格盡量只放一種形狀的積木，將不同形狀一一分開來放，分

圖 3-4　美國 City and Country School 積木區

圖 3-5　美國 City and Country School 積木區

門別類、一目了然，方便孩子拿取。老師可將每一種形狀的積木按原尺寸在書面紙上描下來，貼在每一格櫃子前，井然有序的設計，讓孩子可以獨立收拾歸位。

　　分配格子時，原則上越重、越大的積木應越往下放，比較小、比較輕的則可放上層，保持櫃子的穩定。

　　圖 3-6 雖然也一一分類、貼形狀，但是，過多的形狀擠在同一層，如要放回一個形狀，得要找好一陣子才能找到位置，如此便失去了分類規劃的意義。

圖 3-6　過多的形狀擠在同一層

二、預留走道（圖 3-7、3-8）

　　許多孩子拿了積木之後，很自然就蹲下來

圖 3-7　愛彌兒逢甲分校積木區走道及建構區

圖 3-8　愛彌兒德化分校積木區走道及建構區

蓋，沒感覺自己正蹲在櫃子前，擋住了櫃子裡的積木，別人要拿積木，勢必會撞到他的作品，爭執往往因而產生。所以，老師可用「電火布」在地上貼線，預留走道，與孩子約定，在櫃子與線之間是非建構區。

四、牆面的運用

積木區的牆面，可適當的用來展示、記錄、引導之用。可展示孩子積木作品的照片、建構積木的過程照片、孩子畫的設計圖、孩子畫的成品圖等，藉著展示，鼓勵孩子互相學習、討論、分享彼此的作品，或者鼓勵孩子針對自己的作品繼續、深入建構。另一方面，也可配合課程主題展示各種建築物（橋樑、車站、教堂、廟宇、大樓、百貨公司、三合院、機場、停車場、城堡等）的圖片（圖3-9～3-12），引導孩子觀察、討論，並進一步模仿建構。

圖 3-9　大樓（愛彌兒逢甲分校）

圖 3-10　鐵路（愛彌兒旅順分校）

圖 3-11　高速公路（愛彌兒永春分校）

圖 3-12　配合孩子搭建飯店，愛彌兒旅順分校老師在積木櫃上擺放不同飯店的立體參考照片

五、配件的使用

除了單位積木之外，可視孩子遊戲需要，適時加入一些配件，讓積木遊戲更深入。

值得注意的是，配件的使用需考量孩子的年齡、經驗、建構的狀況、遊戲的需要等因素，加入後應評估是否發揮功能，也就是說，配件是否能繼續、延伸、深入孩子的積木遊戲？

積木區開放之初，孩子仍處於材料的探索階段，應將重點集中於積木本身，讓孩子去感覺積木的質感、重量、重心、平衡、穩定、形狀等基本性質。因此，此階段並不適合放入任何配件。等孩子對積木性質比較熟悉、建構遊戲的內容比較豐富之後，再慢慢加入適當的配件。

一般而言，開放、原始、比較不寫實的材料，使用方式比較多元，也比較能激發孩子的創意，例如：木製且無圖案的人、車、動物，或是蒐集來的蓋子、小方塊、底片盒、布塊、塑膠管、紙捲、籃子、牛奶罐⋯⋯等（圖 3-13～3-15）。

圖 3-13 積木區的紙圓筒配件（愛彌兒逢甲分校）

圖 3-14 積木區的牛奶罐配件（愛彌兒德化分校）

圖 3-15 用紙圓筒當椅腳（芷糅，5 歲 3 個月）

而顏色鮮豔、精緻的玩具（如：玩具車、飛機、芭比娃娃、公仔等），如果擺在積木區，則容易喧賓奪主，反而會使積木建構被冷落，失去使用配件的意義。

照片中（圖3-16、圖3-17），孩子僅將積木簡單的擺一擺，然後就迫不及待的拿出怪手、車子、飛機等玩具，整個學習區時間大部分在玩玩具，而非操作積木。

圖 3-16　容易喧賓奪主的配件

六、積木的挑選、保養

積木是教室裡相對單價比較高的教具，不過只要使用、保養得當，也會是最為耐用的教具。購買積木時，要選擇堅固的材質，拿在手裡需有一定的重量與紮實的質感，木頭應磨光、打平，且一定要經過謹慎的乾燥、防蟲處理。台灣氣候潮濕，應比其他地區要注意發霉、長蟲的問

圖 3-17　重點在玩車子，而非建構積木

題。記得不要將積木放在任何可能淋到雨的地方，學期結束時，可讓積木曬曬太陽。

貳、積木區的開放

積木區環境準備好之後，再來就是讓孩子實際進來大展身手了。由於積木材質堅硬，如果使用不當，有可能會造成孩子的意外傷害，因此在開放自由建構之前，必須幫助孩子熟悉積木，並與孩子一起建立適當的安全規則。

一、幫助孩子熟悉積木

就如同其他的學習區，積木區的開放應採用漸進的方式，在自由選擇之前，先用大約一星期的時間，讓每位孩子都有機會輪流進入接觸積木。剛開始，積木數量不用太多，以方便孩子獨立收拾。形狀也只提供基本的正方形、

基本塊、二倍塊、四倍塊等，過一、兩週之後，再視孩子的使用狀況，逐漸增加積木的數量與其他形狀。

二、建立適當的安全規則

在孩子進入積木區、未動手建構之前，先請孩子坐下來討論。可請孩子輪流拿積木，感覺積木的重量，或輕輕敲敲自己的額頭、腳指頭，感覺看看，會不會痛？如果倒下來或拿來丟人，會不會受傷？如何避免受傷？和孩子共同討論出安全規則，在大家同意之後，由老師將規則寫下來，貼在積木區牆上（圖 3-18）。

圖 3-18　愛彌兒永春分校積木區張貼與孩子討論的「積木區使用規則」

三、積木區的收拾

積木區是否需要天天收拾？如何收拾？何時收拾？積木作品是否可以保留？這些都是老師需要好好衡量的問題。

積木的收拾和益智玩具的收拾很不一樣，必須分門別類、一一歸位，因此需要比較長的時間，而建構積木通常也是比較花時間的，所以可能出現的狀況是：孩子才剛剛蓋好，還來不及玩，就必須拆掉、收拾了，明天只好再重頭來一次。如此的情形，久而久之，孩子大概就不想來蓋積木了。

但是，如果積木作品要保留，佔到睡覺、團討的空間，怎麼辦？孩子每個人都說要保留，哪一個是真的會再繼續延伸使用？哪一個是不想收拾的藉口？保留要保留多久？保留之後，別的孩子有沒有積木做新的作品？什麼樣的作品要保留？什麼樣的作品不保留？會不會對別人不公平？……

這些問題顯然都沒有一定的標準，不同的教室空間、不同的年齡、不同的孩子，都會有不同的考量。一般而言，年紀比較小、經驗比較少的孩子，建構的內容比較簡單、作品規模也比較小，孩子的重點比較是享受建構的過程多過於結果，所以收拾的頻率可以比較高一些。另一方面，年齡越大、經驗越豐富的孩子，通常會花比較多時間討論、設計、建構他們的作品，蓋好之後，才是

要開始遊戲的時候，可能一邊玩、一邊再做些修改、延伸，這個過程可能需要二至五天的時間不等。所以，到底要收拾還是保留？得要靠老師敏銳的觀察來決定。比較確定的是，若時時處於時間的壓力下，孩子的積木建構難有進步，而積木遊戲也一定無法深入。

以紐約市 City and Country School 的一間大班教室為例，單位積木是他們課程的主要部分。他們以一週為單位，星期一，選積木區的孩子分成二至三人一組，討論這星期要蓋的內容（如：百貨公司），並由老師將討論結果寫在大字報上。決定了之後就開始建構。接下來，星期二、星期三可能還在建構、討論，蓋好之後，還有星期四、星期五可以玩，通常會結合人物、車子等配件，或木工區、美勞區的材料來豐富遊戲內容。最後，星期五的午餐過後，才是收拾積木的時間。一次二至三人，先吃飽的人先開始，依老師指定的內容來分工收拾（例如：請玲玲將所有的車子歸位、請小均將所有的正方形歸位）。收拾步驟圖（圖 3-19）及收拾的過程大致如下：

1. 將配件歸位。
2. 從最上面的積木開始拆。
3. 將同樣形狀的積木三個、三個疊起來（圖 3-20）。
4. 一次拿一疊，放回櫃子裡（圖 3-21）。

圖 3-20　愛彌兒孩子將相同形狀的積木找出來

圖 3-19　收拾步驟圖

圖 3-21　整齊的擺在積木櫃中

如此分工合作、井然有序的收拾，在午睡前，很快就將為數不少的積木全部歸位完畢。

綜合上述，若要發展出有品質的積木遊戲，除了空間、材料盡量充足之外，充裕的時間顯然也是不可或缺的因素之一。

參、積木區設置常見的問題

一、混合不同類型積木

每位老師對積木區的定義不大相同，許多老師選擇將所有屬於建構性質的玩具都擺在積木區，如：樂高、樂喜、太陽花、泡棉積木、柔麗磚、桌上型木頭積木、空心大積木……等，讓孩子有更多選擇。

選擇多固然是一個優點，但值得注意的是，會不會使得積木建構失焦？擺在同一區，是互相加分？還是互相干擾？這也是要靠老師的敏銳觀察來決定。

一般而言，由於積木區的空間很寶貴，光是單位積木的建構都經常需搶地盤了，何況是更佔空間的柔麗磚、空心大積木？所以，除非教室空間非常大，否則一般會建議將柔麗磚、空心大積木移到其他學習區（如扮演區），或空間比較大的地方，如：走廊、戶外遊戲區。

以台中市愛彌兒幼兒園為例，教室的積木區裡，除了配件之外，就只有單純的單位積木，沒有上述的其他建構玩具，孩子在積木區裡，就將焦點擺在積木的建構上。樂高、樂喜、太陽花等組合玩具，歸在性質比較相近的益智區；而泡棉積木則擺在幼幼班裡，讓年幼的孩子享受建構與推倒的樂趣（圖3-22）。

二、是否結合其他區的材料？

延續上述，是否其他學習區的材料都不能進積木區呢？

在學期初、在年紀比較小的教室裡，也就

圖3-22 以圓柱積木當手把，駕駛泡棉積木摩托車（李安，2歲8個月；詠宇，2歲1個月）

是孩子的積木經驗比較少的情況下，學習區之間「壁壘分明」，應是比較適當的選擇，可幫助孩子循序漸進、熟悉教具、適應規則，讓教室的運作比較順暢。也避免過多的選擇，讓孩子一下子眼花撩亂、無所適從。

不過，等孩子年紀漸長、學習區經驗比較豐富之後，這些規則是否仍有必要呢？

孩子原是一個完整的個體，孩子的學習不應切割。學習區的分設，只是讓我們容易進行的一個方法，課程最終應該統整。如果不同材料的加入，可以使得積木的建構更有規模，可以使得積木遊戲更為深入，讓孩子的學習更有品質，那麼何樂而不為呢？以下這三個例子，就是積木與美勞（圖 3-23～3-26）、裝扮區素材的成功結合。另外，語文區的繪本中，也會有許多與建構相關的主題，很值得積木區的孩子參考（圖 3-27）。

由此可知，規則的設立，有一定的適用條件，敏銳的老師應該可視狀況彈

圖 3-23　城堡的柵門，由美勞區的吸管做成

圖 3-24　利用美勞區的毛線、紙張做成公園裡的盪鞦韆

圖 3-25　愛彌兒旅順分校小朋友利用美勞區的紙張、樹枝做帆船

圖 3-26　愛彌兒旅順分校小朋友用藍色的布表示海，想像船在大海裡航行

性調整，否則的話，很可能會變成無謂的限制，
反而阻礙了孩子的學習。

三、收拾時推倒積木

「收拾時間到了，請收拾。」有些孩子一
聽到這個訊息，就大刺刺的把積木一推（甚至
是一踢）——倒了！面對同儕的抗議，理直氣
壯的說：「本來就要收拾了」，「你不肯收，
我告訴老師」。

「收拾」是這樣收拾的嗎？

積木雖然堅硬、耐用，如果不好好愛惜，
過不久也是會慢慢磨損、斷裂，而倒下來的積

圖 3-27　積木區放置與建構主題相
關的繪本（愛彌兒永春分校）

木，也有可能會打傷孩子的腳趾。除此之外，最大的問題是，對材料、作品失
去了最起碼的尊重，這是完全不容許發生的。

收拾，應從最上面的開始，一個一個將積木拿下來、疊好、收回櫃子裡，
完全不應有「推」的動作。如果孩子稍微小心一點的話，音量其實是不會太大
聲的。

積木是教室裡相當重要的教具之一，尤其在木材越來越難取得的這個時
代，更應好好的教導孩子愛護積木。同一批積木還要留給以後、以後的孩子一
直、一直使用呢！

四、積木區內是否要鋪設地毯、地墊？

這是一個見人見智的問題，各有優缺點。
鋪設地毯或地墊（圖 3-28），可以保護積木，
不小心掉落時，可減少磨損，也可適度消音，
減少教室裡的噪音。另外，還可清楚的分隔出
建構區與非建構區，解決通道的問題。如果是
個別式的地毯或地墊，也可幫助孩子明顯的區
隔出自己的「領地」，減少許多爭地盤的情形

圖 3-28　鋪積木區設地毯，可適度
消音，減少教室裡的噪音

出現。

　　從另一個角度來看，地毯或地墊也有可能限制了孩子的建構，如照片所示，孩子很自然的沿著地毯的周圍來蓋，不知不覺中，大家蓋的都是長長方方的建築物，看不到其他類型的作品，也看不到比較大規模的創作，此時，地毯似乎變成了一種不必要的限制。

　　另外，也要注意地毯或地墊是否會影響積木的平衡與穩定，許多地毯或地墊材質都比較軟而有彈性，當孩子蓋得比較高、比較有規模時，是否會因為地毯、地墊而容易倒塌？另外，若地毯、地墊容易滑動，也會增加積木倒塌的頻率。

　　所以，如果要鋪設地毯或地墊，一定要注意選擇不易滑動、不影響平衡的材質。

五、積木區裡的性別問題

　　有些教室的積木區裡，經常會出現「陽盛陰衰」的情形。是女孩子比較不喜歡積木嗎？是男生搶得太快嗎？原因似乎很難釐得清楚。

　　積木建構是一項非常寶貴的經驗，如果錯過了，實在相當可惜。如果教室裡真的有這樣的問題，老師不妨動動腦筋，利用邀請日（例：今天請比較少來積木區的小朋友到積木區玩），或小女生平常比較喜歡的配件、主題等，來鼓勵女生的參與。

肆、空心大積木區

　　空心大積木體積大，需提供比較大的建構空間，讓孩子可以建構房子、車子、秘密基地、監獄……等，而且是孩子真的可以整個人鑽進去的比例，所需的空間自然比單位積木要來得大。以台中愛彌兒幼兒園為例，由於空心大積木數量多，將空心大積木區設在地下室遊樂場（圖3-29）或戶外遊戲區（圖3-30、圖3-31）旁，孩子有很充足的空間可以搭建，收拾後，

圖3-29　愛彌兒永春分校的空心大積木收納於室內遊樂場的牆邊

圖 3-30　愛彌兒德化分校的空心大積木靠牆收納於戶外遊樂場旁的走道牆邊

圖 3-31　愛彌兒逢甲分校的空心大積木收納於一樓開放的樓梯間

疊起來只需一個牆面即可，空間運用很有彈性。

　　像這樣戶外或半戶外空間，需特別注意日曬雨淋的問題，收納的地方最好不要經常受到曝曬，也不要讓積木淋到雨，才能延長積木的壽命。

　　如果積木數量不多，通常可以和室內的扮演區結合。積木開放性大，可隨時配合扮演主題的需要，變成床、桌子、車子、舞台、售票亭……等，使扮演遊戲更豐富（圖 3-32、圖 3-33）。

圖 3-32　空心大積木可與教室內的扮演區結合

圖 3-33　愛彌兒旅順分校孩子利用空心大積木搭建郵局櫃檯

　　收納空心積木，通常不需使用櫃子，只要將積木靠牆堆疊起來即可，堆疊的時候要注意整齊、平穩，避免積木掉落。如果牆面夠大，老師可用彩色膠帶在地上貼出形狀輪廓，將不同的形狀分類出來，以便拿取。

　　空心積木搬起來雖然不算重，但如果掉下來打到腳，或使用時撞到別人的額頭，仍會造成傷害。因此，在使用前需與孩子討論，建立適當的安全規則。另外，對於積木本身，老師需經常檢查釘子是否凸出、木板是否有裂縫，以維護使用上的安全。

第二節　老師在積木區的角色

　　相較於教室裡的其他區，積木區是個孩子主導性相當高的學習區，有經驗的孩子似乎不太需要大人的介入，經常可以自己建構得很投入；而積木本身的開放度很高，完全可以隨著孩子的意思來搭建，搭得不穩，自然會倒，所以即使是剛開始操作積木的孩子，通常也可以自行操作。有時大人過多的介入，對孩子而言反而是種干擾。

　　不過，這並不意謂著老師在積木區沒有積極的功能，事實上，要發展出有品質的積木遊戲，老師仍需扮演好許多幕前、幕後的角色，其中包括：支持者、觀察者與記錄者、分享者、引導者、挑戰者與代言人。

壹、支持者

　　首先，老師應是孩子積木遊戲的支持者。誠如上一節所述，優質的環境設置是積木區成功的先決條件，而老師正是準備這個環境的人。如果沒有提供相當的空間與材料，孩子根本沒有機會開始建構積木。如果環境規劃得不好，孩子必會爭執百出，甚至受傷，很難有實際的建構出現。

　　另外，如果積木區開放的時間不多，空有好看的教具空間，孩子使用的機會卻很少，那麼，何來「有品質的積木遊戲」呢？

　　所以，透過環境的準備、時間的開放，老師是孩子幕後最重要的支持者。

貳、觀察者與記錄者

如同其他的學習區一般，觀察與記錄是老師非常重要的角色之一，透過細心的觀察，老師才得以了解孩子的思考與能力，才能做出適當的回應與決定。

由於數位相機的普及，使得積木區的記錄變得容易許多。老師可將孩子搭建的過程與結果一一拍下來，儲存、呈現於電腦中，這樣的記錄資料，可幫助老師分析、比較孩子不同階段的學習與成長。

老師可挑選比較有代表性的照片，沖洗或列印出來，展示在積木區的牆面上（圖 3-34、圖 3-35），讓孩子互相欣賞彼此的作品，如此，可鼓勵孩子互相學習，並進一步延續、創作新的作品，也有助於孩子發展出更有深度、更有品質的積木建構。

參、分享者

許多孩子經常喜歡和老師分享他們的作品。值得注意的是，大人經常會很自然的問：「你做的是**什麼**？」對許多孩子而言，這個問題並不好回答，因為他不一定是在做「什麼」，他只是邊拿邊蓋，心裡不一定有個具象的「什麼」，也許他只是在做一些嘗試、一些好看或不好看的設計，不一定需要具體的命名。孩子通常要累積一定的經驗之後，才會做有目標的建構，也才知道自己在做的是「什麼」。因此，這樣的問法有時候並不恰當。

圖 3-34　愛彌兒幼兒園積木區牆面張貼孩子搭蓋過程照片

如何和孩子對話？如何透過對話了解孩子的思考？也是老師需思考的功課之一。以下的例子可做為參考：

- 具體的描述，如：「我看到你排了好長一排，而且都是一樣的形狀。」「今天用了很多三角形。」「這兩個圓柱可以

圖 3-35　除了孩子搭建積木過程照片外，愛彌兒幼兒園常顯示孩子討論時的語言經驗圖表

把長方形撐起來。」

・開放性的詢問，如：「要不要跟我說說你蓋的積木？」

・「你自己比較喜歡哪個部分？」「為什麼？」「你自己比較不喜歡哪個部分？」「為什麼？」

除了和老師分享之外，孩子與孩子之間的分享也很重要。因為積木作品不能搬動，因此，班上進行積木分享時，可請大家沿著積木區的周圍坐下來，再請建構的孩子介紹他的作品。老師可引導其他的孩子回饋，如：「住在裡面好像很好玩」，或問問題、給建議，如：「羚羊和獅子可以住在一起嗎？」促進同儕之間的互動（圖 3-36、圖 3-37）。

肆、引導者

除了與孩子單純的分享之外，老師也可以視情況，帶入一些引導用語，例如：

・嘗試做一些簡單的比較，如：「這幾個剛好都是同一個形狀，對嗎？」「這兩邊不太一樣，對不對？」

・引導孩子思考結構上的細節，如：「那邊的二樓要怎麼上去？」

・有沒有其他的蓋法？有沒有不同的設計？

除了班上孩子互相學習之外，也可帶孩子參觀其他班的積木區，給孩子不同的刺激。另外，針對孩子所建構的主題，可提供相關書籍、圖片（如：房

圖 3-36　愛彌兒孩子分享用積木蓋八人坐的椅子時遭遇的問題，並與同儕一起討論解決方法

圖 3-37　愛彌兒老師與孩子共同討論搭蓋房子屋頂的方法

子、高樓、車站、橋樑、高速公路），讓孩子學習從資料中得到不同的靈感。甚至可帶孩子做戶外教學，讓孩子觀察不同的建築，如：三合院、百貨公司、廟宇、教堂、動物園、火車站等，或參觀建築工地、建築模型、由高樓往下看……讓孩子對於空間、結構有不同的體驗（圖 3-38 ～ 3-45）。

伍、挑戰者

　　等孩子經驗很豐富之後，可帶著孩子開始挑戰「設計圖」，也就是在建構之前先想好要建構的內容，並將它畫出來。這是一個頗不容易的工作，首先，孩子需要有「做計畫」的能力，在實際動手之前，憑空想出未來要發生的事情，這當然需要許多許多經驗的累積。再來，孩子還必須要能將腦袋想的東西用畫筆表達出來，這也是相當困難的，挑戰著孩子的空間思考、轉換能力。通常必須從作品結果圖開始，也就是請孩子在蓋好之後，將自己蓋的作品畫下來，等孩子畫得比較熟悉之後，再來畫設計圖。

　　值得注意的是，對大部分孩子而言，畫設計圖都不是一件容易的事，很難在紙上表達出心裡想的，或者，畫完根本就不太管設計圖這件事，蓋一個和設計圖完全不一樣的東西出來，又或者畫的和實際做出來的之間有一段差距，這些都是很正常的現象。這也是孩子學習必經的過程。

　　如果孩子是兩人以上合作建構，那麼，事先畫設計圖則更具意義，藉著設計圖的繪製，孩子可互相討論、溝通，培養孩子計畫與溝通的能力，也可減少建構時紛爭的產生（圖 3-46～3-48）。

陸、代言者

　　積木是一項相當開放的玩具，對孩子的發展有諸多價值，但是，大部分的家長並不容易看出孩子在積木區的學習與進步，總看到孩子只是在玩耍而已。因此，老師必須帶著家長的眼睛，欣賞孩子的進步。老師平時可利用觀察紀錄的資料，與家長分享（圖 3-49）。另外，家長說明會、課程分享會、親職座談等，都可安排積木的主題。如果可以邀請家長到教室的積木區來，實際搭建積木，相信家長也會有不同的感受喔！

圖 3-38　參觀火車鐵軌

圖 3-39　蓋出火車鐵軌（愛彌兒旅順分校）

圖 3-40　參觀台中市南屯區永春國小

圖 3-41　愛彌兒孩子蓋出似永春國小的城堡

圖 3-42　討論教室外牆磚塊搭蓋方式

圖 3-43　孩子模仿磚塊堆砌方式蓋出小熊的家（愛彌兒德化分校）

圖 3-44　參觀台中市南屯區石頭公廟

圖 3-45　蓋出小雞的廟（愛彌兒永春分校）

圖 3-46　愛彌兒孩子畫的「高速公路」設計圖

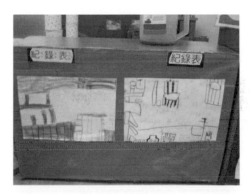

圖 3-47　愛彌兒孩子畫「家」的平面圖

圖 3-48　愛彌兒孩子蓋航空站的設計圖

圖 3-49　愛彌兒老師將孩子蓋「大家一起來住飯店」的積木歷程張貼於教室外走道，與家長、小朋友分享

幼兒創造性思考的表徵經驗：台中市愛彌兒幼兒園積木活動紀實

chapter **4**

愛彌兒主題課程實例——
用積木蓋的書店

🌼第一節　「用積木蓋的書店」課程紀實

文／林意紅　美國 Bank Street College 教育碩士

郭織安　美國紐約長島大學英語教學碩士

林偉婷　嘉南藥理科技大學嬰幼兒保育系、東海大學所長班、朝陽科大幼教學程

　　「積木蓋的書店」這課程發生在愛彌兒幼兒園旅順分校的哈密瓜班。哈密瓜班是個混齡班，有二十九個孩子，包括大班十四人、中班十二人，還有小班三人。班上有兩位老師，林偉婷老師，嘉南藥理科技大學嬰幼兒保育系畢業取得學士學位，畢業即到愛彌兒服務；另一位黃淑卿老師是弘光科技大學幼兒保育系畢業。

　　偉婷老師到愛彌兒後，任教的班級一直都是哈密瓜班，這是她的第三年，班上大班年齡的孩子跟著偉婷老師已有一年多到兩年多的時間，彼此培養了相當的默契。中班年齡的孩子愛彌兒經驗雖然比較少，但在大班孩子的帶領、影響下，也能很快進入狀況。此課程其實是源自郭織安老師下午英文課的「書」（Book）到「書店」（Book Store），並與上午中文老師課程有許多交織。

壹、教室環境

　　哈密瓜班的教室裡，設有積木區、語文區、益智區、裝扮區、美勞區、科

學區等學習區（圖 4-1、圖 4-2）。

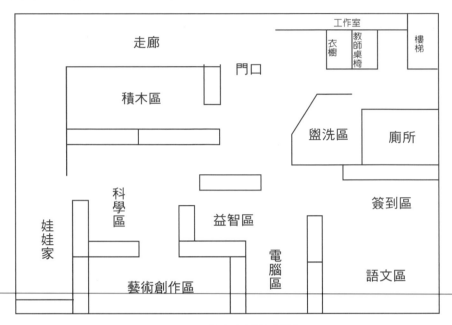

圖 4-1　教室空間配置圖

圖 4-2　積木區配置

貳、時間運用方式（表 4-1）

表 4-1　哈密瓜班二〇〇三年的作息表

8：00- 9：00	自由時間（Free Play）
9：00- 9：30	點心時間
9：30-10：00	團討時間
10：00-11：00	學習區時間（個別時間／分組時間）
11：00-11：30	分享時間
11：30-12：30	午餐時間
12：30-14：00	午睡時間
14：00-16：00	體能、音樂、美語時間（協同教學）
16：00-17：00	自由時間

「積木蓋的書店」這個課程大約從二〇〇三年十一月底參觀書店開始，到最後書店完成、開幕扮演，已是下學期的二〇〇四年三月底，前後大約進行了四個月的時間。期間孩子們參觀書店，嘗試用紙箱、單位積木蓋書店，然後再用空心大積木蓋大型的書店（表 4-2）。

📌 表 4-2　活動時間軸

從看書到搭蓋積木書店

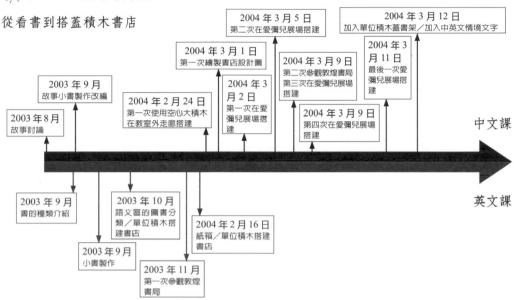

參、課程緣起

哈密瓜班從二〇〇三年八月即開始進行「書」的主題（「故事討論」內容已刊於《建構主義取向的幼兒課程與教學──以台中市愛彌兒幼兒園探究課程為例》一書，118-123 頁，二〇〇七年心理出版社出版）。

到了十一月，老師們安排了一次參觀書店的活動（圖 4-3），希望藉此讓孩子們認識書店裡書的分類以及擺設方式，希望能將「書」的課程延伸到「書店」的話題，如此便有可能往積木建構的部分發展，也許可蓋一間書店；如果再結合美勞、語文區已經在進行的自製書活

圖 4-3　孩子參觀台中市敦煌書局中港店，書店人員為孩子解說分類方式

動，也許還可以發展成「書店」的扮演活動。因此，參觀書店應可為課程留下「積木建構」及「書店扮演」兩項伏筆。這是中、英文老師在計畫參觀書店時，心中大致的構想〔此年代的愛彌兒幼兒園課程發展，還在「主題式教學」（Thematic teaching）階段〕。

參觀後，老師和孩子一起回憶參觀經驗，並和教室裡的情境做比較，請孩子想一想，是否有比較好的方法可以整理教室裡的書？討論後，孩子們利用學習區時間，將教室裡的書一一分類（圖 4-4），有孩子提出，需要蓋一間書店放分類好的書。

對這項提議感興趣的孩子便進入積木區開始嘗試搭建書店。孩子初期的書店，結構很簡單，分不同的樓層，準備擺放不同類別的書籍（圖 4-5～4-8）。蓋好後，正好和美勞區自製小書的活動結合，孩子將小書擺在積木區蓋好的書店裡，孩子們說：「這樣書店就有書可以賣了。」

但是，用積木蓋書店的活動進行得似乎不太順利，從十一月底開始搭建，

圖 4-4　孩子們將教室內語文區的書籍進行分類

圖 4-5　搭建書店的外型（宇軒，6 歲 3 個月；瑜昕，5 歲 10 個月；胤齊，4 歲）

圖 4-6　以平鋪的方式進行書店空間規劃（奕安，5 歲 1 個月；蕭荷，4 歲 7 個月）

圖 4-7　搭建人可以走進去的書店

圖 4-8　這樣蓋才可以把書放上去（宇軒，6 歲 3 個月）

到期末（二〇〇四年一月底）為止，兩個月的時間，不同的孩子陸陸續續都在積木區搭建了不同的書店，但幾乎都維持不了多久就倒了。孩子也因此嘗試了一些方法，如：在積木外套上紙捲筒（圖 4-9、圖 4-10）、靠著櫃子蓋（圖 4-11、圖 4-12）等，想辦法讓書店穩固點。也有孩子說：「我們蓋的根本不是書店，只是書架而已。」

圖 4-9 孩子在積木外加紙捲筒及兩側的護欄

圖 4-10 將自製小書放入書店中

圖 4-11 靠著櫃子搭蓋比較不易倒塌

圖 4-12 靠著櫃子搭蓋比較不易倒塌

新學期的二月，有孩子在美勞區用不同素材──紙箱做書店（圖4-13），希望藉由切割、黏貼做出書店的樣子。

美勞區紙箱書店的進行和原先計畫有點不同，孩子們忙著練習切割、挖洞、鑽進鑽出，陶醉在玩紙箱的樂趣中，並沒有繼續書店的話

圖 4-13 使用紙箱製作書店

題。老師覺得這是材料的特性所致，孩子運用紙箱做書店的可能性似乎不大，但這樣的發展還頗有趣，所以認為沒有必要將孩子隨即拉回書店的話題，中、英文課程繼續做故事繪本的欣賞討論。

從上學期的十一月底到下學期的二月，從積木區的單位積木到美勞區的紙箱，老師看著孩子們的書店，總是做不太出大家想要的樣子，真的就像孩子說的「只是書架而已」，是否還有什麼方法呢？會不會是材料的問題？如果用空心大積木會不會有所突破呢？

因此，老師便將學校地下室的空心積木搬到教室外的走廊，希望孩子能用空心大積木搭建書店。

走廊上的空心大積木果然激起了孩子一連串新的想法：

季轅：ㄟ，我們可以用空心大積木來蓋書店。

可晴：空心大積木很大，我們可以搭一個人家可以走進來的書店。

羅翔：對呀，很多小朋友用小積木蓋出來的根本不是書店，而是書架嘛！

宇軒：對了，我們可以用大積木來蓋房子，然後再用小積木在裡面蓋書架。

睿樸：老師，我們也可以蓋像我們去的新學友一樣，有三層樓，還有咖啡廳。

宸沛：也有讓人家看書的地方。

旭茲：不行啦！不要忘了我們用的是積木不是磚塊，蓋三樓太恐怖了，會很容易倒。

睿樸：好，那蓋二樓就好了。

季轅：那不就要蓋樓梯。

旭茲：對啊，可是要記得樓梯上去的地方要留一個洞，這樣才可以上到二樓去。

羅翔：我們就用大積木來蓋房子，然後再用小積木在裡面蓋書架。

若晴：我們也要蓋咖啡廳，讓客人來喝咖啡。

一、在走廊搭建空心大積木（2004.2.23）

當天的學習區時間，許多孩子選了空心大積木這一區，開始嘗試：

瑜昕：哎呀！我們先蓋牆壁啦！

欣亞：我們先蓋兩面長的牆壁再蓋天花板。

　　孩子先完成了兩面牆壁（圖4-14），準備將板子橫放在兩面牆之間當天花板。

旭茲：這樣不行啦，太寬了。

文瑄：我先扶著，你們把那一面牆壁縮進來一
　　　點。

圖4-14　搭蓋書店兩面圍牆

　　要當天花板的板子不夠長，所以將一面牆拆掉，重新依著板子長度的距離再蓋一次（圖4-15、圖4-16）。

二、蓋咖啡區

　　孩子另外用單位積木開始搭蓋桌子。一開始孩子使用四根四倍塊當桌腳，兩根四倍塊間橫放上一根四倍塊，桌面使用八根四倍塊，完成了一張長方形的桌子（圖4-17、圖4-18）。

圖4-15　以木板長度調整兩面圍牆的距離

圖4-16　測量天花板高度確定人是否可走進書店

圖4-17　搭蓋咖啡區的桌子（睿樸，6歲）

圖4-18　完成咖啡區的桌子

　　睿樸：這樣子只能坐兩個客人，太少了，會賺不
　　　　　到錢。

　　可晴：那我們再把桌子加長好了。

　　這次孩子再增加兩根四倍塊當桌腳，加寬了桌
面，孩子桌面使用了十六根四倍塊、六根四倍塊當桌
腳，以及桌面桌腳銜接處用了四根四倍塊單位積木
（圖 4-19）。

圖 4-19　調整桌子的長度可
以讓較多的人坐入

　　可晴：這樣咖啡區可以坐進三個人了。

三、移往寬敞的場地

　　用了學校所有空心大積木後，孩子僅完成了一樓兩面牆壁及看書和咖啡區
的地方。孩子提出積木不夠的問題，於是老師向愛彌兒其他兩個分校借來所有
的空心大積木。

　　大積木運來後，孩子認為走廊太小，而且進出不方便，容易弄倒。另一方
面，愛彌兒創辦人高琇嬅老師有次經過哈密瓜班，注意到孩子正在搭建的書
店，覺得這個課程很有意思。她看出場地的限制，建議老師考慮將場地移到學
校一樓比較寬敞的學校展場。老師與孩子討論過後，決定將搭建場地移至展場
（圖 4-20、圖 4-21）。

四、設計圖

　　搭建前，睿樸提出：「老師，我有意見，我們要先畫設計圖，不然蓋下去
的積木又會被當材料拿走。」

　　原來，在教室走廊搭建時，許多孩子一起蓋，大家分不清哪個是蓋好的，
哪個是還沒蓋的，有的才蓋好沒多久，又被別人當成還沒蓋的材料拿走。其
實，老師心裡也在盤算如何引導孩子先畫設計圖，過去，在班上的積木區，孩
子們其實已經有畫設計圖的習慣，不過，大部分是一個人或兩個孩子一起畫，
規模比較小。這次老師嘗試讓孩子分組合作設計，因全班的孩子都參與，老師

圖 4-20　愛彌兒展場（2004 年時）

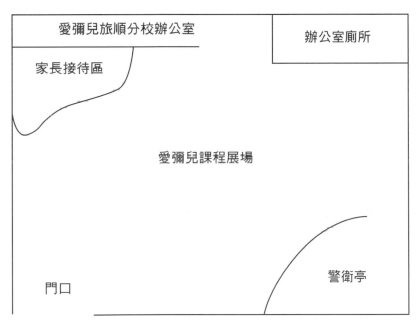

圖 4-21　愛彌兒展場平面圖（2004 年時）

可藉機看看每個孩子對設計圖的概念到底為何。

　　於是，老師帶全班的孩子到一樓的展示場，先實際走一遍，感覺一下，然後將孩子分成五組，每組五或六個人，請每組用全開的書面紙進行設計圖的繪製（圖 4-22～4-24）。

圖 4-22　孩子分組討論、進行設計圖的繪製

圖 4-23　孩子分組討論、進行設計圖的繪製

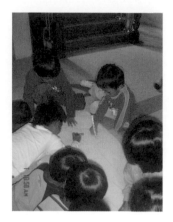

圖 4-24　孩子分組討論、進行設計圖的繪製

五、平面圖

　　五組中，有一組遲遲沒下筆，老師仔細聽他們的對話，原來孩子們在討論「平面圖」的概念，其中，睿樸一個人很堅持要用「平面圖」的畫法來畫，但是，似乎很難向其他孩子解釋清楚……

　　瑜昕：先畫裡面，然後畫正方形的。

　　宇軒：好那我畫柱子。

　　安立：我先畫房子。

　　季轅：他畫屋頂。

　　宇軒：我們三個一起弄柱子，然後許文瑄畫屋頂。

　　季轅：我是畫這裡的。

　　瑜昕：那要畫煙囪嗎？

　　宇軒：你畫過去一點，他是畫中線，我是畫下面，因為我畫不到這麼高的呀！

　　瑜昕：那我畫什麼？

　　睿樸：先停、先停、先停……不是這樣畫的，這裡是高的，我們是這裡是高的，這裡是低的，我們要畫平面圖，這裡是高的哦！

　　宇軒：你說這樣子我聽不懂是什麼意思耶！

睿樸：我告訴你！

瑜昕：就是⋯⋯這裡是很高的呀！

睿樸：停一下，停一下，你們先停，拜託先停一下。我們這樣子看，這樣
　　這裡不是高的呀，不然我們這裡看這樣子，我們這樣子是高的。

睿樸似乎想表達「**鳥瞰**」**視角**的概念⋯⋯

瑜昕：它不是房子那樣子。

睿樸：對，這裡是平的呀！

冠瑜：那畫一般的房子當書店就好了。

睿樸：哪有，你不行那麼懶惰。

冠瑜：那畫一般的房子就好了。

睿樸：不行，不行，不行畫一般的房子，我們書店不是一般的房子是嗎？
　　書店不是一個房子，不是一個普通的房子耶！

孩子：對呀！

睿樸：不是那麼小，一棟房子那樣子。大樓才能蓋書店耶！

孩子一陣吵雜，左一句、又一句。

睿樸：等一下、等一下，平面圖就是這裡是地板，你們要這樣看，平面圖
　　就是這樣子，這裡是地板、高的是天空，這裡就是天空。

睿樸再次想澄清「**鳥瞰**」**視角**的概念⋯⋯

安立：反正畫書店就對了。

宇軒：這裡就是要這樣畫。

由於孩子一直僵持不下，老師也想藉機介紹「平面圖」的概念，於是決定
介入孩子的討論⋯⋯

老師：討論好了嗎？

睿樸：我們要畫平面圖。

宇軒：今天是九十三年三月一日星期一，我們要開始畫了。

瑜昕：許文瑄你是蓋屋頂的。

睿樸：我要跟你們講多少次，這是地板！

宇軒：不是要畫立體的嗎？

睿樸：不是。

宇軒：那就不要做這樣子的呀！就拿起來用直的，平面圖就拿起來，直的才像你說那樣。

老師：怎麼了？

睿樸：我覺得不行，他們說要蓋柱子、天花板，我覺得應該是這裡是高的，這裡是地板，因為我們這個是平面圖啊！平面應該是這樣子、這樣子是地板的啊！

老師：那你有沒有告訴他們？

睿樸：有啊！

老師：那現在怎麼辦？

睿樸：現在我們就是畫一個，不行畫屋頂、不行畫柱子的平面圖。

老師：那其他人你們的想法呢？

其他孩子均未回應，老師心想，不如借用學校地下室的平面圖來引導看看（圖 4-25）。

老師：我們學校也有平面圖耶，想看看嗎？

孩子：想！

於是帶孩子到遊樂場看遊樂場平面圖。

瑜昕：這裡有寫平面圖。

宇軒：（唸完平面圖三個字）。

睿樸：對就是這個，你看這裡寫廁所，就是告訴我們廁所是在那裡。

老師：我看看，真的耶！那可以看看我們現在站的地方是平面圖的哪裡嗎？

瑜昕：在這裡。

圖 4-25　與孩子分享何謂平面圖（睿樸，6 歲）

老師：那平面圖是什麼？

睿樸：就是可以看到一個地方是做什麼用的。我們要畫的就是這個。

季轅：哦，這不是一棟房子的那種立體圖。

老師又帶孩子到外面看學校以及隔壁慎齋小學房子的形狀。

看完後，這組孩子似乎比較有共識，開始下筆繪製設計圖。

睿樸：我們先畫這樣子，這裡是這樣子，然後再接過來。

瑜昕：那我們到底要畫什麼？

孩子：畫平面圖。

宇軒：我們可以畫凹進去、凹進去再凸出來的。

睿樸：我們就這樣子好嗎？這裡是四方形，這裡是這樣子好嗎？

安立：好啊！

瑜昕：這裡凸出來，人家過不去怎麼辦？

冠瑜：這些通道通到那裡就好了。

瑜昕：這裡一條，這裡一條。

宇軒：可是我覺得如果那裡凸出來，會比較好。

睿樸：我們這裡應該要再大一點。

安立：我們這裡要畫一個花園。

冠瑜：旁邊還要有擺書的地方，這樣人家可以拿書去花園看。

文瑄：還可以蓋通道走進去。我這兩邊都要畫放書的地方。

季轅：這樣兩邊的人都可以走過來。

六、分享設計圖

設計圖完成後，孩子陸續分享：

第四組首先分享他們的設計圖（圖4-26）：

奕安：這是睡覺的地方，這書店有睡覺的地方，
　　　這是擺書的地方，這也是買書的地方，這是沙
　　　發、這也是沙發，這是貓穴，這是老鼠洞，這

圖4-26　第四組第一次設計圖（蕭荷、奕安、姿惠、志杰、佳寧、羅翔、胤齊、亭崴）

是星星從書店飛下來，然後這是我買的田。

老師：你買的田哦！

奕安：這個是耕田的工具，這是游泳的地方、這也是。

老師：哇，書店還有可以游泳的地方。

蕭淮：老師，可是書店沒有一個地方會游泳啊！

老師：你是說沒有書店會有游泳的地方，是嗎！

蕭淮：對啊！

奕安：可是那是我自己設計的。但是如果你看書還想吃東西的話，可以來
　　　這裡冰淇淋吃東西，然後這個冰淇淋後面這個門過去就是警察局。

老師：為什麼要有警察局在旁邊？

奕安：如果要找麥當勞和書店，旁邊有警察車，可以問警察路怎麼走。

蕭荷：我的是這樣的，要這樣看，這個是書架，裡面有放書，這個也是書
　　　架，這門，這個是一個警察局，這是停車的地方，這是結帳的地方。

羅翔：我的也是斜的。這是結帳的地方，這是書店。

佳寧：這是放書的，這個是停車的。

姿惠：這是麥當勞，這裡是吃冰的，那裡是賣書的，看書的在下面。

老師：她有設計看書的地方。

姿惠：這個是電梯。

老師：不錯哦，她有想到電梯。

胤齊：這一個是書架，然後……嗯……全部都是書架。

第五組分享（圖4-27）……

冠瑜：這個是我畫的書，兩邊都是放書的，
　　　這個是咖啡區。

安立：這是我畫的書架，這是櫃檯。

老師：這是櫃檯，要做什麼的？

安立：付錢的，然後還有種樹的地方。

文瑄：這裡是花園，可以看書的地方。

老師：為什麼要有花園？

圖4-27　第五組第一次設計圖（冠瑜、安立、文瑄、季轅、宇軒、睿樸、瑜昕）

文瑄：客人可以在裡面看書，會很舒服。

季轅：這是我畫的書架。

宇軒：我們可以從這裡開始去那邊拿書，然後再走過來看書。

睿樸：這裡是廁所，然後這裡是停車場，這裡是進去的、出來的，這裡是人家看書的地方。

老師：為什麼這裡有箭頭？

睿樸：客人可以看著走，我們的廁所有分男生的和女生的。

瑜昕：這個是我畫的書架。

第三組的分享（圖4-28）……

偉倫：這個是書架裡面放書、還有賣餅乾的地方。

旭茲：這是我畫的桌子，要讓客人看書的。

蕭淮：這是我畫的椅子，後來我把它改成馬桶，因為這樣人家要上廁所才可以上。這邊是我畫的書架。

慈安：這是賣餅乾的，如果肚子餓可以買來吃。

比較五張設計圖（圖 4-26～4-30），即可看出孩子們對「設計圖」以及空間概念各有不同。例如，有孩子設計了游泳池、田、貓洞、麥當勞等，創意十足，但似乎未將搭建的可能性考慮進去。另外，第一組的孩子，畫的是一棟一棟分開的房子，每個孩子各畫各的，畫了好幾間書店，彼此之間並沒有連結，比較像是照片式的寫生畫，也比較看不出和空間有關的「設計」。不過，也有不少孩子（第三組與第二組）已有空間配置概念，並將參觀書店的經驗融進

圖4-28　第三組第一次設計圖（蕭淮、旭茲、元華、偉倫、柏寬、立言）

圖4-29　第一組第一次設計圖（亭崴、姿惠、慈安、蕭荷、仁右）

圖4-30　第二組第一次設計圖（可晴、若晴、宸沛、佳芸、欣亞）

來，畫出書架、看書的地方、位置。另外，許多孩子均由側面圖的視角來畫，只有第一組的孩子用「鳥瞰」的視角畫，大部分的孩子都能用透視圖的手法表現。

分享完五張設計圖後：

老師：我們有五張設計圖，現在要怎麼辦？

欣亞：我們不可能五個都蓋呀！

旭茲：我們只能蓋一間書店，地方又不夠。

蕭淮：可是有五張設計圖，那要蓋哪一組的？

欣亞：我覺得第一組的跟大家的都不一樣，我覺得他們的很漂亮！

姿惠：我也覺得他們的很漂亮，我喜歡他們的花園。

老師：你們覺得第三組的跟其他組的有什麼不一樣？

欣亞：我們的是一間房子那樣子！

睿樸：我們的是可以看到每一個地方是做什麼的！

季轅：我們的是平面圖，他們的是一棟房子的那種圖！

從這段討論可看出，班上的孩子們似乎發現了「鳥瞰」式的「平面圖」和其他組的不同，也開始察覺「平面圖」的功用。於是，老師決定打鐵趁熱，重新請第一組的孩子到遊樂場為孩子解釋「平面圖」。

七、與全班分享「平面圖」概念

老師：我們看了什麼東西？

睿樸：我們去看慎齋小學的外面。

冠瑜：愛彌兒外面。

睿樸：還有地下室。

文瑄：我們就是去外面看那個房子怎麼畫！

老師：哪你看到了什麼？

文瑄：我們看愛彌兒外面的形狀（圖4-31），那裡有半圓形。

宇軒：看到一個有點像麥當勞的形狀，慎齋小學他們是凹進去（圖4-32），

　　然後再，我就說也可以凹進去再凹出來。

老師：哇，他們看到這兩個是房子的什麼？

偉倫：房子的形狀。

睿樸：我們去看地下室的平面圖。

老師：為什麼我們去看地下室的平面圖。

睿樸：因為我們不知道要怎麼畫平面圖，
　　　就是沒有屋頂的平面圖。我們不會畫，
　　　所以我們去看那一個怎麼畫。

老師：你們是想畫平面圖。可是那時候你
　　　們為什麼決定要畫平面圖？

睿樸：因為有屋頂的都很難畫啊，要畫立
　　　體的啊，有些人又不會畫。

圖4-31　愛彌兒旅順分校半圓形建築

老師：你們覺得平面圖和立體圖有什麼差
　　　別嗎？

睿樸：蓋房子如果畫的怪怪的，我們就很
　　　難蓋，如果畫這樣子我就知道這裡需要
　　　蓋，如果用立體的你就只能寫在立體屋
　　　頂上，就以為立體屋頂上有書櫃啦什麼
　　　什麼的，就會以為這樣子。

圖4-32　台中市佛教慎齋小學外觀

老師發現，睿樸能比較平面圖與立體圖的不同，解釋得越來越清楚了。

老師：所以你們覺得蓋房子要用平面圖，才不會讓我們搞混看錯是不是？

睿樸：嗯……

季轅：所以我們說要畫平面圖、不要畫立體圖。

老師：我們來看這兩張圖有什麼不一樣〔第五組與第一組的設計圖（圖
　　　4-27～4-29）〕。

柏寬：那一張（第一組設計圖）我覺得會不知道哪裡是要蓋牆壁，哪裡不
　　　用，那一張（第五組）就知道哪裡哪裡需要蓋牆壁。

元華：老師，我們也想去看遊樂場的平面圖。

老師：好，我們可以請第五組的小朋友幫我們介紹。

最後孩子提議我們用投票的方式來選擇設計圖，孩子們選擇了「第五組的書店設計圖」。

蕭淮：我們才可以知道哪一邊的牆壁是要圍什麼形狀，哪邊要凹進去，哪邊要凸出來。

柏寬：其他組的我覺得會不知道哪裡要蓋牆壁，哪裡不用，第一組那一張就知道哪裡需要蓋牆壁。

老師發現，經過了這麼多的討論、解釋、澄清，許多孩子似乎漸漸能感受「平面圖」的功能，因而選擇了第五組的設計圖。

一、第一次搭建「書店」

設計圖決定後，有興趣的孩子就跟著老師到展場準備進行搭建。搭建前老師帶著孩子一同分類、點數積木的數量，孩子點數的結果：空心大積木總共有一百二十四塊，其中大長方塊六十四塊、正方形積木三十六塊、小長方形二十四塊，老師請班上兩位大班的孩子，將點數的結果記錄下來（圖 4-33、圖 4-34）。

點數完成後，老師帶領孩子討論該如何搭建？設計圖怎麼用？

圖 4-33　點數記錄-1（欣亞，6歲 6 個月）

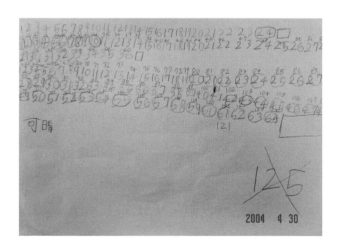

圖 4-34　點數記錄-2（可晴，6 歲 4 個月）

老師：我們已經有設計圖了，然後要在這裡蓋，那現在設計圖要怎麼用呢？

仁右：設計圖裡面有什麼形狀，我們就蓋什麼形狀。

慈安：蓋牆壁的時候，轉彎的時候就要記得轉彎。

偉倫：可是我們要先知道哪邊要蓋在哪邊！

老師：你是說要先決定什麼東西要蓋在哪一個方向是嗎？

偉倫：對呀！

欣亞：對呀，不然你已經在這邊蓋了櫃檯了，別人又在另一邊蓋櫃檯，不
　　　是很奇怪嗎！

宇軒：老師，我知道了，展場有一個進來的地方，我們可以把書店的門口
　　　對著進來的入口。

文瑄：好啊，可是還是要一直提醒，不然有人會看錯。

羅翔：沒關係我們一定要互相提醒，要蓋之前先看設計圖。

　　孩子看著畫好的設計圖，開始分工合作進行搭建（圖 4-35～4-37）。幾個
孩子先從門口開始做起，在展場入口蓋了書店的大門。

　　其他孩子則沿著展場邊緣，慢慢圍出書店外牆（圖 4-38、圖 4-39），遇到
辦公室、警衛亭即將牆彎進來，再遇到廁所、辦公室、平台，也都縮進來，很
快的完成書店外牆的雛型（圖 4-40）。空心積木也差不多用完了。

圖 4-35　先從門口開始蓋　　　　圖 4-36　蓋大門　　　　圖 4-37　搭樓梯以便搭建門
　　　　　　　　　　　　　　　　　　　　　　　　　　　　　　　　口較高的部分

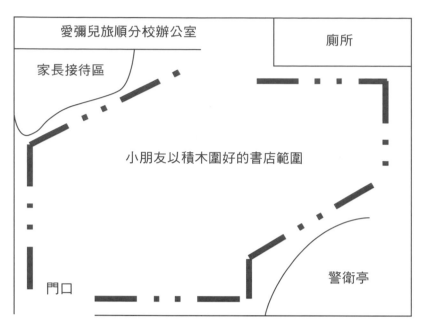

圖4-38　孩子用積木圍出搭蓋的範圍

圖4-39　孩子搭建外圍圍牆

圖4-40　第一次搭建的書店雛形

　　比較孩子實際搭建的過程與事先畫好的設計圖兩者之間的關聯性。孩子動手之前及搭建中，確實曾掛記設計圖裡的一些「內容」，如：大門、廁所、停車場等，但在搭蓋現場即一邊修正，如，孩子一邊蓋一邊討論：「辦公室旁已經有一個廁所，不用再做廁所」、「車子如果開進來，我們的大門會壞掉，所以也不用蓋停車場」。

　　至於其他如：花園、櫃檯，則因空心積木不夠，尚未進行。

　　而且，孩子圍外牆時，是沿著展場邊緣，並未依照原設計圖的外型，沒有像之前討論的「設計圖裡面有什麼形狀，我們就蓋什麼形狀」、「蓋牆壁的時候，轉彎的時候就要記得轉彎」，因此圍出來的書店外型和設計圖很不一樣。

由此可知，孩子還未能將平面圖的空間真正對應到實際立體空間。這種平面與立體之間的轉換、計畫與執行之間的落實，對孩子而言似乎還很困難。對這個問題孩子並非渾然不覺，實際上，也有孩子察覺了說：「可是設計圖上的形狀，又不是這樣」，但因為空心大積木不夠，必須重新設計，所以這個問題在當下大家都未再探討。

二、空心大積木不夠

當老師看到孩子選擇第五組書店設計圖時，心裡便知孩子可能會遇到空心積木不夠的問題。果然，孩子才圍出雛型，積木就不夠了，怎麼辦呢？空心大積木當初是哪裡來的？當然是愛彌兒的創辦人——高琇嬅老師買的。於是，老師帶著孩子向高老師提出：「可不可以再買多一點空心大積木？」高老師回答孩子：「我會再買空心大積木，但是，你們要先想辦法。」高老師還告訴我們（老師）：「積木不夠，正是提供孩子解決問題的好機會」，所以我們把「積木不夠」的問題拋回給孩子。

老師：我們只有一百二十四塊積木，才圍出書店的形狀，怎麼辦？

欣亞、立言：我們可以把它縮小。

蕭淮：蓋小一點的書店。

胤齊：我們可以加入別的東西來蓋。

偉倫：像遊樂場的柔麗磚。

蕭荷：還有可以用保利龍和紙箱。

旭茲：可是不行，那個一拗就斷掉了，這樣書店不就倒了。

老師：你們說要蓋小一點的書店，我們這張設計圖這麼大，那我們要怎樣蓋縮小一點的書店？

佳寧：我們可以把一些擦掉。

睿樸：不行擦掉，每一個都很重要了。

蕭淮：可是就是要縮小呀！

瑜昕：我們可以看哪些是不用的，哪一個是比較佔位子的，擦掉就好了。

若晴：把這張留起來，然後再剪紙，再畫就好了。

志杰：我知道若晴的意思，她是說可以重新畫一張設計圖，設計小的畫在小一點的紙上，這樣就可以了。

奕安：我大姑姑說，我們書店蓋好，她要來參觀！

老師：哇，好棒哦！你們的辦法都好棒哦！請問我們的積木總共有幾塊？

旭茲：一百二十四塊。

老師：我們只能用一百二十四塊來蓋書店囉！現在要重新畫設計圖，蓋小一點的書店，和加入柔麗磚來幫助是嗎？

孩子：是。

立言：啊，偉倫說用那個柔麗磚，柔麗磚是塑膠，那用來蓋地板，人家一踩不就滑倒了。

老師：所以你覺得柔麗磚不行用來蓋地板嗎？

立言：是啊！

老師：哪你們想怎麼使用柔麗磚？

旭茲：可以用來蓋樓梯啊！

若晴：可以把柔麗磚用來蓋牆壁啊！

睿樸：不行，還是蓋樓梯好了，柔麗磚太輕了，蓋牆壁會一不小心一推就倒了。

季轅：柔麗磚可以用來蓋二樓啊，因為不是說過二樓太危險了，不要讓人家真的踩進去。

討論後，孩子共提出兩個方法：(1)我們可以重新改變「設計圖」，蓋小一點的書店；(2)可加進其他的材料一起搭蓋，像柔麗磚、還有紙箱……等。

於是各組又著手重新繪製第二次的「書店」設計圖（圖4-41～4-45）。

分享時，第五組的孩子：

睿樸：我們把本來的兩個這裡切掉，這兩個連在一起，變成一個長方形。

老師：變成了一個長方形，不像第一次是由三個四邊形組成的是不是？所以有縮小了，是嗎？

睿樸：是。

老師：你們把花園改成圓形的，為什麼？

圖4-41 第一組第二次設計圖（仁右、胤齊、慈安、蕭荷）

圖4-42 第二組第二次設計圖（可晴、若晴、宸沛、佳芸、欣亞）

圖4-43 第三組第二次設計圖（蕭淮、旭茲、元華、柏寬、立言）

季轅：因為三角形太大了！

這一次，孩子一樣選擇了第五組的設計圖（圖4-45），孩子說：「因為有把第一次設計圖覺得不用的地方刪掉了，所以真的縮小了。」可見孩子們以「應蓋小一點的書店」為審視重點。

圖4-44 第四組第二次設計圖（奕安、姿惠、志杰、佳寧、羅翔、亭崴）

三、第二次搭建「書店」

根據決定後的第五組第二張書店設計圖（圖4-45），孩子再次進行搭建。

老師：現在我們有第二張設計圖了，怎麼辦呢？

慈安：要先把設計圖放好。

蕭荷：是這樣嗎？

宇軒：不對了，設計圖上的廁所，是要跟真的廁所放在同一個方向。

圖4-45 第五組第二次設計圖（冠瑜、安立、文瑄、季轅、宇軒、睿樸、瑜昕、偉倫）

孩子調整設計圖位置進行搭建。

這一次，孩子決定以廁所為參照點，由廁所外的走道開始搭建（圖4-46），和上次由門口開始不一樣。孩子先蓋廁所旁的圍牆（圖4-47），然後圍出花園（圖4-48）、走道（圖4-49）、閱讀區等，空心大積木又用完了（圖4-50）。

四、縮小範圍

對第二次的搭建，辦公室的老師和警衛叔叔都表示，孩子的積木擋住了他們的出入口，造成他們通行極不方便。

圖 4-46　測量走道的寬度（胤齊，4歲）

圖 4-47　搭建圍牆（宇軒，6歲3個月；睿樸，6歲）

宸沛：我們可以再縮小。

元華：我們蓋在中間就好了。

老師：你說的中間是哪裡，真的不會擋路嗎？

元華：我們做記號。

圖 4-48　搭建書店中的花園

圖 4-49　孩子搭建花園走道

展場的天花板中間正好有個長方形的展示軌道，孩子拿著粉筆沿著軌道範圍，畫出他們預計搭蓋範圍（圖4-51）。關心整個過程發展的高老師提醒老師，幫孩子在畫下的範圍內鋪上牛皮紙，可提供孩子更具體、更簡化的線索。結果貼了八張牛皮紙。

五、第三次搭建

孩子重新依所規劃的區域繪製設計圖。討論後，孩子選擇了第三組的二層樓設計進行搭建，因為孩子們想要蓋一個「有樓上」的書店。雖然範圍已縮小，仍在蓋了一樓四面牆之後，空心積木就用完了。

第三次設計圖：第一組到第五組（圖4-52～4-56）。

圖 4-50　第二次蓋的雛型

圖 4-51　使用粉筆畫出搭建的範圍（元華，6歲5個月）

孩子第三回蓋的已很有房子的樣子，而且是人可以走進去、住在裡面的房子（圖4-57）。和前二次不同！但是，才蓋一半材料又不夠了，怎麼辦呢？

旭茲：我們可以再縮小蓋的位置，原本我們用了八張牛皮紙，我們可以拿掉兩張，變成六張就好了。

蕭淮：可以讓高度再矮一點，這樣應該就可以了。

孩子提出的這兩個方法很有見解！孩子知道減少底面積，就能節省所需的材料；另外，每面牆高度變矮，也可省下材料。從這裡可以看出，孩子的面積、表面積、保留概念等，數學裡「量」的概念，已漸漸在成形。

六、兩層樓，幾面牆？

經過了三次、近十天的搭建，孩子蓋了又拆、拆了又蓋，都卡在材料的數量問題，老師開始想，是否應該引導孩子用比較有效率的方法，事先估算材料的量，就不用一直拆了。於是老師與孩子討論⋯⋯

圖4-52　第一組第三次設計圖（仁右、胤齊、慈安、蕭荷）

圖4-53　第二組第三次設計圖（可晴、若晴、宸沛、佳芸、欣亞）

圖4-54　第三組第三次設計圖（旭茲、柏寬、立言）

圖4-55　第四組第三次設計圖（奕安、姿惠、志杰、佳寧、羅翔、亭崴）

圖4-56　第五組第三次設計圖（冠瑜、安立、文瑄、季轅、宇軒、睿樸、瑜昕、偉倫）

圖4-57　第三次搭建兩層樓的書店

老師：積木不夠，原本蓋一半的就要再推倒重蓋，你們很辛苦，有沒有什麼方法可以讓你們不用這麼辛苦？

宇軒：在蓋的時候先蓋一面牆壁，然後數一數用了幾塊積木，再數材料，看我們要蓋的兩層樓牆壁夠不夠？

宸沛：如果不夠我們還可以把牆壁縮小，這樣就不用蓋一半又要拆掉。

老師：那麼，兩層樓牆壁有幾面呢？

老師拿出從藝術創作區隨手取出的兩層紙盒，代表兩層樓，讓孩子數。

季轅：一層樓四面牆，兩層樓應該八面牆，所以我們要完成的是八面牆（隔層是由大紙板完成）。

討論出來的這個方法其實有點抽象，還沒見到的東西，孩子需能在心中形成兩層樓建築的心像，且能透視各個面與結構關係，才能數出八個面。另外，孩子需具備一定的類推能力，才能了解由一面牆推算八面牆的道理。顯然，孩子過去在積木區的搭建經驗，以及老師所提供的兩層紙盒，幫了很大的忙。

七、估算

孩子也發現，六張全開牛皮紙所組成是長方形，不是正方形，這樣牆壁所需要的不會一樣長。

佳芸：「我們應該先蓋兩面牆壁。」

羅翔：「長方形那邊兩個一樣長，另外兩個一樣長，所以我們選兩個的一個就好了。」

孩子開始搭蓋兩面牆壁，並以蕭荷的高度為準。

宇軒：「我們要用同一種形狀來蓋，不然會數不清楚。」

於是，孩子用正方形的空心積木蓋了長、寬各兩面牆，孩子發現兩面牆使用的積木數量是一樣的，原來，長和寬的差距不到一個空心大積木寬，長的那一邊蓋到後來剩一小段，不到一個積木的長度，如果再放一塊空心大積木，又

會超出，決定不要放。這樣其實也不錯，孩子決定乾脆就讓八面牆都一樣大就好了，估算起來也比較單純。

慈安、季轅點數的結果：「正方形三十六塊，小長方形九塊」（圖4-58），孩子發現，這兩面牆就快把正方形積木用完了，現在只剩三塊正方形積木，那剩下的要怎麼數、怎麼辦呢？欣亞提出了一個代換的方法：

欣亞：現在我們可以改用大長方形，因為兩塊小正方形積木在一起，恰可以換一個大長方形。

欣亞比著正方形積木，兩個、兩個一數，一、二、三、四……十八（圖4-59）。

欣亞：這樣一面牆壁可以換成十八個大長方形，九個小長方形積木不變。

點數替換完成後，老師繼續與孩子討論……

老師：現在怎麼知道剩下的材料夠不夠八面牆壁呢？

蕭淮：我們把剩下的大長方形積木，十八個疊在一起，再加九個小長方形積木，看看疊出來的夠不夠八堆。

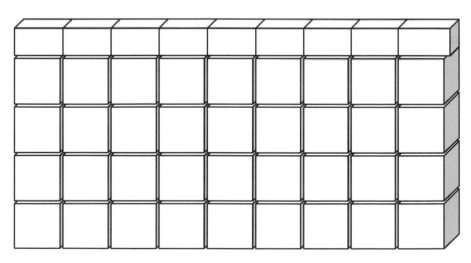

圖4-58　一面牆示意圖9×4個正方形＋9個小長方形

孩子開始點數堆疊，總共數出三堆（圖4-60）。

佳芸：加上已經蓋好的，這樣才五面牆壁，不夠。

志杰：這樣不行，牆壁要再縮小。

孩子這時遇到的問題是：「已知材料總數，要蓋八面牆，一面牆可以有多大？」這其實是個數學上的除法問題。小小年紀的幼兒，不可能懂得除法，不過，他們卻知道利用「分配」的方法解決這問題，就跟分點心一樣，雖然不知道要分多少，不過沒關係，用嘗試錯誤的估算法，先分分看再說，多退少補。這確是一項非常好的數學策略，估算過程十分精彩，讓大家著實經驗了估算、代換、分配、解決問題等，重要的數學方法。

圖4-59　點數估算積木轉換應有的數量（欣亞，6歲6個月）

圖4-60　孩子將積木分堆，根據所需數量，進行分類點數

接著，孩子再將兩張牛皮紙撕掉，使搭建的範圍再縮小，剩四張全開牛皮紙的範圍。修改後的兩面牆，孩子點數出要二十四塊正方形與六塊小長方形積木（圖4-61、圖4-62）。

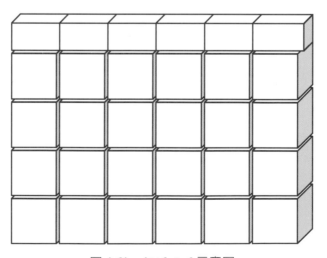

圖4-61　4×6＋6示意圖

於是孩子們重新以「十二塊大長方形和六塊小長方形」的數量，將剩下的積木進行點數、分堆，共分九堆。

> 若晴、安立：全部加起來已經有九面牆壁，可以蓋了。

八、第四次搭建

估算完成後，孩子終於蓋出兩層樓的書店。一樓蓋好後，老師與孩子去倉庫找來一面大木板，當做一樓二樓之間的隔版，因木板不夠大，還用了七塊較小的木板協助，以撐住二樓的積木。孩子也用柔麗磚做了個一樓到二樓的樓梯，樓梯上二樓的地方，還留一個洞，人可以真的站上去看。不過，二樓的地板只是一面木板，而且是拼裝出來的，不能真的踩下去。

兩層樓的書店（圖4-63）。

> 季轅、瑜晰、仁右：怎麼變這樣，二樓歪掉斜掉了。
>
> 文瑄：因為天花板相接的地方，一邊高、一邊低，所以會歪掉。
>
> 旭茲：我們書店裡面很小，人家根本沒辦法走進來，我們也沒辦法用小積木（即單位積木）蓋書架。
>
> 柏寬：人家也看不到我們裡面有什麼東西。

這些話，引起全班孩子的共鳴……

> 旭茲：我們應該再把它變回八張牛皮紙那麼大比較好。
>
> 蕭荷：我們的材料不夠耶！

圖4-62　點數：這樣就可以變成十二塊大長方形和六塊小長方形（元華，6歲5個月；佳寧，5歲5個月）

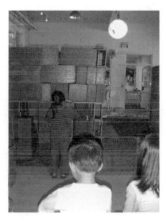

圖 4-63　兩層樓搭蓋完成後，孩子坐在一旁欣賞分享首次依照設計圖搭建出來的書店

柏寬：我們不要蓋二樓了，因為人家又不能真的踩在二樓的地板，那很危
　　　險。

宇軒：我們的牆壁不要蓋那麼高，不然看不到裡面。

睿樸：我們空間變大了，就可以再把花園加進來。

　　討論後，孩子決定折衷採取第五組「第二次」（圖4-45）及第三組「第三
次」（圖4-54）的設計圖，做為第五次「書店」搭建的藍圖。

九、第五次搭建

　　搭建前再次討論，孩子說：「我們把圍牆降低，可以找小蘋果班的小朋友
（學校裡年紀最小的孩子）來比比看高度。如果他們看得到裡面就可以。」找
小蘋果班的孩子試「高度」（圖4-64）後，孩子決定蓋兩塊大長方塊橫放的圍
牆高度。孩子特別說：「大長方塊如果直著放很容易倒，橫著放踢一下都不會
倒。」另外，為讓成人方便進入，門口孩子保留了大人可進入的門口高度（圖
4-65）。

　　孩子這一次的搭建方法和第一次很像，先從門口開始，沿著展場的邊緣圍
出書店牆壁。

　　範圍決定後，在書店中間圍了一個圓形的花園（圖 4-66、圖 4-67、圖
4-68）。

　　孩子在右邊較寬敞的地方，搭建了他們一直想要的咖啡區。還做了一個走

圖 4-64　由小班孩子來量可看得到裡面的圍牆高度

圖 4-65　由老師來試方便大人進出的門口高度

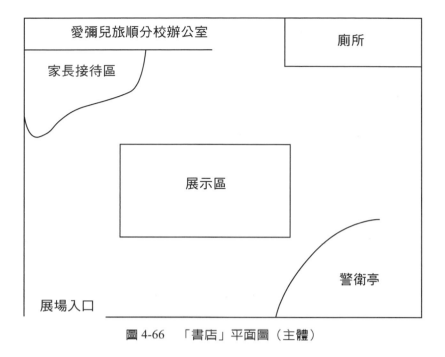

圖 4-66　「書店」平面圖（主體）

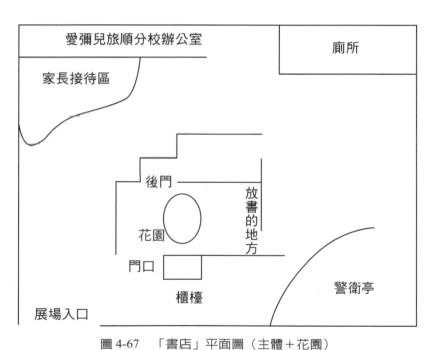

圖 4-67　「書店」平面圖（主體＋花園）

道，讓客人可以從賣書的地方走到咖啡區（圖 4-69～4-74）。

　　另一邊的孩子，在書店後方較寬敞的地方，做了一個有桌椅的閱讀區（圖

圖 4-68　圍出花園的空間
（偉倫，5 歲 10 個月）

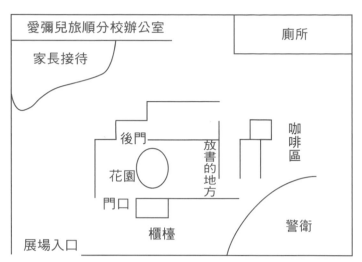

愛彌兒旅順分校辦公室

家長接待

廁所

後門

放書的地方

咖啡區

花園

門口

展場入口

櫃檯

警衛

圖 4-69　「書店」平面圖（主體＋花園＋咖啡區）

圖 4-70　搭建咖啡區的桌子
（可晴，6 歲 4 個月）

圖 4-71　搭建不一樣的咖啡
區（欣亞，6 歲 6 個月）

圖 4-72　孩子們進行走道的
搭建

圖 4-73　搭建完成的書店走道

圖 4-74　試坐咖啡區的桌子（欣
亞，6 歲 6 個月；元華，6 歲 5 個
月；宇軒，6 歲 3 個月）

4-75～4-77）。為了讓買書的客人可以走到閱讀區，孩子還特地做了一個後門（圖 4-78）、一個走道（圖 4-79），連接到這個閱讀區。

　　這一次的搭建進行得十分順利，哪個東西要蓋在哪邊？客人從哪裡進來？怎麼走過去？走道夠不夠寬？客人要坐在哪裡看書？⋯⋯孩子們邊做邊討論，分工合作，默契十足，很快就把書店、花園、咖啡區、閱讀區都做出來了。前後不過一個多小時，搭建時，還多個小監工──睿樸，不時的調一調別人搭蓋

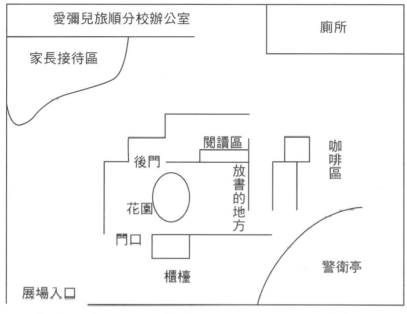

圖 4-75　「書店」平面圖（主體＋花園＋咖啡區＋閱讀區）

圖 4-76　搭建閱讀區的桌子（宇軒，6 歲 3 個月；欣亞，6 歲 6 個月）

圖 4-77　完成的閱讀區

圖 4-78　書店後門

圖 4-79　搭建走道

圖 4-80　將積木修直（睿樸，6 歲）

的作品（圖 4-80）。睿樸說：「我今天負責修正的，不然蓋出來又會亂七八糟、歪歪的。」

老師心想，歷經多次的搭建，累積許多經驗後，孩子終於開始自信、自在的逐步邁進他們原先想要的書店「原型」，實現了當初他們想要的書店夢想。

因為擔心燈光不足，影響閱讀者的視力，睿樸從家中帶來組合型燈座，計畫放入閱讀區，讓閱讀者有個舒服明亮的閱讀空間。孩子們看著「燈座組合說明書」，分配工作，有孩子幫忙扶著，有孩子把螺絲鎖緊，有孩子幫忙提醒：「不要把螺絲踢亂，那很重要，要不然會組合不起來。」有孩子在一旁，手握螺絲，發給別人一顆，趕緊再數一數，確認手中的顆數是否吻合。孩子自己組合好立式燈座，將它放入書店中的閱讀區（圖 4-81～4-83）。

搭建完成後，大家合作把班上的單位積木搬下來，在蓋好的書店裡做書架

圖 4-81　邊閱讀「燈座組合說明書」邊組合檯燈（睿樸，6 歲）

圖 4-82　孩子合作組合完成立式檯燈

圖 4-83　將檯燈放入閱讀區

（圖4-84），然後在書架上放上孩子自製的書（圖4-85）。

　　有孩子提出說：「我們的書店都沒有寫字，這樣人家都不知道什麼區在什麼地方。」其他孩子說：「對！要像我們參觀的書店，一樣中英文都要寫。」於是孩子陸續把書店中出現的「櫃檯」（Counter）、「書架」（Bookshelf）、「中文故事書」（Chinese Picture Books）、「英文故事書」（English Picture Books）、「雜誌」（Magazine）、「報紙」（Newspapers）、「旅遊書」（Travel）、「花園」（Gardening）、「閱讀區」（Reading Area）、「咖啡區」（Coffee Area）等文字說明一一放進他們蓋的書店中（圖4-86～4-88）。

　　就這樣，一間有很多書、很多書架、有閱讀區、有咖啡區、有花園，有溫暖燈光的夢想書店，終於大功告成（圖4-89～4-96）。

　　後來，班上舉行了一次書店開幕儀式（圖4-97），邀請家長參加，除了櫃

圖4-84　使用單位積木搭建書架（安立，5歲6個月；冠瑜，5歲9個月；偉倫，5歲10個月）

圖4-85　將自製的小書放置書架上（偉倫，5歲10個月）

圖4-86　仿寫分類標示的中、英文（旭慈，6歲4個月；若晴，4歲7個月）

圖4-87　將標示放置書架上（元華，6歲5個月）

圖4-88　運用電腦打字呈現英文說明

書店後門　　書店閱讀區　　書店咖啡區

書店大門　　　書店櫃檯　　　書店花園（在櫃檯後）

圖 4-89　書店全景

圖 4-90　織安老師與孩子在書店中的花園讀繪本

圖 4-91　書店大門

圖 4-92　書店後門

圖 4-93　書店閱讀區

圖 4-94　書店咖啡區

圖 4-95　書店咖啡區

圖 4-96　書店櫃檯

圖 4-97　書店開幕

櫃賣書外，孩子還在咖啡區販賣自製的餅乾、布丁，讓客人享用！

第二節　「用積木蓋的書店」課程解讀

文／林意紅

壹、從孩子發展的角度

　　如果我們從孩子發展的角度，評析這一段「用積木蓋書店」的課程，孩子從這個課程中，至少經歷了以下幾項發展經驗（表 4-3）。其中筆者認為最特別的，是孩子們在空間概念的表現。

　　讓我們再仔細的想一想，一群不到七歲的幼兒，為何可以蓋出如此具空間感、設計感、藝術感，甚至讓許多大人都自嘆弗如的作品呢？這樣的作品，就算大人想要事先設計，恐怕也設計不出來。難道這些孩子剛好都是天才型的兒童嗎？

　　當然不是。事實上，我們看到了，孩子在建構過程中遭遇到許多問題，擁有許多次失敗的經驗。如：孩子從頭到尾都很堅持、也很期望達到的目標──「兩層樓書店」。從使用空心大積木開始，孩子一直很想蓋出有樓上樓下的兩層樓建築。為了要有二樓，他們將底面一縮再縮，蓋好又拆、蓋好又拆，精打細算，一定要縮到夠蓋二樓才行，甚至還拼拼湊湊，好不容易找了塊不太夠大的隔板，隔出一、二樓。最後，蓋是蓋出來了，不過，孩子們也體認到，這個二樓又暗、又不穩固，根本和原先的原意不同。所以，他們下了一個很重要的決定，承認失敗，放棄二樓。從這個例子就可以清楚看出，孩子在過程中有失敗的經歷，有些還不只是小小的失敗，而是花了許多時間、精力，卻終究沒有成功。

　　花了這麼多的時間、精神，最後又回到第一次蓋的方式。也許有些人認為孩子繞了這麼大一圈，不是很浪費時間嗎？但，筆者認為，正因為孩子們有了這麼多「不順利」的經驗，才能醞釀、成就出後來的作品。事實上，最後令人驚豔的書店，就是在孩子決定放棄二樓之後產生的。

　　當然，這樣的表現，絕不是只有靠這短短的幾天，或者短短的這一、兩個

😀 表 4-3 「用積木蓋的書店」課程中幼兒的各領域發展經驗表

發展領域	項目	實例對照
	數學	・點數、記錄積木數量。
	・數數、數字、估算	・在積木數量固定的條件下，每面牆可以蓋多大（用幾個積木）？這是除法問題，對幼兒較困難，孩子用嘗試錯誤的估算法，先蓋出一面牆，再依此牆數量為標準將剩下的積木分堆，看夠不夠蓋九面牆。
	・倍數	・發現兩個中型積木等於一個大型積木。
	・代換	・利用代換的方法（將中型積木都換成大型積木，同一種形狀比較好數），將估算問題簡化。
	・守恆概念	・積木數量不夠，應將底面範圍縮小。 ・讓牆面高度再矮一點，就可以多蓋幾面牆。
	・測量高度	・門要多高，老師才可以走進去。
	・面積大小	・八張牛皮紙太大，變成六張就好了。
	・圖形組合關係	・兩個正方形積木組合變長方形。
	・空間配置	・閱讀區設在哪裡？咖啡區、花園設在哪裡？
	・空間透視	・畫透視圖（設計圖）。
	・不同視角	・畫鳥瞰圖（平面圖）。
認知	・參照點	・先以門為參照點，之後以辦公室原有廁所為參照點搭建。
	・平面圖與實際空間之轉換	・畫平面圖（立體轉平面），依設計圖搭建積木（平面轉立體）。
	・表徵能力	畫設計圖時，孩子回憶參觀時所見到的景象，在腦中形成表徵，再用畫筆畫在紙上，呈現第二種表徵，然後再用立體積木搭建出來，呈現第三種表徵。三種表徵雖然密切相關，形式卻很不同，其中的轉換需要比較複雜的認知能力。有些孩子畫的、看到的和搭建的，這三者之間關係不多或仍各自獨立，但也有孩子已經慢慢可以將三者關係連結起來。
	・計畫能力	因為蓋好的積木經常會被拿走，孩子察覺了合作時必須事先計畫的重要，因此認為蓋書店前，應該先做計畫（畫設計圖）。計畫完成後，孩子會實際拿來對照、使用（搭建），無法實行的部分，雖然還不會修改原圖，不過，重新再畫一張也是一種修正。
	・解決問題的能力	1.用嘗試錯誤的方法，估算出一面牆可以蓋多大。 2.如何蓋出兩層樓。

表 4-3　「用積木蓋的書店」課程中幼兒的各領域發展經驗表　　　（續）

發展領域	項目	實例對照
藝術創造力	・使用素材	・孩子自由使用單位積木、空心大積木，發揮創意。
	・造型設計	・孩子將積木排列、組合，設計各式造型空間。
	・平衡	・孩子完成的作品，有前門、後門、延伸咖啡區、閱讀區，錯落有致，相當具有平衡感。
	・欣賞	・孩子互相分享、欣賞彼此的設計。
社會／情緒	・與人溝通	・孩子互相溝通如何設計搭建書店。
	・合作協調	・整個作品非一、兩個孩子決定，都是許多人一起分工合作。
	・自我認同	・孩子從搭建中得到自信、成就與自我認同感。
肢體動作	・大肌肉	・搬運、堆疊大積木，運動、協調手臂、肩膀的大肌肉。
	・小肌肉	・製作標示、自製書。

月就能成就的。這一個作品，單獨來看，只是一個「結果」，我們應該探討的、應該追溯的，是孩子們過去幾個月、幾年裡，是如何使用積木的狀況。這個課程的意義，不應只是這個看似很「炫」的作品，應該是提醒我們大家進一步去了解孩子平日如何一點一滴的累積學習經驗。

筆者認為，我們至少可以從以下幾點來討論：**材料的特性、時間、空間**，**以及老師的態度**。

貳、材料的特性——空心積木的特性

空心積木，這材料本身具有幾種很特殊性質，我們分別從**物理性質**、**數學性質**、**藝術創作**、**環保**、**適齡**、**開放**等特性來看它。

一、空心大積木的物理性質

空心積木為木頭裁成的木板所製，具有木頭堅固、耐磨、穩定、承受力大等特質，比起幼兒園裡常用的紙箱、布料、泡棉等材料，木頭積木更適合拿來當成建構房子的材料，蓋出來的成品，當然也具堅固、穩定、承受力大等，類似真正房舍、牆面、家具等所具有的堅固性質。有了這些堅固的特性，孩子們蓋出來的空間，才有類似木屋、樹屋的真實感，孩子們用積木做的桌子，才真的可以放杯子、放書，椅子也真的可以坐上去。這樣的真實感唯有木頭製的空

心大積木辦得到，其他的紙箱、布料、泡棉等材料，相對的並不合適。

空心大積木的每個表面都保留了木頭原本的紋路，不做亮面、光滑處理，所以，積木與積木之間會有一定的摩擦力防止積木滑動，如此可使得蓋出來的作品比較穩定，不易滑落。這一點在幼兒園裡顯得格外重要，有了止滑的功能，比較不會發生幼兒被落下的積木打傷的情形發生。

木頭積木的**重量**，又比石頭、磚塊輕，剛好是幼兒可以獨自取拿、舉高、放下的程度，萬一掉下來，也比較不會讓幼兒受傷。

積木尺寸的選擇，也是一門學問。積木的尺寸必須夠大，蓋出來的成品才能穩固，才能讓幼兒整個人身入其中；但，同時，也不能太大，好讓幼兒可獨自拿取，不需依賴大人。所以，什麼樣的尺寸夠大又不太大，就是這一套看似簡簡單單的木頭背後的學問之一。

二、空心大積木的數學性質

空心大積木的外型成扁扁的**長方體**，所有的角都是直角，所有的邊都是直線，所有的面都是平面，沒有圓滑的曲面或尖尖的三角形，整體造型就像磚頭，所以適合拿來堆疊，可一層一層，逐漸向上建構。

這課程用到的空心大積木共有大中小三種尺寸：大長方塊（12.5 cm×25 cm×50 cm）、小長方塊（12.5 cm×12.5 cm×25 cm）、正方塊（12.5 cm×25 cm×25 cm）（圖 4-98）。

其中寬度、高度均同，只有長度不同。每一塊的寬度和高度都相同，這一點很重要，因為唯有如此，孩子在建構時，積木與積木之間才能連得起來，變成一面一樣厚、一樣高的牆；當他們做桌子時，兩邊的桌腳需一樣高，桌面才會平穩，這就是為什麼每一塊寬度、高度都要一模一樣的道理，所以材料本身在製作時，就要要求切割得很精準。

長度部分，有大中小三種尺寸，所以孩子可依需要選擇合適的尺寸。例如，要做桌面時，就需要長度長一點，才有桌面的感覺；而做椅子時，中積木剛好適合小朋友的屁股；要做標

圖 4-98 空心大積木

示時，小的積木放在桌上感覺也剛剛好。所以不同的尺寸適合不同的需要。

另外，大的積木長度剛好是中的積木長度的兩倍，中的積木長度剛好是小的積木長度的兩倍，所以大中小長度比是 4：2：1 的比例。三種尺寸大小剛好成倍數關係，所以不同尺寸之間可以做代換，事實上，我們的孩子們也發現了這一點，所以當他們在估算材料夠不夠用時，能夠巧妙的運用這其中的倍數關係，幫助他們自己將問題簡化，達到估算的目的。

三、環保、彈性

在幼兒園裡，經常可以看到孩子們利用紙箱配合主題製作各式的房子、車子、動物等，雖然紙箱具有容易切割、塑形、移動等優點，不過等主題結束之後，這些作品最後大都進了垃圾桶，以環保的角度來說，較為可惜。比較之下，積木是一種較符合環保觀念的材料，蓋好後，可以隨時拆開、重複使用，品質、功能還是一樣良好。一批積木，如果好好使用、注意保養，通常可以用上十年、甚至二十年以上都沒有問題，是相當環保的一項材料。

孩子們從構想、設計到動手蓋出來，中間常常會有蓋錯、修改或拆掉的情形，通常不會一次就定案。而積木本身所具有的彈性，正適合鼓勵孩子做這樣的嘗試，孩子可隨時拆開、修改，嘗試、再嘗試，直到滿意為止，所以，積木是一種可以鼓勵孩子發展主動、積極、嘗試錯誤、解決問題等能力的好材料。

四、適齡

空心大積木設計時，即是配合幼兒的生理發展階段，考量幼兒的高度、重量、肌力等因素，設計出適合幼兒獨立操作的組件。它必須夠大、夠重、結構必須夠穩定，才能讓幼兒坐上去、站上去，甚至可以爬上爬下，整個人深入其中，投入遊戲。但是又不能太笨重，才能讓小小的幼兒也能獨立拿取、組合，這些都是這組空心大積木適合學齡前幼兒的特性。唯有具備這些特性，孩子們才能自己搬運、組合、架高、往上疊，慢慢蓋出一個建築物。蓋好後，才可以真的走進去，並且坐在自己做的椅子上閱讀、喝咖啡，既是一種扮演遊戲，也是一種相當接近真實的經驗。

五、開放度

　　空心積木本身都是方方正正、規規矩矩長方體，沒有任何曲線變化，也沒有任何活潑的顏色、圖案，和其他幼兒園裡的玩具、用品比較起來，顯得單調、呆板，似乎不具什麼吸引力。但是反過來看，正因為它簡單、原始、留白，所以在孩子的手裡，它可以是一塊磚、可以是一件行李，可以平放、可以立起來，組合起來，更可以成為車子、飛機、恐龍、大象、機器人、大砲、桌子、床、房子、監獄……想變什麼就變什麼，天上的、地上的、水裡的、有生命的、沒生命的……說都說不完。因此，積木是一種開放度很高的材料，不同人、不同時間、不同地點，都可有不同的玩法，甚至，同一個人、同一個地點，隨時都可以有不同的玩法。幼兒園所有的材料中，積木的開放度幾乎僅次於天然的沙、土、水，可謂是開放度很高的材料。在這個用積木蓋書店的課程裡，就是因為積木的開放度高，所以孩子可拿來做門、做牆、做樓梯、做桌子、做椅子、圍花園、圍走道等，功能非常豐富，也驗證了材料的開放性越高、限制越少，可能性就越多、孩子發揮的空間也就越大。

六、藝術創作

　　如果從藝術創作的角度來看，「開放」是成就藝術創作不可或缺的一項因素。接續上面所述的開放度，當材料的開放度越高，限制越少，可能性越多，相對的，孩子創作、發揮的空間就越大。如美勞區常見的陶土、顏料，就屬於這類的創作材料。在這個課程裡，幾塊簡簡單單的空心大積木，開放度雖不如天然的沙、土，但卻剛剛好符合了孩子們建構的需要，孩子能將它用來蓋門、蓋牆壁、做閱讀區、做花園、做咖啡區，一一實現了他們原來的構想。正因為它的簡單、開放，讓孩子的想像力得以充分發揮，創作出獨一無二的夢想空間。孩子們最後的作品，從藝術賞析的角度來看，空間設計錯落有致，堪稱為一件頗有品味的藝術創作品，這可不是其他材料辦得到的，應該歸功於積木材料本身的特性，以及它所蘊含的彈性創作空間。

參、空間——豐富、寬敞的積木區

積木區（圖 4-99），是哈密瓜班（也是愛彌兒所有教室裡）常設的學習區之一，所謂常設，指的是從學期初到學期末，只要是孩子上學的日子，教室裡一定有積木區，不受主題變換、時間變換的影響。積木區裡的材料內容，大致維持不變，全部以原木單位積木為主，只有少部分的配件或牆上的圖表、照片會依需要而改變。區內沒有桌子，孩子一律在地上搭建。櫃子裡的積木約有：

形狀（附圖）	數量
四倍塊	40
二倍塊	40
基本塊	30
小方塊	40
小方柱	20
小圓柱	40
三角塊	20
小三角	15
大拱壁	10
半圓	15

愛彌兒所有教室裡同時還有語文區、益智區、裝扮區、藝術創作區、科學區、電腦區等學習區（圖 4-100）。

積木區的位置設在遠離動線的區域，比較不會發生作品不小心被踢倒的情

圖 4-99　愛彌兒幼兒園積木區全區照片

圖 4-100　愛彌兒教室中學習區配置

形。積木區約佔教室面積的 1/5 到 1/4，好讓孩子們有足夠的空間可以搭建。

由以上的描述不難發現，有了豐富的材料、寬敞且獨立的空間，孩子們就越有機會進行高層次的搭建。

空心大積木平時放置在學校的體能遊樂區，各班的孩子可輪流或一起使用。這次因課程的需要，哈密瓜班的老師在徵求其他老師同意後，將空心大積木搬到班上的走廊讓孩子搭建書店。後來因材料數量不夠，空間也不夠，才向其他兩個分校借來更多的空心大積木，而場地也在高老師的建議下，換成比較寬敞的一樓展場（圖 4-20、圖 4-21）。有了比較充裕的材料與空間，孩子們後來蓋出來的作品，規模果然就不同喔！

肆、時間──充裕且連續的時間

愛彌兒的孩子擁有很完整的學習區時間，除了戶外教學或遇到特別的親子活動外，每天都有一個小時的自由操作時間。在這個時間裡，每個孩子都可以自由選擇自己想去的學習區，玩自己想玩的玩具，可選擇獨自一個人玩，也可和朋友、老師一起玩。如果今天積木區的時間來不及完成想蓋的東西，可保留到明天再繼續蓋；如果明天也不夠，可再繼續保留到明天、後天、大後天……只要孩子有興趣，同一個主題的搭建活動就可以一直延續下去。所以孩子們不會蓋到一半，就被催著要收拾，也不會蓋到第二次就被迫中斷，去練習母親節或聖誕節要表演的節目。孩子們操作積木的時間，充裕而連續。

事實上，一個積木作品從構思、討論、嘗試、修飾……到完成，這中間著實需要好一段時間，如果中途遇到了問題、積木倒了、蓋得不滿意，又需要好些時間來修建。如果只有短短的二、三十分鐘，才剛開始進入情況，就又得收拾了，或者，好不容易蓋好了，卻沒有時間玩蓋好的作品，實在掃興！孩子的建構遊戲不斷被催促、被中斷，如此怎麼能夠期望孩子蓋出深入的作品，也不可能有時間探索、思考、討論、解決問題，錯失許多高層次學習的機會，實在可惜！如果積木區一直停留在草草結束的狀況，孩子缺乏成就感，漸漸的也就不愛來蓋積木了。所以，即使有再豐富的材料、再寬敞的空間，如果沒有足夠的時間，孩子的積木遊戲就無法進步、深入。唯有還給孩子足夠的時間，讓孩子在積木區裡慢慢探索、慢慢累積，才可能會有深入的學習。

在這個課程裡，孩子從「蓋書店」這個想法出發，在班上的積木區裡，嘗試再嘗試，修改再修改，後來在走廊、展場，歷經不斷的嘗試、討論、修改，經過了三、四個月的時間，同一個主題慢慢的發酵。孩子們累積了過去一、二年操作積木的經驗，再加上這一段主題時間裡的研究、嘗試，終於蓋出了心目中的書店。這實應歸功於孩子們擁有充裕而連續的時間，才能一步步累積豐富的搭建經驗。

伍、老師的態度——開放與支持

在蓋書店的過程裡，雖然動手的是孩子自己，不過老師在一旁也扮演了決定性的角色；我們甚至可以說，如果沒有老師適時、敏感的扮演好各種角色，這個書店恐怕很難誕生出來。

老師到底扮演了什麼角色呢？老師不但是個引導者、提供者，也必須扮演挑戰孩子思考的挑戰者，同時也是孩子最大的支持者。由表 4-4 可比較清楚的看出老師扮演的不同角色。

以表 4-4 所舉的例子，只是從這個蓋書店的課程裡擷取一些片段，如果要和平日的積木區比較起來，老師在這蓋書店的過程中，採取了比平常更積極的教學策略，包括換材料、換場地等，這是因為老師以專業的敏感度，觀察出孩子的興趣以及後續發展的可行性，所以採取了「順水推舟」的策略。但是，這「順水推舟」也不是「突然」就推得動的，完全是靠著平日在積木區裡一點一滴累積起來的經驗，如果平日沒有累積足夠的潛力，「順水推舟」恐怕就會就會變成「老牛拉車」，老師「拉」得很辛苦，孩子也「被拉」得很辛苦，完全失去意義。因此，當我們在讚嘆孩子們最後完成的作品時，更應該想到孩子過去一、二年來，在積木區裡累積的經驗。

平日裡，老師也不見得有什麼特別的撇步，只是回到教育的本質，紮紮實實落實學習區的開放、尊重精神，還給孩子完整的時間、自由選擇的權力。其實，和教室裡其他學習區比較起來，很多老師都同意積木區是老師最插不上手的一個地方，由於積木材料本身所具有開放特質，積木區裡的孩子通常都很忙碌，忙著搭建自己心目中的作品，有時根本沒時間理老師呢！所以老師通常本著一貫的原則，鼓勵孩子討論、合作，慢慢與孩子一起培養班上積極、探索、

表 4-4　「用積木蓋的書店」課程中老師的角色

老師的角色	課程中的實例	說明
提供者	第一手經驗：實地參觀	安排書店參觀的活動，讓孩子們可以親自觀察、討論、記錄，並在解說人員的帶領下，了解書的分類及擺放方式。
	材料	・提供單位積木，讓孩子自由搭建。 ・提供空心大積木。
	空間	・提供教室積木區。 ・提供走廊給孩子搭建。 ・提供更大的學校展場，給孩子搭建。
	知識	利用具體的紙盒，向孩子說明兩層樓的牆面結構，除了八個牆面外，還需一面隔間，共九面。
鷹架、引導	做記錄	引導孩子利用相機拍下書店擺設，留做紀錄，以便後續活動參考。
	換材料	當單位積木的尺寸似乎不符孩子的需求時，老師建議改換尺寸較大的空心大積木，以符合孩子的期望：「人可以走進去」的書店。
	換場地	因空心大積木尺寸較大，老師建議改在走廊搭建，後來又改至更大的展場搭建，孩子的搭建方式、規模，都因此而有所不同。
	做計畫、畫平面圖	為了使活動更深入，老師引導孩子在搭建之前先做計畫，先畫設計圖。
	具體標示搭建範圍	因材料不足以搭建廣大的範圍，高老師建議老師在地面貼牛皮紙，具體標示可行的搭建範圍，幫助孩子聚焦，簡化問題的複雜度。
挑戰	畫設計圖	老師將孩子分組，引導孩子在搭建之前先做計畫，先畫設計圖。孩子們過去對畫積木設計圖雖有些經驗，但並非很熟練，也不是用合作的方式畫。這一次，老師特別如此安排，想測試孩子們對畫設計圖的概念，也想看看孩子們如何合作、討論，對課程發展有什麼影響。
	材料不夠	空心積木數量不夠，高老師特意不提供無限制的供應，營造孩子解決問題的機會。

表 4-4　「用積木蓋的書店」課程中老師的角色　　　　　　　　　　（續）

老師的角色	課程中的實例	說明
挑戰	估算	・孩子每次嘗試，都需全部拆掉重新再蓋一次，老師特別將這個問題提出，看看孩子們是否能想個節省時間的方法？ ・要蓋兩層樓需要幾面牆？一百多塊長短不同的空心大積木，要如何分配才能蓋出這些牆？這些都不是簡單的問題，孩子如何解決呢？
支持	蓋二樓	積木之間不能固定，如果要蓋出兩層樓，其中的結構、受力程度都很有問題，這是大人在事先就可以預料的事情。但是老師卻從未阻止孩子這個想法，仍支持孩子嘗試，鼓勵孩子努力實現自己的想法。
	時間	讓孩子有充裕的時間搭建。
	聆聽	隨時鼓勵孩子分享、討論，仔細聆聽孩子的想法。
	鼓勵	隨時口頭鼓勵，並實際提供孩子需要的材料、場地、時間，鼓勵孩子搭建。

嘗試、解決問題的學習氣氛。這些對幼教老師而言，也許都已經耳熟能詳，只是看似輕鬆，做起來卻不容易，要看老師是否有深切體驗，能否紮紮實實的落實。

第三節　以建構主義為出發點，透視孩子探索認知概念的歷程

文／鈕子欣　美國奧克拉荷馬市大學幼教碩士

壹、前言

　　台中市愛彌兒幼教機構「建構主義取向」的課程實例，常被討論於幼教學術課堂及雙語教學報導書刊中。「從看書到蓋書店」的課程發展，顯然是愛彌兒許多實踐「建構主義取向」教學的又一課程實例。

貳、愛彌兒課程的精神

　　愛彌兒幼教機構的課程常提供幼兒探索機會，強調知識的理解與獲得，是透過讓孩子實際去操作，並與舊有的經驗做連結，新的知識就在孩子從事有意義的學習（authentic learning）中，自然地與老師及同儕一起合力建構完成。因此，當愛彌兒的老師觀察到孩子面臨的挑戰後，安排豐富的學習情境，讓孩子透過與物理世界、教具、同儕和老師的互動中去建構、整合、修正概念和技能，以獲得有意義的學習經驗。老師扮演的是一個協同學習者的角色：聆聽兒童的想法、提供刺激性思考問題、指引方向；所以，「主題統整課程」是建立在促進兒童「知識建構」的前提下，而非一味地灌輸、填鴨。此項基本立論確實實踐了許多文獻上的學理，也鼓勵了許多幼教工作者可共同努力的方向。

參、愛彌兒所依據的建構觀點

　　「建構論」是屬於認知心理學的論點，主要代表人物是 Piaget。此外，深受 Piaget 影響的數學教育家 Zoltan Dienes 與認知心理學家 Jerome Bruner，在某些觀點上也有類似的看法。Piaget 最早指出「知識是兒童主動建構而獲得的」，「要了解就必須去發現」（to understand is to invent），而知識的建構是兒童與外在世界互動中主動去找出物體之間的關係，簡言之，知識是個體在適應環境的過程中產生的。所以，Piaget 觀點的建構主義即主張，認知發展是一種個人在環境中為解決認知衝突，透過同化（assimilation）與調適（accommodation）兩種功能，以達成均衡的內在自我調節過程；既然知識建構是一種調適作用，那麼社會互動則是引發認知衝突，和之後所發生的調適作用。近年來，有些研究 Piaget 的認知心理學者也開始注意到極端強調建構取向學習的缺失，他們認為在孩子建構知識的過程中，某些接受式學習也是必要的。Resnick 對 Piaget 所言：「要了解就必須去發現。」提出了反駁：「雖然兒童能去發明，並不能保證他一定就能理解。……因此，在其學習過程中某種介入（intervention）還是必須的。」然而，另一位學者 Vygotsky 則延伸 Piaget 的論點，強調「知識是必須透過主動建構才能得到」，但他更強調知識建構過程中是需要他人引導的，並非如 Piaget 所說：「兒童是單獨作用於世界而建構所需的知識。」以 Vygotsky

（1962）的觀點來看兒童概念的學習，他將兒童的概念分兩類，一是自發概念，另一個是科學概念；自發概念是指兒童透過日常生活經驗所獲得的概念，而科學概念則是經由教學並透過兒童主動建構所獲得的概念。Vygotsky（1962）明白指出，科學概念雖是由教學而獲得的，但是不能透過直接教學或經反覆練習、背誦而獲得的；換言之，透過直接教學，兒童即使能複述其概念的內容，但他卻不能真正了解此概念真正的意義。所以在建構的過程中，老師對兒童的思考發展負有重任，不僅是引導者，還是合作建構者；也就是不是任由兒童自行去建構知識，而是透過兒童同儕間、師生間的對話與互動來共同建構知識的。這也是愛彌兒所支持的合作建構式教學，愛彌兒老師需先對孩子已有的概念做了解，再與他們的實際生活經驗做連結，透過平日的觀察、記錄及孩子多元的表徵，了解孩子目前的能力，並在適當的時機介入活動中，藉由多元方式激發孩子自主性探索，誘導兒童主動的建構，以獲得新的概念，或對先前已形成的錯誤概念進行自我修正。

肆、以建構主義為觀點，解讀「用積木蓋書店」課程中孩子探索的歷程

　　數學、科學的知識、抽象邏輯性，和幼兒思維的具體形象性，決定了幼兒概念的形成。而這些概念的形成需要經過操作的層次，通過自身活動的操作層次界，將被操作物體獲得的感性經驗，從類似的多種經驗中去做連結歸納，而逐漸建構起來，並學習用簡單的科學方法，解決孩子生活和遊戲中所遇到的問題，最後又將活動中的體驗內化成自己的基模知識，因此建構了新的概念。所以幼兒概念的形成，要經過一個逐步抽象和內化的過程，且通過與物體的互動而主動架構知識。

一、以下用五項構成思維發展的重要因素來分析這個課程

（一）幫助幼兒獲得豐富表象的重要途徑──環境

　　兒童的思維能力是與環境交互作用而發展的，實際去「做」是此種交互作用的重要模式；在這課程設計中，老師帶兒童到書店實地參觀，藉由戶外教學的刺激，協助兒童與之前的經驗做連結，之後發現在角落學習時間，孩子們開

始在積木區以「單位積木」搭建各種他們所認知的「書店」。

（二）促進幼兒思維發展的特殊活動——目的導向的遊戲

遊戲是兒童發展歷程中的一個重要因子，兒童遊戲本身的發展往往反映出其思維的改變。在這整個課程中，愛彌兒老師不僅營造出解決問題的情境，而且藉由適時的提問，讓孩子間正向互動增加，以及藉由與老師科學性的對話，提高孩子解決問題的能力。

（三）讓幼兒充分發展思維活動的首要條件——提供探索的時間

倘若不提供孩子探索的時間，以及不了解孩子的美學概念是來自操作經驗，他們將無法主動充分發展美學的思維能力；所以，愛彌兒課程即運用孩子藝術的創造性，提供孩子充分時間與機會去探索、去學習，從角落時間積木遊戲操作過程中，實際體驗點、線、面、體之間的關聯與規律，且藉孩子在空間概念自然架構下，以解決「蓋書店」時所遇到的問題。

（四）發展幼兒抽象邏輯思維的工具——語言

在「蓋書店」的過程中，愛彌兒老師充分表現其主動性、變通性，提供一些問題來挑戰孩子的思考與想像；由於積木材料的不足，高老師請帶班老師常鼓勵孩子以「有限的積木如何搭出想要的書店」這問題做深入的探索，由孩子們自己去尋找答案。「書店的搭建」一再遇到問題而無法完成，老師扮演共同學習者的角色，和孩子一起觀察、討論「未完工的書店」的問題所在，引導孩子去思索解決問題的方法。方法是對是錯都沒有關係，因為愛彌兒老師深知：容許小孩犯錯誤，在錯誤裡可以不斷做修正和改進，在這個過程裡面才可以達到學習的目的；因為等待，所以我們才能看見孩子學習的喜悅和果實（夢想中書店的完成）。

（五）激發幼兒思維積極性不可缺的因素——介入的材料

當孩子搭建積木書店的同時，不僅具體的體驗數學的概念，直接體驗物體的形狀、數量、空間的關係，認識基本形狀的分解、組合，增進孩子由水平建構到立體建構的概念，增進孩子良好社會性互動，促進合作的友好關係。探究介質本身，積木是一種建構性玩具，它能讓孩子透過觀察與操作，從反覆堆

砌、排列組合的過程中，把零散的單元組合成一個統整的東西，並且體察到空間的位置，以及部分與全體的關係，同時一步步建立起心理的秩序。

愛彌兒孩子在「蓋書店」課程中的探索學習，從愛彌兒哈密瓜班的孩子在做了許多書的閱讀，參觀過書店後，想蓋出一個有「許多書架」、「許多書」、「花園」、「咖啡廳」的書店，孩子一共修改了三次設計圖，做了許多積木材料的預估、面積換算，終於合作建構了一個結合「單位積木」、「空心大積木」、「人可以走進去」的書店。以下是對孩子們在這個課程中所做的學習作探討：

1. 第一張設計圖（2004.3.1）：當孩子在積木區搭建書架時，常發生有孩子剛放入積木搭建，就被其他孩子當成材料取走的狀況，加上向愛彌兒其他分校借來一些空心大積木，孩子決定重新搭建書店時說：「要先畫設計圖，不然蓋下去的積木，又會被當材料拿走。」這是孩子一開始決定要繪製書店設計圖的原因。【運用科學概念的預測及邏輯思維】

2. 第二張設計圖（2004.3.4）：孩子說：第一張設計圖是由四個方形組成，第二張變成兩個方形連接組成長方形建築，把它縮小。所以，孩子們在紙張上加入辦公室邊的廁所，並以此為據點發展其他部分。【加入「參照點」】

3. 第三張設計圖（2004.3.8）：孩子根據團體討論後所重新規劃的區域，重新繪製第三張設計圖；第三張設計圖孩子以區域為範圍進行設計，並增加了樓梯與二樓閱覽區的部分，孩子隨即分工合作進行搭建（見表 4-5：畫「書店設計圖」的師生互動歷程）。

當孩子在搭建書店前，由老師帶領下做口頭討論，將先前對書店的經驗用語言表達，嘗試有系統的規劃設計圖，做搭建理想中的書店時，即是二度空間概念轉化成三度空間的實際形體，這也代表著這些孩子在先前的小班、中班探索所累積的建構概念，已成功的解決抽象的空間圖形問題。在畫製設計圖的過程中，孩子們需要不斷討論、溝通、協調、歸納彼此的意見，隨時增添或修改欲搭建的東西，此為孩子們的社會合作能力。當孩童成功搭建出成品後，提出要畫「存證設計圖」，以免被移動時，更是另一重要的可逆概念表現（將立體建築物轉化為平面設計圖）。

在孩子搭建過程中，有時積木倒了、積木不夠了、書架蓋不上去了……不

表 4-5　畫「書店設計圖」的師生互動歷程

孩子的觀察	老師的介入或提問	孩子的主動探索與驗證	孩子所得到的學習及探索結果	依據的建構理論
孩子參觀書店時主動記錄書店裡的擺設。	老師與孩子討論：「語文區圖書擺放凌亂該怎麼辦？」	孩子提出可以先把同樣的書放在一起，再把同樣的書放在同一個櫃子。	孩子開始進行書籍分類。在整理書籍的過程中，孩子提出想蓋書店的想法。	由於課程的進行，孩子對「書」累積了許多經驗與學習，孩子們主動做學習連結。
孩子發現自己搭建的「書店」容易倒塌，需不斷的重蓋。	老師提問：「還能用其他東西搭建書店嗎？」	孩子在教室中尋找各種材料及可利用的物品進行穩定度測試。	孩子發現利用捲紙筒、長積木讓書店的架構更穩固。	老師使用鷹架的提問技巧，在孩子表現需要的近側發展區點上提供協助，孩子因而發展出解決問題的能力。
有孩子發現他們所搭建的「書店」其實只是個書架。	老師開始在積木區放入「空心大積木」，藉由兩種不同特性的積木給予孩子視覺空間上不同的嘗試。	孩子開始使用空心大積木來蓋書店。	團討時，孩子提出：「我們可以用大積木來蓋房子，然後再用小積木在裡面蓋書架。」另一孩子附議說：「我們要搭一個人家可以走進來的書店。」	之前孩子在積木區用「單位積木」蓋出來的各種「書店」，多以「書架」形式呈現。老師再次使用鷹架的協助技巧，將孩子的目前發展層次提升至潛在發展層次。
有孩子說：「我們應該畫沒有屋頂及天花板的平面圖」，但無法引起其他孩子的共鳴。	老師決定帶孩子到愛彌兒遊樂場看牆上掛的「遊樂場平面圖」。	孩子們彼此解釋什麼是平面圖。「就是可以看到一個地方是做什麼用的。」「這不是一棟房子的那種立體圖。」	在大家對平面圖有一定的概念認知後，孩子們開始進行書店設計圖的繪製（設計圖一）。	知識是個人與別人經由磋商與和解的社會建構。經由有能力的同儕解釋平面圖的意義後，孩子們得以從中學習「平面圖」的意涵。

表4-5　畫「書店設計圖」的師生互動歷程　　　　　（續）

孩子的觀察	老師的介入或提問	孩子的主動探索與驗證	孩子所得到的學習及探索結果	依據的建構理論
當孩子們開始使用空心大積木搭建書店時，積木數量仍舊不足。	老師提出問題：「我們的空心大積木，分三個尺寸，共有一百二十四塊，而你們又想搭蓋兩層樓，數量不夠，該怎麼辦呢？」	老師與孩子討論後，孩子提出兩個方法。 ・我們可以重新改變設計圖，蓋小一點的書店。 ・可以加進其他材料一起搭蓋，像柔力磚，還有紙箱……等。	團討後孩子著手重新繪製書店的設計圖，開始將設計圖從原本的四個方形大改成兩個方形大，並加入學校廁所為參照點（設計圖二）。	認知功能旨在適應，是用來組織經驗的世界，不是用來發現本體的現實。在這活動當中，孩子展現主動求知的過程就是為求適應環境的表現。
孩子一開始搭建書店是由辦公室門口開始搭建，由於範圍過大，搭到一半，積木就已不足夠，加上辦公室老師、警衛均提出孩子的建築造成通行的不便。	孩子說：「我們蓋在中間就好了。」老師：「你說的中間是哪裡？真的不會擋路嗎？」	孩子說：「我們做記號就好了。」這時孩子拿著粉筆畫出他們預計要蓋的位置。孩子用粉筆畫出範圍後，老師排上牛皮紙，顯示其將搭建的範圍。	孩子總共排上八張牛皮紙表示他們想搭建的書店大小，之後則以此為依據而縮小書店大小。「原本我們用了八張牛皮紙，我們可以拿掉兩張，變成六張的空間就好了。」	知識是認知個體主動的建構，不是被動的接受或吸收。孩子在排上牛皮紙，規劃出將搭建的範圍，並以此為依據而縮小書店面積。這發展結果表示孩子已開始建構面積的觀念。
孩子們按照原本設計圖縮小範圍進行搭建，發現積木數目仍依然不足夠。	老師提問：「因為積木不夠，原本蓋一半的書店就要一再推倒重蓋。你們會很辛苦，該怎麼辦？」	團討時，有孩子建議：「在蓋書店的時候，先蓋一面牆壁，然後數一數用了幾塊積木，然後再數材料，看我們要蓋的兩層樓牆壁夠不夠。」另一孩子則說：「如果不夠我們還可以把牆壁縮小，這樣都不用蓋一半又要拆掉。」	之後孩子們隨即開始進行一連串的換算、點數，進行積木分堆，算出所需的積木除法前置概念總數而做調整。	孩子們主動將新接受的訊息與舊有知識做某種程度的聯繫，有意義的學習因此發生。孩子在尋求解決問題的過程中，主動建構加減乘除……等邏輯思考的方法。

斷地出現問題，孩子也由錯誤嘗試中研究出解決的方法。我們可以清楚看出孩子運用了問題解決策略，例如：如何搭建出所有人都可以進去的書店？當問題發生後，透過師生的團體討論與分享，孩子提出各自的想法、解決方法（提出假設），不斷地做修改搭建（實驗假設），點選所需的積木進行搭建，最後完成理想的書店（驗證假設）。

在整個搭建過程中，老師扮演相當重要的角色，他給予孩子充分的時間、空間支持，讓孩子自由地去探索、去發現問題，鼓勵孩子溝通、分享，事實的提問、介入，或製造問題（故意不提供孩子足夠的積木數量），引導孩子搭建出他們夢想中的書店。

伍、孩子在「蓋書店」課程中的學習

一、數學

在這課程中，老師提供了「空心大積木」和「單位積木」兩種積木，其中的單位積木本身即提供了獨特的價值，它的大小設計，對於孩子們一開始數學概念的建構有很大的幫助。

（一）數量概念

孩子們在各式大小積木（size）的堆砌過程，探索出一樣大（equality）或比較大、比較小（inequality）的概念。

（一）測量概念

孩子藉由老師和小班小朋友的身高來做為書店搭蓋高度（height）和書店內路寬度（width）的依據，這是一種測量（measurement）概念的呈現。

（三）空間概念

孩子依設計圖先圍出書店的外型；孩子在搭建書店的過程中，他們從設計平面圖（二度空間、距離、位置）發展到從地上搭建書架（三度空間），進而將書店平面圖用立體積木表現。

（四）形狀、面積的學習

　　孩子在搭建過程中，根據牛皮紙的組合，而發現長方形的特質，且經由對積木的多寡做了許多「面積」的預估與學習。

（五）分類、加成、類推及簡易邏輯概念

　　搭建書店過程中，發現積木不足時，有孩子說：「如果不夠，我們還可以把牆壁縮小，這樣都不用蓋一半又要拆掉。」「我們要用同一種形狀來蓋，不然會數不清楚。」之後孩子進行積木形狀的點數分堆：「一層樓四面牆，兩層樓應該八面牆，所以我們要完成的是八面牆。」這都是運用了分類、合成、倍數及邏輯推理概念。

二、科　學

（一）觀察

　　孩子主動觀察記錄書店裡的擺設。

（二）推理

　　孩子會去解釋他們所看見的情形並作推論，例如：當現有積木不足時，孩子們討論解決方法重新改變設計圖，蓋小一點的書店，或可以加進其他材料一起搭蓋。

（三）預測

　　每當搭建發生問題時，在老師引導下進行討論，孩子們會相互分享，並對問題做預測，例如在搭建過程中，由於積木材料有限，所以孩子也做了許多搭建方式的預測，以符合擁有的積木數量。

（四）問題解決與驗證

　　孩子們在經過多次搭建積木後，了解「數目不足的積木」，最後仍完成了「原先夢想中的書店」，讓孩子親身了解到數量有限的問題是可以克服的，在老師的「刻意」堅持下，孩子也得到了許多可貴的搭建經驗與學習。

（五）語言與分享

　　主動要求仿寫、查書、閱讀，並與人溝通、傾聽分享，然後去組織所得的資訊，並思考該如何完整表達並進行分享。

（六）社會情意

　　孩子看著畫好的設計圖，開始分工合作進行搭建。在孩子協力共同搭建圍牆時，加上孩子們在團討時的結論——「要一個大人、小孩都能進去，或能夠看得見裡面結構的書店」，所以搭蓋牆壁時，找來幼幼班小朋友以他的高度做基準去搭建。

三、藝術

　　根據美國學者 Elisabeth S. Hirsch 在 NAEYC 出版的《*The Block Book*》一書中提及，「搭建積木」所衍伸的對稱、平衡，對孩子的藝術創作能力有助益。因為在搭建積木時，孩子們所構思的是採取簡單的幾何線與面之組合，在積木相互堆疊、組合下，不知不覺孩子們在積木建構中實現藝術創作幾何與組構之美，也間接培養藝術的感知能力。美學上，「均衡」指的是同一個基礎支點上，兩個以上物體的重量關係，在力學上維持的平衡狀態。目的都是在平面上造就平穩感，在搭建積木的過程中，訓練孩子從實際實驗中觀察出在視覺上的變化，和逐漸建構出平衡的概念。積木擺放以垂直、水平或傾斜，或在排列的秩序上改變，老師千言萬語的描述，比不上實際讓孩子體悟，及孩子由自身生活周圍現實物的觀察練習獲得實證，也因平衡感的發現和運作練習，累積成為造型結構的基礎（這在每天生活上都是實際應用得到的原則，如同砌磚一樣，有限的積木中，底層越穩固越寬廣，積木就越穩固）。搭建積木，給予孩子機會「做」自己的設計，這是孩子從未有「建築物創作的滿足感」，在一開始探索時，孩子會用各式積木做假扮遊戲，漸漸地，孩子們在大積木搭建物中，開始扮演真實生活的主角，就如同這個精彩課程——哈密瓜小朋友的書店。但是有一點很重要的是，這個課程的精彩，並非是孩子們建築成品的特殊性呈現，而是孩子們藉由搭建積木，不僅激發了孩子內在創造力，也充分表現了積木藝術之美。

四、實境（空心大積木）與虛擬（單位積木）的交織

　　高行健（1995）說過一段有關繪畫的論說：「我逐漸認識到抽象與具象的分野未必是絕然的。」（按：具象即情景，抽象即提升後的境界。）「在我的作品中，有人看出的是具象，又可以看得出抽象，既是形象，又是形式，這也就是我所追求的。具象與抽象的分野，對我來說也就無所謂，也就無所約束，盡興而為。」作者認為一個好的作品，應該將這兩個層面打成一片，於兩者之間沒有隔膜。這個看法也是愛彌兒創辦人高老師對「哈密瓜班小朋友書店」的評價：「這個課程的歷程除了孩子在許多領域上的學習外，還是個以社會戲劇遊戲為目的，融虛擬與實境為一體，造型結構令人驚喜的積木建構。」孩子們利用大、小積木（空心大積木、單位積木）造出人可以走進去的書店，用單位積木組合來表現書架、內在擺設（虛擬），而空心大積木則成功的搭圍出書店的外觀和室內設計，看似簡單而開放的空間，卻蘊含了孩子們自然周密的思緒，及令人讚賞的創造力。

　　從這課程中觀察到愛彌兒孩子的探索學習，發現孩子們在「蓋書店」課程中所表現的認知概念上的發展，在此針對數學概念作評量，以茲日後建構教學研究參考。

　　評量如下：

	一般四、五歲小朋友的數學認知發展	愛彌兒哈密瓜班小朋友所主動建構的數學概念
數概念	會從 1 數到 10 以上，並且知道順序；可以用實物表示 10，還可以做兩個放成一堆的配對。	會從 1 數到 20 以上，並且知道順序；對數的概念可推演到簡單的運算，例如：只要再三個、沒有一個剩下；會做 10 以內的合成與分解；可以做五個一數；會比較兩個集合當中的數量多寡，並且算得出多幾個？少幾個？
量概念	了解長短、高矮、平面的大小、物體的輕重，而且會做比較。	清楚地了解長短、大小、高矮、輕重、寬窄的意義，而且透過實驗做比較，具有量的保留概念。

	一般四、五歲小朋友的數學認知發展	愛彌兒哈密瓜班小朋友所主動建構的數學概念
圖形空間概念	認識三角形、正方形、長方形、圓形等基本幾何圖形之外，並且會做形狀的組合認識上下、裡外、前後；有線段的對稱概念。	認識三角形、正方形、長方形、圓形等基本幾何圖形之外，還可以說出其間的相同及相異點，會做複雜的圖形組合。認識上下、裡外、前後、左右，會做線段和面積的對稱遊戲；有平面和立體間的轉換能力。
邏輯關係概念	會做清楚的分類，並說出原因，可以做較複雜的序列遊戲。	會按照實物的特徵做精細的分類，並說明原因。會完成較複雜的序列遊戲。能夠辨識出樣式（pattern），並依其關係再推衍出新的樣式。

陸、結論

　　本文一開始由 Piaget、Vygotsky 以及相關學者的建構觀點出發，探討愛彌兒的「蓋書店」的課程，解讀孩子們在課程中學習的全貌，並由多種角度分析、檢視這種以探索取向的課程是否適合幼兒概念的自然建構形成。

　　在這個課程中，孩子從實際操作中學會數、形、量的基本概念的認知，並自然運用了簡單運算能力和組織能力，且應用在日常生活中，了解推理、解題思考過程，以及與他人溝通、解決問題的能力，最後跟其他學科領域有適當題材做互相連結。

　　綜合以上所做的分析與論點，這個課程提供兒童主動且積極思考的機會，幼兒教育所強調的統整教學，在這個「蓋書店」課程中都已包含其中，所以在概念建構的目標上，它的確是達成了，也說明愛彌兒所依據的合作建構教學是以兼顧認知、心理、社會文化層面為主要目標且可證實其可行性。

參考文獻

高行健（1995）。對繪畫的思考。2004 年 4 月 20 日，取自：http://www.epochtimes. com/gb/1/4/13/n76105.htm

Vygotsky, L.S. (1962). *Thought and language*. Cambridge, MA: M.I.T. Press.

第二篇

表徵篇

幼兒創造性思考的表徵經驗：台中市愛彌兒幼兒園積木活動紀實

chapter 5

幼兒積木創作的表徵經驗

文／馬祖琳

幼兒以積木所創作的各式造型（車子）、建構成品（房子、公園的表徵物），常令人讚嘆幼兒建築師的創意、想像力與建構能力。無論是幼兒自發的積木堆疊成品，或是經由老師鷹架而與同儕共同完成的作品，都反映出幼兒的興趣、知識背景、生活體驗與學習經驗，且彰顯了積木遊戲經驗對於學齡前幼兒發展與學習的正向意義與功能。本章主要由心理表徵與認知遊戲的觀點，論述以積木為媒介所引發的主動學習經驗，以及幼兒積木創作表現與建造的特性。

第一節 積木的媒介功能與價值

壹、積木的媒介特性

Hirsch（1996）指出，幼兒與教師所萌發的積木遊戲活動，能促進幼兒在創造力、想像遊戲（dramatic play）、數學、科學、社會學習等方面的學習與發展。積木遊戲之所以能夠發揮此全方位的促進功能，在於積木為輔助幼兒思考以及建構知識的有效媒介。

依據 Piaget 的觀點，數學邏輯知識（logicomathematical knowledge）是指幼兒對於物體與物體之間數學關係的認知性理解（吳瓊如、蔡明昌，1999）。此物體之間的數學關係非存在於外在物體，幼兒必須透過對物體操作行動的省思，而主動創造與發現這種物體之間的數學關係（周淑惠，1999），例如：各

個不同長度的積木本身不具有「排序」關係，當各個不同長度的積木排在一起時才會產生排序關係，而此排序關係又必須由幼兒自己發現，各個積木之間才具有此關係，不然對幼兒而言只是一堆放在一起的積木而已。積木（單位積木）的多元形狀類別與比例關係特性，使得各式積木組合能呈現出積木之間的數學邏輯關係的具體表徵，而能提供幼兒一個建構數學邏輯知識的入口管道（Wellhousen & Kieff, 2001），讓幼兒在積木操作過程中，有多元且豐富的機會去創造自己對於數學邏輯關係的洞察（insight）與理解（周淑惠，1999）。例如：當幼兒選擇適當的積木組合火車站及鐵道（比較異同的積木分類），或宣告「我的鐵塔比你高」時（數量或高度比較），他們已為數學學習奠下基礎。因此，積木區被視為體驗數學概念的絕佳場所，Wellhousen 和 Kieff（2001）指出，透過積木操作，幼兒可體驗與學習分類、排序、大小、長度、數量、形狀等概念，以及發展出位置和方向的空間關係概念。

Gagne（1985）指出，學習包含了心智結構的改變，和透過先備知識去了解新知識與經驗（引自林伶芳，2004）。認知結構（cognitive structures），是指人類基於學習或經驗的累積，所發展出來的外在世界的內在心理表徵系統，人類是以此抽象架構來組織及運作所有的知識、訊息或記憶素材（邱皓政，2008）。積木的易於拆解與重組之開放性結構特質（郭靜晃，1992），讓幼兒能依據內在心智運作需求，而對應地調整與變異操作積木的方式，以持續不斷的藉由積木素材的實驗性（experimental）（Cuffaro, 1996）操作，來創新、改變，以及組織內在已有的認知結構，以促成心智的成長。例如：幼兒從電影和電視得到一些外太空的飛行知識，並在角色扮演的想像遊戲中，外顯出其對於太空船的認知結構，包含：利用積木建構出對應於該心智結構的太空船表徵物，自己變成太空人到月球旅行等。在建造積木太空船的歷程中，幼兒會因落實建造構想或角色扮演的需求，而不斷變更及重組積木的排列組合方式，而其內在心智將新的積木組合方式與既存的認知結構進行一連串的互動，以建造出心目中的太空船表徵物。此連串互動的模式（周念縈，2005）為：新積木建造經驗與既存的心智結構互動，會改變心智結構，而修正過的心智結構反過來會影響幼兒對於積木表徵物的新觀察，這些新觀察會融入成為更複雜的心智結構，因而導致幼兒再變異積木的建造方式。經由操作經驗修正認知結構，而認

知結構修正操作經驗的歷程，幼兒對太空船產生新覺察以及知識的新組織，而有了更為充足與完整的心智結構與心理表徵系統。換言之，透過複製生活體驗與學習經驗的積木操作與遊戲歷程，幼兒主動地精緻化與複雜化其心理表徵系統，並促成心智與知識的成長。

一位幼兒沒有看見西瓜或任何與吃西瓜相關的動作或圖片，而能選擇以「圓形拱塊積木」來具體對應表徵「切片的西瓜」，並扮演吃西瓜的動作，這種象徵性思考特質的表現，反映了幼兒符號功能的發展（symbolic function）（張慧芝，2006）。符號功能是指幼兒使用其賦予意義的符號或心理表徵的能力，也就是幼兒對於眼前物品與生活事件形成內在心像（mental image），並加以儲存，而幼兒能以此種象徵該事、物的心理表徵（或稱為符號），對於日後已不再現的事、物進行思考，甚至加以比較的能力。前述吃西瓜的假扮動作，就是幼兒運用「切片的西瓜」的心像（心理表徵），來比較積木的形狀，並選擇圓形拱塊積木的相似外型來代替（象徵）切片西瓜，且模仿吃西瓜的生活事件的記憶。符號功能之認知能力有益於幼兒的日常生活的體驗，例如：幼兒可以討論昨天「科學博物館」的參觀經驗，畫出博物館的參觀感受，甚至以積木堆疊出博物館的積木造型，皆為幼兒符號功能的展現。換言之，藉由心理表徵所形成象徵性思考，可幫助幼兒藉由思考來了解他們所生活的世界，而不需與外界直接互動，而此不受限於時空限制的象徵性思考，也同時擴展了幼兒的想像力與創造力（郭靜晃，1992），因而促進抽象思考能力的發展（段慧瑩、黃馨慧，2000）。幼兒的心理表徵技巧越成熟，越不需要高真實性與高結構性的遊戲素材的刺激，幼兒即可從事想像或戲劇遊戲（dramatic play）（郭靜晃，1992）。積木的低真實性特質（與真實物品的相似程度）（郭靜晃，1992），允許幼兒遊戲時，能隨心所欲的將積木用於象徵與替代任何人、事、物，使得幼兒對於積木有更多選擇性運用（alternative-use）的機會，而有益於幼兒的擴散性思考（divergent thinking）技巧及問題解決能力的發展（段慧瑩、黃馨慧，2000），同時也直接引導創造力的發展（陳鳳娟，2000）。

綜上所述，積木所具有的比例關係、重組性以及低真實性的特性，使得積木成為幼兒用於外在表現其內在心理表徵，以及精進內在心智結構的有效媒介。此積木媒介為輔助幼兒內在運思的重要工具，尤其當幼兒掌握積木所被賦

予的表徵意義之後，積木更進一步成為運思材料，幫助幼兒思考，發揮想像力與創意，以及解決問題能力的發展。

貳、積木的媒介功能

遊戲的素材刺激遊戲的產生，並成為一種資源（郭靜晃，1992），積木引發幼兒自發性的建構遊戲，一旦建構完成後，積木成品又可轉變成為屬於象徵性遊戲類別的想像遊戲（dramatic play）之道具或場景（馬嘉鴻，2005）。積木的開放性特質，使得幼兒的建構遊戲與想像遊戲之間的轉換容易，但積木的用途與功能則隨著幼兒的遊戲類型轉換而有不同（郭靜晃，1992）。幼兒的建構遊戲，是由建構目標所導引的遊戲，包含了使用物體或材料創作出可辨認的成品，例如：用積木蓋房子或用蠟筆畫畫，其中積木本身被當作材料，用來製作出有其他用途的成品。幼兒的象徵性遊戲是以幼兒的符號功能為基礎（張慧芝，2006），因此積木在象徵性遊戲的用途可分為：以積木來代替一項物品（如：電話）的替代物，以及以積木為素材來複製或創造出反映真實世界的表徵物（如：公園、溜滑梯、棒球場）（何素娟、陳彥文、劉夢雲、黃麗錦、林璟玲、沈文鈺，2006）。換言之，積木的遊戲素材功能分為，積木本身就是替代物，以及積木為創作想像物與複製實體結構的材料。另外，積木也可做為幼兒進行實驗性遊戲（investigative play）（Wellhousen & Kieff, 2001）的實驗性材料，例如：幼兒利用四倍塊積木搭建不同斜度的坡道，來觀察及比較彈珠滾動的速度快慢，即為重力（gravity）現象的實驗，此時積木的用途為實驗重力現象的實驗器材。經由重複的嘗試調整不同傾斜度的坡道，幼兒發現坡道的坡度越陡時，彈珠滾動速度會越快的現象。透過此實驗性質的積木遊戲經驗，幼兒可將實驗結果的觀察與理解遷移至周遭世界中既存的相關現象（陳燕珍，1999）。

在教師有目的的引導下，積木遊戲也可發展成為課程導向的遊戲（curriculum-generated play）（Wellhousen & Kieff, 2001）。在建構取向的方案教學（project approach）活動中，幼兒從自發的積木搭建中，表現出他們對於特定主題的興趣與知識背景，再透過積木的建構遊戲呈現出與該主題相關的學習經驗與知識（Wellhousen & Kieff, 2001）。例如：在台中市愛彌兒幼兒園的「積木蓋的新

光三越」主題活動（劉曉晴，2007）中，如何利用積木搭蓋一個「最能代表新光三越的建築體模型」，為延續幼兒積木搭建的主題，經由六次的重組歷程，積木造型由簡易式（simplistic）的表徵物發展成為貼近實體結構的建築模型（modeling building），期間幼兒依序透過繪製搭建構想圖、比較照片與積木創作、實際參觀、繪製建築體結構圖示（diagram）、解決積木不足與結構無法穩固問題等活動歷程，完成新光三越的建築模型。起初，幼兒是依據先入為主的想法來搭建積木，經由參觀與照片比較後，幼兒受到知識擴展與產生新想法的挑戰。而後，依據新想法重組積木時，卻又面臨積木成品與構想不同，以及積木數量不足與結構無法穩固等問題，幼兒因而持續不斷的重新評估檢視、修改與重組結構，最後完成構想中的新光三越建築模型，並對於新光三越的建築實體有更進一步的了解與學習。幼兒多次重組新光三越建築模型的積木操作經驗，提供幼兒洞察正方體與圓柱體的特徵與結構，以及數學邏輯關係的管道。在上述活動中，幼兒決定模型結構與挑選合宜積木做為建材的行動，即反映出幼兒對於建築實體的心理表徵，而每一次的新組成的積木模型，也同時為幼兒再次精緻化建築模型的運思材料。在此連串的互動中，積木所提供的服務是做為幼兒表徵其內在知識與理解的工具。此外，積木提供幼兒練習將二度空間的繪圖轉換化為三度空間模型的機會，此經驗有助於視覺表徵（visual representation）能力的發展（Wellhousen & Kieff, 2001）。

綜上所述，積木具有刺激與引發幼兒遊戲與主動學習的媒介功能。積木的開放式與數學關係特性，使得積木遊戲能呈現多元的主題，幼兒也能在積木的替代物、建構材料、實驗器材、表徵工具、運思材料與視覺表徵轉換媒介等多重用途之間任意轉換。此內在思考與外在表徵物之間的流暢轉換機制，使得幼兒可以流暢且變通地構想積木的結構與組織，因而產生多元的解決問題策略及方法，進而增加幼兒知識與概念的完整性。

❀ 第二節　表徵觀點的積木遊戲

壹、心理表徵形式

表徵（representation）是用某一種物理或心理形式，將一種事、物或想法重新表現出來的歷程，具溝通目的；在此描述之下，一定存在一個「表徵」的實體，也必定存在一個「被表徵」的實體（蔣治邦，2002）。幼兒進行積木創作遊戲時，就是運用積木來表徵其想法；例如：幼兒以積木建造三隻小豬故事中的磚牆屋，就是將積木當作媒介來表徵其內在對於故事中磚牆屋的想像。幼兒手指著地板上的兩個「二倍塊」積木，對同學說：「你還要不要用這兩塊積木？我這裡還要加兩塊才不會倒」，此對話則是幼兒運用語言，來表徵其對於解決積木倒塌問題的思考歷程。幼兒在教室理，小心的把一塊塊「基本塊」積木堆高，說是「台北 101」，該幼兒是以積木成品的瘦高特徵，來表徵其對於台北 101 大樓（被表徵實體）知覺感受所形成的心像（如：台北 101 大樓的瘦長外型圖像），而此符號化的心理圖像也反映出幼兒對於生活體驗的選擇性詮釋。此外，表徵的功能並不限於與外人溝通，也能自己與自己溝通（蔣治邦，2002）。例如：幼兒每次的積木操作經驗所形成的心理表徵，將為下一次構想積木結構的運思材料。

Piaget 認為幼兒自感覺動作期之後期（兩歲之前）的心智運思，可以進行將外在事、物形成心理的內在表徵，例如：幼兒看見另一位幼兒發脾氣並大叫且頓足，該幼兒兩天後，也同樣出現之前不曾有的大叫、頓足行為，此延後模仿（deferred imitation）的表現，是幼兒由同伴發脾氣行為所獲得的內在表徵，使他產生了這種類似行為（林美珍，2004）。Piaget 並區分出兩種內在表徵：符號（symbols）與標記（signs），為個人所使用的特殊表徵稱為符號，為了溝通的傳統表徵稱為標記（林美珍，2004）。在幼兒獲得內在表徵之初，兒童常使用符號（個人的特殊表徵），例如：幼兒可以選擇一塊布來代表枕頭，或者一塊積木來代表一支槍。通常是個人使用的符號外表相似於所代表的東西，布的質地相似於枕頭，因它們都是令人舒適的；積木的形狀與質地像一把槍身。

相對地，標記通常不像它們所代表的物體或事件，數目字「6」也一點都不像有六樣東西，但此標記為約定成俗，具文化共識（如：阿拉伯數系為世界各國普遍使用的標記）。隨著幼兒發展，他們逐漸減少使用個人的符號（特殊表徵），而使用更多的傳統標記，以達成溝通目的，這種轉變是一項重要成就，意謂著幼兒擴展了他們的表徵與溝通能力。此外，Piaget 認為幼兒總是以個人的觀點來思考外在的世界，也就是說，幼兒一開始是以自我中心的觀點來表徵的（林美珍，2004）。因此，運思前期幼兒的積木建構遊戲，通常是由個人特殊的表徵開始，經由教師與同儕對於積木表徵物結構的檢視與新訊息的提供，幼兒持續修正、調整所堆疊的積木表徵物，逐漸將積木創作轉變為更接近實體（被表徵物）的結構，因而能對於所表徵的外在實體結構有更深入的理解與詮釋，且對應於該外在實體的個人內在表徵也更為完整與貼近文化共識。

Bruner（1996）由運思方式的觀點，區分三種被運思的材料（表徵）：動作的（enactive）、圖像的（iconic），以及符號的（symbolic）表徵。動作表徵，是指透過行動的手段來掌握概念或事物（蔣治邦，2002）。例如：幼兒持續變化基本塊與雙倍塊積木的鋪排方式，用以填補出和四倍塊積木長度一樣的積木長度組合，此積木操作動作為幼兒建構「積木長度比例關係」概念的運思材料。

圖像表徵，是指個體用「心像」為材料，進行內在運思的活動（蔣治邦，2002）。心像為腦中所留有外在具體物的圖像或影像，例如：幼兒選擇大羅馬拱門積木來代表「門」，反映出幼兒以「門」與「積木外形」兩者之圖像為材料所進行的「分類」運思結果。圖像表徵也可由行動中自然形成的心像而來（蔣治邦，2002），個體對於實體的操作動作所成自然形成心像，當個體再次面臨相似情形時，而能直接由心像所形成的圖像表徵為運思材料，而不需依賴立即性的行動經驗。例如：幼兒經由上述積木長度比較的行動經驗，所形成的「積木長度關係」心像，在幼兒發現四倍塊積木不夠時，無須看見二倍塊積木，而能表示可用兩個二倍塊來代替，此呈現了幼兒以四倍塊與兩倍塊的關係心像為材料之運思結果。

符號表徵，則是指個體用符號（如：文字與語言）來掌握概念。例如：幼兒使用語言為自己創造富麗的幻想世界。符號與心像不同，它本身是一個選擇

的記號（蔣治邦，2002），符號與實物之間並無類似之處，不似心像是外在實物的影像，符號代表了個體所賦予實物或心像的某一種性質的抽象意義。例如：幼兒在清單寫下「2，2」，並說明需要兩個二倍塊才夠，其中一個數字符號 2，僅表徵積木各項屬性中的數量屬性之抽象符號。

　　圖像及符號表徵皆是心智活動的產物，可以保留在記憶中，或再重新自行建構出來，而不失外在刺激原本的意義，因而可以使人類的運思活動，不再受外在刺激呈現的時空限制（Bruner, 1996）。依據 Piaget 的認知發展觀點，隨著幼兒與外界互動經驗的增加，二至七歲幼兒的表徵能力及符號化功能日趨成熟（張慧芝，2006），以內在心像為主的圖像表徵，成為此階段幼兒從事積木表徵物創作的主要運思工具。邱皓政（2008）指出，心像可以提高認知功能的複雜度，人們可以利用想像的方式，在心中想像物體的結構、各部分的組合關係，而無須看到真實、實際的物體形象。人類的知覺能力（perception，個體對於感官訊息的詮釋）（Wellhousen & Kieff, 2001）就像組合積木一樣，可以將片段的知覺線索組織成有意義的心像（Thompson & Klatzky, 1978）。人們對於先前呈現物體的知覺結果，通常可以在認知／記憶系統中保留一段的時間，然後透過提取的過程，以心像的方式喚回對於該物體的圖像記憶。然而，二至七歲幼兒的自我中心的思考特質，使得幼兒太注意知覺顯著的向度而忽略較不顯著的向度（林美珍，2004），因此，所形成之心像與圖像記憶有其特殊性或不完整性，而透過如繪本及參觀經驗而新增與精緻化的知覺來源，則可以重組與修復此類心像。據此，幼兒透過積木遊戲所進行的主動學習活動，宜透過操作、行動、參觀、照相、畫圖、閱讀等活動，讓幼兒形成對於相關外在事物的心像或圖像表徵，並透過積木建構的修正、重組歷程，來完整化、精緻化與複雜化其內在心像、圖像表徵以及心智結構，以達成主動學習之目的。

貳、積木遊戲的表徵轉換

　　Cuffaro（1996）曾以幼兒的積木遊戲內容，說明幼兒如何運用積木將概念轉化為具體表徵物，分述如下：

　　基於積木的開放特性，幼兒為了要開始進行遊戲必須創作出遊戲情境。幼兒的年齡愈小，以動作與自我參與方式來展開積木遊戲情境就愈多。例如：一

位三歲的幼兒可能拿一塊積木在地板推來推去，發出嘟嘟聲、吹氣和搖動好像一艘船，此時，幼兒、積木和船融合為一體。此外顯的肢體表現為對船的感受，包含對於真實的船與相像的船之感受。隨著遊戲的進行，因逐漸加入的現實細節與訊息，使得幼兒覺知到主觀感受與物體客觀事實之間的差異，因而幼兒無法滿足於只透過聲音與動作來賦予一塊積木是一艘船的想像情境，於是轉變為利用積木建構一個與船的實際外觀相似的具體表徵物，以延續遊戲的進行。當幼兒對於遊戲情境的關注已由對船的感受轉移至對船的結構細節時，幼兒趨向以分類、選擇積木以及組合積木的方式來創作積木船，此時積木不再只是想像情境中一艘船的替代品，積木本身的大小與形狀被賦予新的表徵意義，幼兒選擇能表徵內在構想的積木為材料，進行積木船（表徵物）的創作與搭建。

無論一個積木表徵物的建造是如何開始的：是幼兒預先想好要建造房子，或是在搬動積木時，才思考是否能變成房子；幼兒的操作任務就是將概念或想法轉化成外在的積木建造實體。例如：積木房子所呈現的可能只有一個廚房，或有人和動物所住的房間，或沒有窗、門的圍欄之建築物。不管積木房子是何種結構，積木房子可能代表幼兒對房子所認知的集合體，也可能是源自於幼兒對於房子特徵所形成的選擇性心像（圖像表徵），該心像表述了對幼兒而言為最有意義的房子訊息，或對於房子的感觸。幼兒是以積木為表達媒介，將內在的概念或想法轉化為外顯的表徵物，在轉化圖像表徵的歷程中，幼兒必須結構化的處理有關平衡、適合度（fit）、比例和排列順序等積木組合問題。積木本身的一致性（材質）與開放性（低真實性與結構性）本質，雖能有效協助幼兒完成轉化想法的建構行動。但事實上，積木也有無法彎曲及摺疊的特性，因此幼兒必須因應實際的構想需要，來思考如何安排積木的位置，才能組合出一個類似於圓形的建築模型。

Cuffaro（1996）並以以下積木遊戲例子，闡明幼兒在積木遊戲中，由「自我參與」到「符號化自我」的象徵性思考演變歷程：

1. 一個四歲大的幼兒組合出一個簡易式的積木造型稱為「房子」，並對嬰兒娃娃扮演媽媽的角色，另一位幼兒加入遊戲並扮演寵物小貓，此時另一個幼兒也加入這個遊戲團體扮演哥哥，雖然這個團體已擴大，但可能仍維持相同的遊戲架構。如果必要，另一位幼兒可能在房子旁邊的地板

上，給正在捲毛線球且發出貓叫聲的四歲幼兒，另外加蓋了一個積木圍欄。

2. 同一遊戲團體在接近年尾時，可發現相同的幼兒又再搭蓋了一個積木房子，這次的房子可能更複雜，具體區隔出房間，而非先前僅是想像。再次發現嬰兒娃娃在床上，但這次在旁邊的哥哥不是幼兒，而是由塑膠或木製的人物來扮演；喵嗚叫著的小貓模型躺在更精心佈置的環境，另外有牛奶碗、墊子、毯子，以及其他為遊戲做準備的裝飾物。

3. 這個遊戲團體在第二年的春天已經五歲了，幼兒完成有區隔廚房、臥室、客廳以及廁所，完整且有具體結構的積木房子。每間房間都有更仔細的傢俱配置，牆上貼著如名畫的小張圖畫；由單位積木架起廚房的爐子、冰箱和洗碗槽，上面貼有膠帶標示水龍頭和把手。房子裡住著塑膠人的家庭，有媽媽、爸爸、兩個姐姐和還有嬰兒的弟弟。

以上三個積木遊戲範例說明幼兒的象徵性思考的轉變：幼兒運用積木素材建構出戲劇遊戲的場景，幼兒自己則從直接參與遊戲演變到透過替代品（塑膠或木製的人）來參與遊戲，並能夠逐漸注意到房子（積木與實體）的結構細節與比例轉換的問題。在前兩個範例中，幼兒是以自我參與遊戲，到第三個遊戲範例階段，幼兒由遊戲中撤出，而以投射（project）個人感受與行動經驗的「符號化自我」來參與遊戲。此非自我中心的思考轉變，將使得幼兒對於外界的知識由籠統的認知轉變為特殊與細節化的認知。

第三節　積木遊戲的表徵經驗階段論

針對不同年齡層幼兒的積木遊戲內容特徵，Gura（1992）指出，三至四歲的幼兒花較多的時間在「探索」積木的物理屬性及空間關係，雖然積木堆疊的困難度會隨著搭建次數增加而逐漸增加，但幼兒專注於空間關係的變化，並非創作表徵物；四至五歲的幼兒花大約相同的時間在「探索」積木，以及建構、「創作」具象徵性的積木表徵物；六歲以上的幼兒，則以「複製」物品或建築物的真實結構為主要的積木遊戲內容（引自 Wellhousen & Kieff, 2001）。類似於 Gura 的發展階段說明，不同學者對於幼兒積木遊戲的發展階段雖有不同的

命名，但順序與特徵相似（吳雅玲，2008；如表 5-1），以下將就內在思維轉變與內在表徵觀點，探討幼兒積木操作發展階段的特徵，以及與心理表徵的關聯性。

壹、幼兒積木遊戲的內在思維

王真瑤（1997）將幼兒建造積木的內在思維區分為探索階段、有意圖階段以及達成遊戲目的三個階段。以下將就各階段的活動範例，闡述積木操作的內在思維：

一、探索階段

探索階段，是指幼兒藉著摸積木、敲積木、抬積木、移動積木、改變積木的方向、組合積木、排積木、堆積木等活動，而不斷的嘗試錯誤，並累積有關積木的物理屬性知覺、數學關係體驗與操作行動等經驗，形成與積木相關的心像與圖像表徵，以做為構想積木排列與組合的運思材料。幼兒第一次接觸積木時，一定會對積木展開探索，但年紀大的幼兒比年紀小的幼兒所需的探索時間短。探索階段的特徵，就是幼兒在接觸各種積木的同時，會運用探索積木經驗所形成的內在表徵，來想像堆出來的積木形狀，或是幫堆好的東西取名字。雖然在堆高積木的過程中，幼兒會既緊張又期待地想著：「**什麼時候會倒下來？**」

表 5-1　單位積木建構行為發展階段表

研究者 發展階段	Johson（1996）	Crowther（2003） （引自何素娟等， 2006）	Beaty（1996） （引自陳鳳娟， 2000）
階段一	攜帶	搬運和堆放	操作階段
階段二	堆疊	排列和造塔	熟練階段
階段三	架橋	築牆和架橋	熟練階段
階段四	圍牆	圍牆和形式	熟練階段
階段五	形式與對稱	圍牆和形式	熟練階段
階段六	早期表徵	表徵和重塑	意義階段
階段七	晚期表徵	表徵和重塑	意義階段

資料來源：引自吳雅玲（2008：33）。

並持續嘗試維持積木堆疊的平衡性與穩固性。但到最後，幼兒會把堆成高高的積木看成是（表徵）東京鐵塔、或是一座山。在排成長長一列的大型空心積木上，幼兒會在上面邊走邊玩，有的幼兒會把它當成是一條路，有的會把它當成一座橋，如果有人在長長的一列積木上面擺了一塊直立的積木，這會刺激幼兒開始去堆一些積木在這塊直立積木的兩旁，等到階梯形成了，幼兒可能會把它看成是一座山，爬到山頂坐下來玩，但過不了多久，他們又會把它看成是一架飛機了。在此自發性的積木創作歷程中，持續變動的搭建方式與對應的命名內容，呈現出幼兒不受時空限制的象徵性思考、想像力與創造力。

二、有意圖階段

有意圖階段，是指幼兒在探索過積木之後，已形成積木的物理特性、空間關係與堆疊方式的內在表徵，例如：幼兒知道把大塊積木放在已堆高起來的小積木上，積木就容易倒塌，那麼，幼兒在堆積木時就會先從大塊積木開始。當幼兒了解到積木的堆疊法時，就能利用這些特徵去達成建構目的。所以，到了這個階段，幼兒會有「**這麼做會有這樣的結果**」、「**在這種情況之下該這麼做**」等建造構想，於是幼兒在堆積木時，並不是隨手亂放，等有錯了再改或是任意變換主題，而是有意圖的認為：「這個地方要堆放這塊才行。」例如：在玩想像遊戲時，幼兒就會依照預想的藍圖去構想：「這樣擺的話，就能有一個玄關了」、「把這塊積木排進去，就能做成浴室」等，亦即幼兒會預先構想要做什麼，然後再去組合及建造。然而，在這個階段，幼兒只能做到片段，還無法掌握到全部。也就是說，幼兒雖然已經能夠預想出一部分結構了，但仍無法串連起來成為一完整的遊戲情境佈置，因此，整體來說，仍為探索性質。

三、達成遊戲目的階段

達成遊戲目的階段，是指幼兒進步到統整性的預先推測，一邊想著：「**下一步要這樣做**」、「**接著要那樣做**」，一邊組合及建造積木。所以，在這個階段，他們已經會利用積木來實現他們的構想。雖然如此，他們還是會去探索，並採取有意圖的行動，只是他們已經有了「想做這樣的東西」、「能不能做成這樣的東西」等，以組合積木為目的的想法了。在透過以往的堆積木經驗所形

成的心理表徵來實現積木組合構想時，幼兒會知道要選哪一塊積木，要用什麼方法？以及多少塊？什麼形狀等。因此，即使以往會拒絕將積木借給其他的幼兒，但到後來，他們都會將自己用不到的積木轉讓給別的幼兒。此外，到了這個階段，他們也已經了解到，積木若沒有堆好，就會倒塌，所以幼兒在擺放每一塊積木時，都會留意位置，和考慮整體的穩定性與安全性。這是因為他們已經能預想出積木完成品的樣貌，才能從容不迫地組合積木。在這個階段，幼兒會先對積木造型的輪廓和特徵有一個大概的想法，然後才加以組合，最後再花一點精神去處理細部。也就是說，他們是先有「想要做這個」的意圖，再以想像力做為基礎，經由探索及有意圖的行動，完成了具有整體性的作品；或是和此完全相反，他們是藉由探索後的結果啟發想像力，然後再有意圖地去組合其他部分。

貳、積木遊戲的建構表現特徵

Wellhousen 和 Kieff（2001）以 Johnson 的發展階段為架構，闡明各發展階段的表現特徵（如圖 5-1），吳雅玲（2008）則陳述各發展階段的表現特徵與其潛在學習內容，彙整如下（何素娟等，2006；吳雅玲，2008，Johnson, 1996; Wellhousen & Kieff, 2001）：

一、第一階段──攜帶（carrying）

此階段發生在兩歲前的幼兒，建構積木造型並不是行動的目的，幼兒將積木從一處搬運到另一處，並透過經驗的累積，發展出積木屬性的物理知識，例如：材質、重量。

二、第二階段──堆疊（stacking）

第二階段幼兒，一開始也許僅是隨意、不規則的堆疊積木，但因為不平衡常會倒塌，因此不會有高塔的作品出現。當幼兒熟練水平排列後，便能將積木以「水平拼排」排列成地板。當幼兒熟練垂直堆疊的技巧之後，便能將積木分別運用寬邊或長邊，以「垂直造塔」方式堆疊成一座牆壁，前者稱之為寬邊造塔，後者稱之為長邊造塔，而幼兒會發現以寬度為基座的造塔比高度容易平

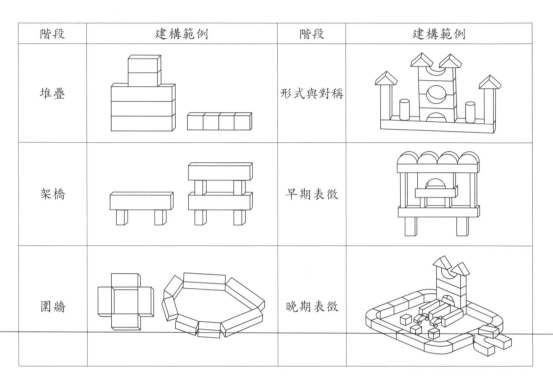

階段	建構範例	階段	建構範例
堆疊		形式與對稱	
架橋		早期表徵	
圍牆		晚期表徵	

圖 5-1　Johnson（1996）積木建構表現特徵圖

資料來源：整理自 Wellhousen & Kieff（2001, pp. 42-52）。

衡。在此階段，幼兒體驗位置（上、下）的空間概念，且會花時間不斷地重複剛學到的新技巧。

三、第三階段──架橋（bridging）

第三階段之幼兒需要選擇兩塊等長的積木，才能平衡的架上第三塊積木，且需要注意兩塊積木之間的距離，以避免第三塊積木因太短而無法橫跨架橋，此形式稱為「簡單架橋」。當幼兒熟悉簡單架橋後，以此形式重複的往上或往兩旁發展，稱為「多重架橋」。在此階段，幼兒需要具備位置（上、下）和距離（遠、近）的空間概念，來執行架橋的積木建構。

四、第四階段──圍牆（enclosures）

第四階段之幼兒嘗試要建構圍牆，所以需要經過一連串的練習和嘗試，才

能成功的建構圍牆，例如，將四塊積木圍成一個正方形，接著幼兒會不斷反覆練習，而能利用多個積木圍出一個封閉的區域，稱為「簡單圍牆」；當幼兒熟悉此形式，並且建構一連串的圍牆時，稱為「連接式圍牆」。此時幼兒會依照內在構想，以多元、彈性的方式組合積木，但是如果幼兒不具備空間方向之認知理解（知道將積木轉哪個方向），他們仍舊只會繼續將積木兩端相接建構出如鐵軌般的效果，所以幼兒需要具有「旋轉」的空間概念，才能進入此階段。圍牆技巧常被運用於想像遊戲中，幼兒將遊戲的範圍與周圍區分開來。

五、第五階段——形式與對稱（patterns and symmetry）

在第五階段，幼兒是為了建構而建構，並不會嘗試為所建構的積木成品命名或進行想像遊戲。幼兒運用裝飾性與對稱性的形式，建構兩側平衡的積木建構體。幼兒會有目的的放一塊積木在右邊，然後再放另一塊積木在左邊；或是幼兒放一塊積木在建構物的前面，就會放另一塊在其後面，即使是結構很複雜的積木成品，仍具有此種平衡的意象，但會有「部分對稱」與「整體對稱」的形式。幼兒會運用平衡、對稱和重複排列的建構方式，讓積木建構物呈現豐富、複雜和多元的裝飾效果。在此階段，幼兒體驗位置（上下）、方向（往上、穿越、滑下）和距離（遠近）的空間概念。

六、第六階段——早期表徵（early representation）

第六階段之幼兒是以積木為媒介（建構素材），進行建構遊戲活動，幼兒會以多量的積木進行建構，完成積木作品。在同一個積木成品上，可明顯辨識出幼兒在前幾個階段所獲得的搭建技巧，如：疊高塔、排出長條、架橋、圍牆、形式等。幼兒在建構的過程中或建構完成之後，才會嘗試為所建構的作品命名，即使這個積木成品與他所命名的名稱並不相似。幼兒為建構物命名來源，也許是回應老師的提問，或是幼兒觀察、模仿其他幼兒（階段七）的積木成品命名。雖然有些作品的「部分命名」或「整體命名」與其所對應的積木成品並不相似，但隨著幼兒積木建構技巧的熟練與表徵能力的增進，積木成品之辨識度將會增加。

七、第七階段——晚期表徵（later representation）

　　第七階段的幼兒積木建構的目的，是以建構完成的積木成品來進行想像遊戲為主。幼兒在搭建之前，會事先聲明其搭建遊戲場景的構想，此「先命名在建構」的順序，顯示幼兒在此階段已能事先計畫即將扮演之遊戲。幼兒混和運用積木的替代品與建構素材用途，來完成進行想像遊戲的微型世界（microworld construction）（Wellhousen & Kieff, 2001）場景。幼兒用積木建造出他們所知道的事物，例如：城市、車子、飛機及房子；他們也會模仿建造動物園、農場、購物中心及其他活動場所。

　　幼兒透過積木建構以順序性的方式經歷發展階段，當他們進入下一個階段時，幼兒仍會以前一階段的表徵方式為基礎進行建構，在各階段中，幼兒透過建構積木體驗空間關係概念。幼兒由第二階段發展至六階段所需要的時間，依幼兒年齡不同而有差異，幼兒年齡越大所需時間越少。由第二階段至第五階段中，幼兒透過積木的建造行動經驗形成心理表徵，並做為後續表徵階段建構積木表徵物的運思材料。另外，早期表徵的積木遊戲以建構遊戲為主，而晚期表徵的積木遊戲是以想像遊戲為主，並包含建構遊戲內容。

第四節　認知遊戲觀點的積木遊戲

　　幼兒遊戲是一種認知活動，不僅反映幼兒的認知發展，更可促進幼兒的認知發展（郭靜晃，1992）。就認知遊戲的觀點而言（郭靜晃，1992），幼兒在「堆疊」階段（Johnson, 1996）的積木操作表現，有明顯的功能性遊戲（functional play）的需求，會花時間不斷重複練習新學到的堆疊技巧，以能在心智上精熟及協調堆疊技巧。幼兒的積木遊戲有的是以建造積木表徵物為主的建構遊戲，有的則是以積木組合完成後的想像遊戲為主，也有的是以想像遊戲為主體，然後在遊戲的過程中，積木被用來做為代替其他生活上的真實用品之替代物（王真瑤，1997）。換言之，幼兒所進行的積木遊戲類型，以建構性遊戲（constructive play）與象徵性遊戲（symbolic play）為主。至於規則性遊戲（game play），則常見於象徵性遊戲中，幼兒會自發性規範積木表徵物之使用

規則，但規則卻有隨時變更的情形（金瑞芝、林妙徽、林聖曦，2000）。

壹、建構性遊戲

建構遊戲亦稱為造型遊戲（moldmaking play）或工作性遊戲（working play）（林崇德，1998），是指幼兒運用積木、泥、沙等各種開放性材料進行建築或構造，從而創造性地反映其現實生活體驗的遊戲類型。此類遊戲要求幼兒手腦並用，不斷調控注意力和動作，並且積極回憶與重組內在心智中已有的心像，因此，可以促進幼兒手部動作和對物體數、形、空間特徵的精細觀察與理解，以及想像力和創造力等方面的發展。此外，建構遊戲有三個基本特點：(1)以搭、拼、捏出造型為主的基本活動；(2)建構成品是具體造型物；(3)與象徵遊戲性質的想像遊戲存在著相互轉化的密切關係。一般認為建構遊戲的發展呈如下順序：一歲半左右，幼兒開始簡單堆疊物體；二至三歲時，幼兒的遊戲活動具有先動手後思考，主題不明，成果簡單、粗略、輪廓化的特點；三至四歲幼兒逐漸能預設主題，建構成品的結構相對複雜，細節相對精細；五歲以後幼兒建構遊戲中的計畫性增強，並可以多人合作建造大型物體（林崇德，1998）。此建構遊戲發展階段的順序、特徵與前述的積木建構表現發展階段相似（王真瑤，1997；Johnson, 1996），當幼兒有計畫性的建構積木成品時，積木即成為表徵幼兒內在想法與感受的媒介。

依據 Piaget 的觀點，建構遊戲被視為功能遊戲向象徵性遊戲轉化的過渡環節（林崇德，1998；金瑞芝等，2000），也就是幼兒的積木建構成品是為進行象徵性遊戲而建構。例如：幼兒利用積木堆疊出一個立體造型來代表房子，他甚至可以繼續延伸堆疊出一個代表社區的積木建築群（微型世界情境）。然而，單純的積木建構遊戲也常以自發性的休閒性遊戲（recreational play）或課程導向學習活動的型態進行（Wellhousen & Kieff, 2001）。

幼兒透過積木所從事的建構遊戲形式，包含：建構想像物體、複製真實建物，以及建造想像（戲劇）遊戲的遊戲情境；而參考藍圖、素描或圖示來搭建積木表徵物，也為積木建構遊戲所常見的現象。無論是繪製藍圖或是搭建積木，幼兒會依據先入為主的想法，對積木造型的輪廓和特徵有一個大概的想法，然後才組合較為簡易或不完整的積木表徵物。當積木表徵物明顯呈現出不

完整知識時（Lay-Dopyera & Dopyera, 1993），幼兒經由自我發現、同儕檢視與教師引導的方式，進一步處理積木成品的細節，使得想像物更具實用性，複製實體的表徵物則更接近實體結構。想像遊戲的遊戲情境舞台，則在滿足幼兒角色扮演的需求下，發展成為更精緻且具真實性特徵的結構體。在此細節化積木成品的歷程中，幼兒精進其對於被表徵物的理解與認知。

貳、象徵性遊戲

象徵性遊戲或「表徵性遊戲」（representational play）所指的都是同一種類的遊戲行為：幼兒運用想像，重新把生活或幻想中的人物事件，透過自己的肢體、口語與行動表現出來（林玫君，2003），強調幼兒運用心理表徵進行象徵遊戲。林崇德（1998）指出，象徵遊戲是一種適應現實、按照自己的願望和需要來塑造現實的遊戲形式，反映了幼兒符號機能（symbolic function）的出現和發展，以及對環境的同化（assimilation）傾向性。因此，隨著幼兒表徵能力（representational ability）的出現，處於前運思階段的兒童（二至七歲）常進行這類遊戲，這是把知覺到的事物用它的替代物來象徵該事物的一種遊戲形式，當幼兒將一物體（如：積木）當作一種替代物來表徵現實的客體（如：電話）時，就是象徵性遊戲的開始。

Piaget 認為象徵性遊戲有三種類型（郭靜晃，1992）。第一種是對新的物件應用源自於生活經驗的表徵基模，例如：幼兒對洋娃娃說「哭」，並模仿哭的聲音。第二種是藉由替代物或自己的假扮動作來應用表徵基模，例如：幼兒以基本塊積木當作電鬍刀，並模仿刮鬍子的動作。第三種是藉由玩具、替代物（積木）連結連貫性的假扮行為，來應用表徵基模進行有組織的遊戲活動，例如：幼兒將洋娃娃放在玩具推車並帶他去散步，邊走邊說：「要過紅綠燈了，要小心！」這三種遊戲類型闡述幼兒如何使用玩具、物品和幼兒本身來從事象徵性遊戲，而其重要性在於允許幼兒隨心所欲的使用玩物，從事不受時空限制的象徵性思考（葉淑儀、楊淞丞、吳雅玲、蘇秀枝、黃文娟、莊美玲，2005）。在象徵性遊戲中，幼兒不僅是角色扮演，對於遊戲所需的道具也會自動幻想。

Sarah Smilansky（1968；引自金瑞芝等，2000）受 Piaget 的影響，提出與象徵性遊戲特質相似的想像遊戲或稱為戲劇遊戲的主張，在想像遊戲中，幼兒可

以同時是一個扮演者、觀察者及一個參與者。想像遊戲是幼兒日常生活的一部分，透過這種「假裝」的扮演過程，孩子把自己的經驗世界重新建構在虛構的遊戲世界裡（林玫君，2003）。這類遊戲的「內容」，包含自己生活的經驗（如當媽媽、當老師、買東西、當老闆等）或想像世界中的人物（如超人、怪物、海綿寶寶、天線寶寶、珍珠美人魚等），發生的「地點」可以在任何地方，從房間到客廳、從家中到學校、從室內到室外，無處不宜。在遊戲中，他們能隨興所至、自動自發、自由選擇、不受外界的拘束，只憑幼兒彼此之間的默契，其中觀眾無他，除了自己就是參與的玩伴。此種戲劇扮演是幼兒與生俱來的本能，當中的「組成人員」就是每位參與遊戲的人；而「創作來源」則是幼兒現實生活中的經驗或幻想世界的故事；「時間」與「地點」不拘；使用的「材料」也隨著地點的轉換而改變。

　　隨著兒童年齡的增長和知識經驗的不斷豐富，兒童的象徵功能也在不斷發展，他們能在自己的世界中再現並反映種種社會事件、地點、人物，使象徵性遊戲的內容和形式越來越豐富，例如：幼兒運用積木來蓋公園，並用想像遊戲來呈現出各種動物的角色。幼兒常在想像遊戲中使用替代品，幼兒會依物品的形狀來找東西去替代目前缺少的物品，而相似的「形狀」往往是幼兒挑選替代物的要素（柳賢、陳英娥、陳彥廷、柳嘉玲，2006）。積木的多樣形狀特性，為幼兒提供具彈性及用途廣泛的想像轉換道具。例如：長條形的二倍塊積木與四倍塊積木，常被用來做為堆疊樓梯的建材。

　　幼兒運用積木進行想像遊戲時，需要能自行建構出遊戲的情境脈絡，而非刻意去找一個早已準備好的情境（Cuffaro, 1996）。一般教室的娃娃角與積木角都會出現幼兒的想像遊戲或角色扮演遊戲，在娃娃角有現成的場景與道具，幼兒可隨時取用，但在積木角幼兒則需要自己去創造、搭建。幼兒搭建遊戲場景，就是練習把心中的想法及心像以實物表徵出來；幼兒必須先想出要什麼，再規劃如何將其表現出來。一般而言，娃娃角的設備大都是家庭陳設，因此，幼兒在這個區域內通常會扮演一些家居生活的場景與角色，而在積木角遊戲則無此限制，幼兒可以任意發揮多樣的角色。他們會在積木角創造出各式各樣的設施，諸如：動物園、太空船、農舍、公寓房子、高速公路、麥當勞速食店……等等（陳竹華，1990）。當幼兒的遊戲內容更具有想像力、更複雜，以致

需要更多的知識來幫幼兒延續遊戲時，幼兒會去找書本、會去外面世界找答案、會做一些自己設計的實驗去尋找答案（郭靜晃，1992）。例如：幼兒蓋了一個積木城，郵局是其中的一棟建築物，為了增加資訊，幼兒去參觀郵局好幾次。隨著這些經驗，幼兒帶著對郵局更多的理解和其中的細節回到積木城，寫信、投遞及打包郵件，整個禮拜幼兒都在滿意且興奮的學習。

　　幼兒在二、三歲的時候，想像（戲劇）遊戲常是獨自進行的，自三歲以後，就漸趨多人一起的社會戲劇遊戲（sociodramatic play）。社會戲劇遊戲同時包含了象徵性遊戲與合作遊戲（葉淑儀、楊淞丞、吳雅玲、蘇秀枝、黃文娟、莊美玲，2005），遊戲的主題是由兩個人以上共同協調，彼此透過語言和角色扮演行動來互動，常見的扮家家酒即是典型的社會戲劇遊戲方式。Smilansky（1968；引自葉淑儀等，2005）提出社會戲劇遊戲的五個層面：角色扮演、表徵轉換（運用替代物與模仿動作）、社會性互動（相互同意的角色與扮演主題）、口語溝通（說明角色特徵或扮演情境）、堅持度（遊戲延續的時間），其中堅持度取決於幼兒是否有足夠的時間佈置遊戲的場景以延續遊戲主題。同時，Smilansky建議，經由提供幼兒直接經驗的方式（參觀、觀察），鼓勵幼兒從事戲劇（想像）遊戲，並發展為課程導向的社會遊戲活動，支持幼兒經由真實與象徵情景的心理表徵轉換歷程，精進特定主題的知識內容。積木的開放性特質，可讓幼兒選擇進行積木遊戲的社會情境（social context）（Cuffaro，1996）：幼兒能以單獨遊戲、平行遊戲、聯合遊戲與合作遊戲等多樣化的遊戲型態，進行積木想像遊戲活動。此外，積木的開放性質，更可讓幼兒配合社會戲劇遊戲的萌發與變通式劇本，變換與重組積木戲劇場景，以延續戲劇遊戲的進行，而使得社會戲劇遊戲深化為幼兒的學習途徑。

　　創造力是遊戲與認知發展之間最大的連結（郭靜晃，1992），而積木的開放性功能使幼兒在建構性遊戲和象徵性遊戲活動中，增進其創造力的發展。「創造」表徵了一個構想或一件事物的象徵符號（葉淑儀等，2005），幼兒藉由積木素材與替代物的用途功能，建構出積木表徵物，該創作成品反映出幼兒的獨創與不斷精進的構想。積木所組成的戲劇遊戲場景，則提供幼兒一個發揮想像並連結生活經驗的創造表徵媒介。積木遊戲提供了彈性、變異、差異化、複雜化的表徵轉換機制，給予幼兒經由積極探索方式去學習與了解外在世界的機會。

參、積木社會戲劇遊戲的學習經驗

積木遊戲活動也為幼兒提供統整生活與學習經驗的機會（柳賢等，2006），例如：幼兒建築師創造了一個單位積木城市後，每一個幼兒建築家陳述出他自己在這城市中所扮演的角色，因而使得積木建築物在這個微型城市模型裡必須是要有精確的位置與結構，才能對應於合理的角色行為陳述。幼兒扮演著店員、銀行員、消防員和其他工作角色。他們做出決定，在積木城市中的人可以在哪裡領取他們的金錢。當幼兒要熄滅想像中的火災時，他們遇到了問題：他們要如何能讓水到達火災現場呢？這個問題的發現，引導幼兒們想要知道水是如何進入到水龍頭：水必須通過公用設施和水管才能抵達水龍頭。幼兒面對這個情形反應是：不單在這城市中加裝塑膠管，而且需加裝電線供給電源與電信。不單只是這個積木城市變得更真實，且變得比較少魔法的色彩。幼兒不再去想：當水龍頭打開時，水為何會很神奇的流出來；他們知道是藉由水管來輸送水。很多常見的錯誤想法就會被消除，因而使得積木城市的表徵結構將更為精緻與貼近真實性，進而了解到一個真實城市的功能是如何開始發展的知識。

積木遊戲引發幼兒進行分類和整理（classifying and sorting）學習活動（柳賢等，2006），例如：幼兒戶外教學回來後，他們藉由建造積木動物園，認識到不同特性的積木。在幼兒計畫及建造時，他們談論並考量每一個積木的大小、形狀、重量、厚度、寬度和長度，以分類出適合建構動物園的積木建材。建造動物園時所引出的結構問題，像是「你可以製造一個用來卸下犀牛的活動梯子嗎？」以及「你會在哪兒建造一條為了送食物給動物們的通道呢？」會幫助幼兒們將建構焦點聚焦於建構細節的考量，並引發幼兒對於真實動物園的建築與相關機具進行更深入的探討。有些幼兒創作了動物園的動物、工作人員以及遊客，並生動的表達人物表徵物在動物園一天的生活情景。換言之，積木遊戲幫助幼兒組織及表達他們的經驗，也擴展他們的創意及想像力，以及知識的學習。

經由心理表徵與認知遊戲本質的觀點，探討幼兒積木遊戲的內在機制，有助於了解幼兒的思考特質與表徵轉換能力，進而能有效運用積木的媒介功能，來協助幼兒精進其思考、概念與知識的擴展。

參考文獻

王真瑤（1997）。**積木：遊戲與活動計劃**。台北：成長基金會。

何素娟、陳彥文、劉夢雲、黃麗錦、林璟玲、沈文鈺（譯）（2006）。**嬰幼兒學習環境設計與規劃**。台北：華騰。

吳雅玲（2008）。**幼兒單位積木的表現型態與建構歷程之研究**。國立臺南大學幼兒教育系碩士論文，未出版，台南市。

吳瓊如、蔡明昌（1999）。**幼兒數的教育**。台北：五南。

周淑惠（1999）。**幼兒數學新論：教材教法**。台北：心理。

周念縈（譯）（2005）。**人類發展學：兒童發展**。高雄：巨流。

林玫君（2003）。**創造性戲劇之理論探討與實務研究**。台北：心理。

林美珍（2004）。**兒童認知發展：概念與運用**。台北：心理。

林伶芳（2004）。**教科書和教師教學對學童「動物生殖」心智模式建構歷程的影響**。屏東師範學院數理教育研究所碩士論文，未出版，屏東市。

林崇德（1998）。**發展心理學**。台北：東華。

邱皓政（2008）。**組織創新的認知歷程**。2008 年 7 月 20 日，取自 http://cnet.crea-tivity.edu.tw/download/final/organization/chapter2.doc

金瑞芝、林妙徽、林聖曦（譯）（2000）。**幼兒遊戲**。台北：華騰。

柳賢、陳英娥、陳彥廷、柳嘉玲（譯）（2006）。**幼兒數學教材教法**。高雄：麗文。

段慧瑩、黃馨慧（譯）（2000）。**不只是遊戲：兒童遊戲的角色與地位**。台北：心理。

馬嘉鴻（2005）。**學前幼兒在積木角中打鬥遊戲歷程之研究：一位幼稚園老師的教學反思**。國立台北市立師範學院國民教育研究所碩士論文，未出版，台北市。

張慧芝（2006）。**人類發展：兒童心理學**。台北：桂冠。

郭靜晃（譯）（1992）。**兒童遊戲**。台北：揚智。

陳竹華（1990）。**積木角的設計與使用**。台北：信誼。

陳鳳娟（譯）（2000）。學齡前兒童的適切實作。台北：桂冠。

陳燕珍（譯）（1999）。幼兒物理知識活動——皮亞傑理論在幼兒園中的應用。台北：光佑。

葉淑儀、楊淞丞、吳雅玲、蘇秀枝、黃文娟、莊美玲（譯）（2005）。幼兒教育概論。台北：華騰。

劉曉晴（2007）。積木蓋的新光三越。載於張斯寧（主編），建構主義取向的幼兒課程教學：以台中市愛彌兒幼兒園探究課程為例（頁247-257）。台北：心理。

蔣治邦（2002）。由表徵觀點探討實驗教材數與計算活動的設計。載於詹志禹（主編），建構論的理論基礎與教育應用（頁295-312）。台北：正中。

Bruner, J. S. (1966). *Toward a theory of instruction*. Cambridge, MA: Harvard University.

Cuffaro, H. K. (1996). Dramatic play: The experience of block building. In E. S. Hirsch (Ed.), *The block book* (3rd ed., pp. 75-102). Washington, DC: National Association for the Education of Young Children.

Gange, R. M. (1985). *The condition of learning*. New York: Holt, Rinehart and Winston.

Gura, P. (1992). *Exploring learning: Young children and blockplay*. London: The Froebel Blockplay Research Group.

Hirsh, E. S. (1996). *The block book* (3rd ed.). Washington, DC: the National Assoaiation for the Education of young children.

Johnson, H. M. (1996). The art of block building. In E. S. Hirsch (Ed.), *The block book* (3rd ed., pp. 9-26). Washington, DC: National Association for the Education of Young Children.

Lay-Dopyera, M., & Dopyera, J. (1993). *Becoming a teacher of young children*. NY: McGraw-Hillbook.

Thompson, A., & Klatzky, R. L. (1978). Studies of visual synthesis: Integration of fragments into forms. *Journal of Experimental Psychology: Human Perception and Performance, 4*, 244-263.

Wellhousen, K., & Kieff, J. (2001). *A constructivist approach to block play in early childhood*. Australia: Delmar.

幼兒創造性思考的表徵經驗：台中市愛彌兒幼兒園積木活動紀實

chapter 6

幼兒表徵能力的成長軌跡

第一節　愛彌兒積木活動實例：兩歲小小孩的方案
　　　　　——積木區的娃娃車

文／賴姿君　中台醫事技術學院幼保科、朝陽科大所長班

壹、以積木扮演「開車」遊戲

期初，幼幼班小小孩在積木區常拿著長形及圓形積木叭叭叭的行走，或坐在堆疊、平舖的積木上，邊發出「嗯嗯～」的聲音，老師好奇的問：「你們為什麼一直拿著積木叭叭叭？」小小孩：「我們在開車呀！」（圖 6-1）。

圖 6-1　以一塊積木當成一輛車：「車子叭叭叭」（煜倫，3 歲 2 個月）

小小孩們將扮演遊戲從娃娃家的家庭場景，延伸至積木區，開車的樣子不斷在積木區中出現。但小小孩們對車子或搭車的概念僅止於坐在位置上及開車動作，老師想讓小小孩認識更多車子種類與造型，嘗試不同的搭蓋方式，因此，老師分享一些車子的繪本（如：《車車車》／ Carlo A Michelini 繪／ 1991 ／智茂文化事業有限公司、《車》／ Sophie Kniffke 繪／ 1996 ／理科出版社）及模型車教具。

貳、以自己的方式搭建車子

　　小小孩們開始用積木搭蓋自己的車子，雖已出現不同的造型（圖6-2～6-4），但仍以積木探索期的直立、橫放、堆疊為主，如：當小小孩想加大自己搭蓋的車子時，以大型積木當底，不斷的往上堆疊。

圖 6-2　推疊兩塊積木，跨坐於車上，稱它為 "March"（乃云，3 歲）

圖 6-3　想要蓋大車，所以不斷的堆疊（依璇，2 歲 10個月）

圖 6-4　以單塊直立積木為支點，平衡的疊上積木，是台「跑得很快的車」（意昕，3 歲 2 個月）

參、為顧及車子的穩固性，老師引導小小孩更換較穩固的搭建素材

　　小小孩發現海綿積木容易倒塌，且海綿積木的數量不夠多人同時搭蓋，所以老師與小小孩討論並鼓勵他們使用穩固性較高的柔麗磚積木。老師觀察發現小小孩堆疊積木時，已會將體積愈大的放愈下方的位置，讓穩固性愈高；小小孩也會使用相同形狀的積木堆疊，避免積木倒塌（圖 6-5）。

肆、座位太擠，怎麼辦？

　　有一次，允言想坐乃云蓋好的車子，擠上座位，雙方發生爭執（圖 6-6）……

圖 6-5　使用單一形狀的積木堆疊，增加穩固性（煜倫，3 歲 2 個月）

乃云：這樣好擠喔！

允言：這樣坐不下！

老師：座位太擠了，怎麼辦？

乃云：座位要變大。

圖 6-6　擠上乃云（3 歲）的小車座位（允言，2 歲 10 個月）

一、方法一：疊高

　　小小孩認為變大需要很多積木，於是他們將積木不斷的往上堆疊加高，直到堆疊六塊積木，高興的說：「變大了！」但是試坐時，卻發現因為疊太高而坐不上去，老師：「這樣有變大嗎？可以一起坐嗎？」奻妤：「不可以！」移走兩塊積木後再試坐，老師：「要幾個就可以了？」玟妤與老師一起點數後（圖 6-7），得知四塊積木剛好是他們可以坐的高度（圖 6-8）。

二、方法二：將兩堆堆高的積木併排

　　依璇將座位堆高後，發現乘坐時候另一邊的屁股仍坐不到，她覺得很不舒服。隔幾天，乃云邀請依璇：「我們一起坐車出去玩，好不好？」兩人將各自堆疊的座位並排（圖 6-9），一起坐果然比較舒服（圖 6-10）。

圖 6-7　點數出四塊柔麗磚積木的高度（奻妤，2 歲 9 個月）

圖 6-8　剛好可以坐

圖 6-9　依璇堆疊好一排座位後，與乃云合併

三、方法三：以「大風吹」遊戲，加深孩子一人一座位的對應概念

雖然部分小小孩知道一人一座位較舒服，但大部分小小孩仍喜歡一起乘坐一個座位，於是，老師帶入「大風吹」及「排排坐」遊戲。當小小孩們玩「大風吹」遊戲互搶位置時，老師趁機問：「一張椅子要坐幾個人？」

乃云：兩個人坐，位子太小了。

喬安：這樣會跌下去。

煜倫：這樣好擠喔！

允言：不能坐兩個人。

依璇：一個人坐一個椅子（圖6-11）。

圖 6-10 煜倫和乃云一起坐剛剛好

圖 6-11 一人一座位較舒服

慢慢的，小小孩會搭蓋個人座位，也試著改變座位的舒適度，如：加大加寬變成雙排座位；在柔麗磚頂部加上紫色蓋子，以平面替代凹凸面，屁股比較不會痛（圖6-12）！

伍、使用教室外的空心積木→解決教室內積木不夠的問題

搭蓋座位時，吸引更多小小孩想參與，常常造成擁擠，而且教室內的積木有限，因此與小小孩討論：

老師：教室的積木不夠，怎麼辦？

喬安：要等一下。

煜倫：一起玩。

乃云：等一下再換我玩。

圖6-12 頂部加蓋，屁股不會痛！（意昕，3 歲 2 個月）

允言：拿空心積木來玩啊！

依璇：到外面用空心積木。

移到教室外搭蓋時，小小孩延續教室內的汽車搭建，但增加更多的變化，如：以平放加直立的方式搭座位（圖 6-13）；嘗試轉換積木方向，讓積木立起來比較高大；有時，小小孩跟隨他人將積木不斷地接續排成長條狀。這時小小孩仍各自搭蓋自己的座位；老師希望培養孩子同儕合作的能力，於是引導小小孩嘗試合作搭蓋（圖 6-14），增加搭建的挑戰性，及提高同儕間的互動，激發出更多共同討論、解決問題的能力。

圖 6-13　乃云平放積木當座位、直立的積木當椅背

小小孩們喜愛排列車子，但到這階段，大都是長條式的排列。老師利用假日分享時間，與小小孩討論……

圖 6-14　小小孩一起合作搭蓋車位

老師：爸爸開車載你們出去玩的時候，你坐在哪裡？

詠燕：坐在哥哥旁邊。

意昕：爸爸坐在媽媽旁邊，我坐在後面。

乃云：爸爸開車，我跟阿嬤坐後面。

依璇：我跟媽媽坐後面。

小小孩能清楚的回憶車內座位的前後配置，老師期待孩子們一起決定搭蓋的車型，因此和孩子一起討論搭蓋的車子類型……

老師：你們要蓋什麼車？

詠燕：我要做摩托車。

乃云：摩托車沒有位子。我們來做娃娃車好不好？

依璇：我要做小 March。

柏鈞：我要做娃娃車。

允言：我要做公公的車。

煜倫：我要做娃娃車。我們一起去科博館玩！

小小孩們以生活中常接觸的車種為主，因小小孩很喜歡戶外教學時共同搭乘娃娃車的經驗，所以，後來小小孩們決定搭蓋大家可以一起出去玩的娃娃車。

圖 6-15　直立且連續的積木可以排出更多的座位

陸、搭蓋娃娃車──解決上下車時，腳踩不到地板的問題

小小孩們仍以直條式搭蓋（圖 6-15），座位從凹槽凸槽到將積木直立排列（因小小孩發現，如此座位變比較大！），並邀請老師一起乘坐。但因為積木直立時、不穩固，老師不小心把積木推倒，柏鈞立即再拿長方體積木直立式的接續排列至校園中庭的圓柱旁。柏鈞：「這樣就不會倒了！」

當他們爬上爬下的搭乘幾次後，依璇發現直立的座位太高，上下位置很不方便（圖 6-16），於是，她拿了塊正方體積木排列在座位旁邊，詠燕也跟隨拿了一塊積木排在她座位的旁邊，他們將所有座位的兩側都排一塊正方形積木，再試坐一次，覺得腳踩不到、無法下來，因此再加一塊，兩塊的高度恰適合他們上下座位（圖 6-17、圖 6-18）。

圖 6-16　太高了，腳踩不到，上下座位很不方便（詠燕，3 歲 1 個月；依璇，2 歲 10 個月）

柒、繼續搭蓋娃娃車──解決座位空間不夠寬敞的問題

車位排列妥當後，小小孩上車時，腳仍會踢到前

圖 6-17　再加一層積木當腳踏墊

面的小朋友，有時候手不小心也會打到小朋友的頭；有小小孩不斷反應：「好擠哦！」

喬安：好擠會跌倒。

依璇：腳不可以動。

允言：會踢到前面。

詠燕：都不能下來。

圖 6-18　完成後的座位與走道

於是，我們安排小小孩坐上娃娃車，希望藉由實際乘坐，讓孩子觀察娃娃車內座位排列方式（圖 6-19）。老師請小小孩分享搭娃娃車的感覺……

允言：可以跑過去。

喬安：不會跌倒。

依璇：腳可以動一動。

小小孩覺得他們用的積木太多了，決定將多餘的積木拿掉（圖 6-20）。首先，他們覺得下車及行走時容易相撞，所以把直立連續的座位拿掉，將原先的走道改為座位，為了保留腳可以活動的空間，所以，將連續排列的座位修改成獨立的座位（圖 6-21、圖 6-22）。

圖 6-19　實際乘坐娃娃車，觀察車內座位排列方式

圖 6-20　將原先的走道改成座位，並拿走多餘的積木（柏鈞，3 歲 1 個月）

圖 6-21　數數看，需要十個獨立位置

捌、搭蓋娃娃車體

座位完成後，老師與小小孩再次試乘。但因只有座位排列，無法辨識他們蓋的是娃娃車，於是老師問：「這跟我們搭的娃娃車哪裡不同？」

依璇：風會吹到我。

老師：怎麼樣風才不會吹到你？

詠燕：沒有遮起來，空空的太危險。

意昕：旁邊要蓋起來。

圖 6-22 試著走走看會不會撞在一起（依璇，2歲10個月；柏鈞，3歲1個月）

老師再度帶孩子觀察娃娃車的外觀及各角度的造型（圖 6-23）。

意昕：它有蓋起來。

依璇：不會被看到。

允言：它有門，這裡有遮起來。

圖 6-23 觀察愛彌兒娃娃車的外型及結構

小小孩嘗試搭蓋車體，首先，小小孩把長方體積木直立連續排列（圖 6-24）。但是，小小孩發現只要稍微碰到積木，便全部倒了！接著，嘗試用木板圍起來當車體（圖 6-25），但是木板需要支撐物，小小孩試著將它靠在座位旁，腳會撞到板子，坐的時候無法活動，這方法也不行。後來，小小孩把長方體積木橫放接續排列（圖 6-26），再疊至第二、三層。這樣的排列方

圖 6-24 把長方體積木直立連續排列（詠燕，3歲1個月）

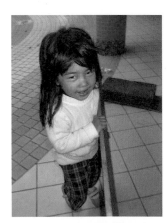

圖 6-25 用板子圍起（依璇，2歲10個月）

圖6-26 把長方體積木橫放接續排列,再疊至第二、三層(鳳儀,4歲)

圖6-27 娃娃車完成了

式積木較不會倒,也不會碰到孩子的腳。

　　小小孩終於完成車身左右兩邊的堆疊,車頭則以直立排列長方體積木,完成他們的娃娃車,並邀請其他小朋友一起搭乘(圖6-27)。

玖、結語

文/楊蕙鍈　台灣師範大學家政教育所幼兒教育組碩士

　　方案(project)是能深入探討某個問題,針對問題發現答案,必然也依著想研究、探討的人興趣的發展。或許很多人認為,「深入探討問題」與「兩歲小小孩」之間似乎很難達到連結的關係,許多家長開始讓兩歲多的小小孩上學,期待他們開始接觸人群、學習社會生活;也期許老師教會他很多事物,讓孩子學會很多他們不知道的東西;希望老師給予或植入孩子腦袋中的事物,似乎多於期待老師引發幼兒對事物的理解能力,再運用這項能力探索世界,從中學習新知。但是,當成人把自己對孩子的期望值調整到他們所屬年齡階段的能力時,可以發現不論年齡大小,其實都存在可以運用幼兒現有的能力,深入探討、研究、解決的問題。就如同這班小小孩用積木搭建娃娃車的過程,我們看到了小小孩從一、兩塊積木拼出座位的想像性車子,在老師的引導中慢慢發展出具有座位規劃、簡易娃娃車身……等逐漸具象的娃娃車。

Katz 與 Chard 提到，方案發展過程中包含三個不同的階段。第一階段是教室內的情境文化，鼓勵孩子對新事物產生好奇及興趣，老師可以透過觀察或低指導性的方式，知道孩子目前了解及誤解的事物。這班小小孩們初期在積木區重複搭蓋車子、扮演開車遊戲，老師在這個階段投入時間觀察或與孩子搭建討論，一方面了解小小孩對車子興趣的持續度，一方面也了解孩子在社會性互動上仍處於平行遊戲（即大部分幼兒都搭蓋車子，但是各自搭建各自的車子，即使有互動，大多為了爭取積木使用權）；同時，也了解小小孩的點數能力、空間知覺、空間組織能力，及位置大小、高低關係等相對概念的發展現況。老師評估當時小小孩的能力，並期待提升他們的能力至五至十以內的一對一概念（包含點數、空間對應）、提升對車子結構複雜度（多人座位、車身）的認知、增加正向的社會性互動（簡單的合作行為）時，課程的進行進入探究階段。此時，老師的角色除了觀察，也在某些時機介入問題，刺激孩子思考及解決問題的動機。假日分享中，搭車座位及車子種類的討論，引發孩子們搭建多人共乘的車型；老師乘坐時，踢倒積木引起積木堆疊不穩固的問題；孩子們上下車時，彼此干擾、引起糾紛，這些事件皆能促使孩子們調整他們既有的思考模式，尋找更適合的解決之道。透過校園內真實娃娃車的觀察，孩子們將他們得到的一手資料，進行積木的修正，完成小小孩用積木搭蓋的娃娃車。最後，孩子們坐在自己的位置上，搭著自己搭建的娃娃車，自行扮演著戶外教學的娃娃車景象，也就達到最後階段。

一個成人看似簡單的活動，但小小孩或許以一天，一、二星期，甚至一、二個月的時間，與材料的互動、感受它的性質。透過實際的操弄、搬動它，體驗關係的變化，從問題產生的認知衝突中，調適、同化獲得概念。兩歲的小小孩也在這樣的歷程中，透過感官操作學習、發展問題解決能力。

～原載於愛彌兒《探索》期刊 20 期（2007.5 出刊）

❀ 第二節　積木娃娃車活動分析

文／馬祖琳

依據 Piaget 認知發展論（張慧芝，2006），自出生到大約兩歲的階段，嬰幼兒透過他們發展中的感覺與運動神經之活動，來學習他們本身以及周遭的世界。嬰幼兒自十八個月至兩歲的階段，表徵能力（representational ability）開始萌發，而表徵能力是指在記憶中對物體與動作形成心理表徵的能力。幼兒所發展出的表徵能力，大部分是透過語彙、數字、心理圖像等符號來代表人物、地點、事件，並藉以表達其對外界事物的內在心理表徵。由於表徵能力的發展，兩歲至七歲幼兒的思考模式逐漸由依賴感覺動作（嘗試錯誤）轉為內在心智的象徵性思考，而語言的使用及象徵（想像、戲劇）遊戲為此階段重要的心智表徵活動。幼幼班「積木區的娃娃車」的遊戲活動，呈現出幼兒透過積木操作所展現的表徵能力成長軌跡，且具體說明積木為幼兒表達內在想法與感受的重要媒介（Hirsch, 1996）。

壹、以積木扮演開車遊戲與搭蓋車子

幼幼班的幼兒在積木區，運用長形與圓形積木與真實車子外型的相似性，把積木當作（象徵）車子，並伴有口語「嗯嗯～」、「叭叭叭」來描述車子行進聲音，此想像（象徵）遊戲即為幼兒表徵能力的展現：將低真實性（與真實車子外觀的相似度低）的積木想像轉換為車子，以聲音符號及動作代表行進中的車子。此外顯的肢體表現為幼兒對於車子的感受，包含對於真實與想像的車子之感受（Cuffaro, 1996）。

幼幼班幼兒在積木區所進行的車子遊戲活動，有「僅止於坐在位置上、及開車動作」之行為表現，反映出幼兒運用 Bruner 所主張的動作表徵（enactive representation）記憶（葉淑儀等，2005），幼兒是依據以往所觀察與覺知的「坐車」及「開車」動作經驗，建構出有關車子的動作表徵記憶。此外，幼兒以單塊積木為支點，再平衡地往上疊積木而完成，並命名為「跑得很快」的車，反

映出幼兒對於車子速度的感受與知識所形成之心智表徵。幼兒跨坐於由兩塊積木堆疊而成並命名為 "March" 的行為，反映出幼兒以自我參與方式所開啟的想像遊戲情境（Cuffaro, 1996）。再者，幼幼班幼兒嘗試以直立、橫放與堆疊積木為主的積木操作，將大積木當作底再往上堆積木的穩固性堆疊，以及為避免倒塌而使用相同形狀積木堆疊等，反映幼兒已形成積木的物理屬性、空間關係與堆疊方式的內在表徵，並意圖搭建出其所構想的娃娃車（王真瑤，1997）。

上述之行動表徵記憶運用、個人感受表徵、自我參與之遊戲情境，以及有意圖的積木堆疊行動等，為年幼幼兒的初期積木遊戲的主要特性，並呈現其發展中的表徵能力：運用積木表徵內在對於車子的想法與感受。

貳、座位太擠怎麼辦？

教師以「座位太擠怎麼辦？」之實用性提問焦點，引導幼兒變異積木組合方式，以建構出合於實用性質的座椅。教師與幼兒共同發展出三項解決方法，期間幼兒經由實際試坐來修正組合構想。幼兒以試「坐」的新經驗與既存「做」座位的構想與思考模式互動，並在教師聚焦觀察試坐的結果引導下，幼兒修正與創新構想，經由持續的「做」與「坐」的互動，導致幼兒對於座位有新覺察以及知識的新組織。此外，幼幼班幼兒的思考模式雖然已由感覺動作期轉換為前運思期（運思準備期），在此轉換階段，幼兒為表現其構想仍需要感覺動作經驗的協助，因而幼兒建構積木座位時，以動手重複堆疊與實際的試坐，來持續不斷地修正堆疊高度、寬度以及積木數量，並調整出幼兒認為「不會太擠」與「比較舒服的」積木「座位」的構想與創作物。

參、使用教室外的空心大積木

積木為幼兒表達個人內在想法與感受的媒介（Hirsch, 1996），在教室外的車子搭建遊戲中，雖然幼兒延續之前的室內汽車搭建的行動經驗，以空心大積木堆疊而成的「座位」來代表（象徵）「車子」，但每位幼兒各自依據自己記憶中的圖像表徵來建構可讓自己坐的積木座位，例如：創作有椅背及座位的積木座位，並自己坐坐看。經由教師的引導，幼兒邊做邊玩，將討論與問題解決的過程內化為大家的共同想法，而以合作搭蓋完成的長條式排列座位來代表車子。

為實現想像中的娃娃車座位，幼兒經由不斷嘗試變更積木排列方式，發現直立排列的積木座位較寬，把積木座位緊靠圓柱可避免倒塌，為方便上下座位可以堆兩層正方體積木的方式墊高踏腳處。此反覆修正積木座位創作物的歷程，呈現出幼兒經由具體操作經驗所增進的問題解決經驗與象徵性思考能力。此外，二至六歲幼兒比較會以自己的觀點來看事物，他們太注意知覺的顯著向度而忽略較不顯著的特徵（林美珍，2004），因此，幼兒初步完成以積木座位象徵娃娃車的積木創作物，是由正方體排成的走道及連續長方體排成的座位所組成。此造型特性反映幼兒對於平時搭乘娃娃車的子內部結構有較多的體驗與認知，以及幼兒所知覺與選擇的娃娃車記憶及其表徵形式：有雙排座位及走道的娃娃車內部。

由於戲劇遊戲的推動力（dramatic impulse），幼兒會在積木創作物完成後進行角色扮演遊戲（Wellhousen & Kieff, 2001），幼幼班幼兒完成有雙排座位及走道的娃娃車後，開始玩起上下車的遊戲，因而有「太擠」、「腳不可以動」、「會踢到前面」、「沒辦法下來」等實用性的問題待解決。教師為促成幼兒積木堆疊樣式的改變，以及解決上述問題，藉由讓幼兒實際乘坐及觀察娃娃車車內座位排列方式，誘發幼兒藉具體經驗的幫助，而開始關注積木娃娃車座位的結構細節及實用性，並完成有十個獨立座位，且有間隔可以放置雙腳的雙排娃娃車「座位」，用以象徵娃娃「車」。

(肆) 搭蓋娃娃車車體

教師為精進幼兒對於娃娃車結構的整體認知，以「比較」提問方式引發幼兒對於車子外型的關注與觀察：「這（積木座位）跟我們搭的娃娃車哪裡不同？」並帶領幼兒再次觀察娃娃車的外觀及各角度的造型，用以增加幼兒形成圖像表徵的刺激與知覺訊息來源，幼兒因而開始有意識地運用空心大積木的長方體積木去創作娃娃車車體。幼兒對於車體觀察的洞察（insight）為車體的功能性：把座位「蓋起來」、座位「不會被看到」與座位「有遮起來」；所以，嘗試運用長方體積木及木板來把座位圍起來，並再經由更換材料及搭建方式，完成橫放三層長方體積木的車身，及直立排列長方體積木的車頭。最後，設有十個獨立座位並有車體保護的積木娃娃車，成為幼兒進行乘坐娃娃車戲劇遊戲

的舞台。

在「積木區的娃娃車」遊戲活動的初期，幼兒以一塊積木來象徵車子之外，並伴有聲音與動作輔助說明車子的行動狀態，此幼兒自發性的積木遊戲，呈現出幼兒對於娃娃車所建構的心理表徵是以動作表徵及個人感受為主。至於後期幼兒對於積木車子的搭建構想，是以積木座位來象徵車子，反映出幼兒對於車子所建構的表徵符號為座位。此較不成熟的心智表徵，主要源自於幼兒平時乘坐車子時，對於車子的內部座位有較多的知覺與動作經驗，因而形成座位為車子的心像與圖像表徵。此座位圖像表徵成為幼兒藉以構想及思考如何搭蓋積木座位的運思材料，並進而藉此嘗試建造與持續修正積木座位創作品。經由教師引導的觀察活動，幼兒開始洞察娃娃車內部與外型的真實結構與細節，因而使得積木座位與車體外型的關係性結構更接近真實性。上述歷程，呈現幼兒在積木遊戲中，由「自我參與」到「符號化自我」的象徵性思考演變歷程（Cuffaro, 1996）。

參考文獻

王真瑤（譯）（1997）。積木：遊戲與活動計劃。台北：成長基金會。

林美珍（2004）。兒童認知發展：概念與運用。台北：心理。

張慧芝（2006）。兒童發展。台北：桂冠。

葉淑儀、楊淞丞、吳雅玲、蘇秀枝、黃文娟、莊美玲（譯）（2005）。幼兒教育概論。台北：華騰。

Cuffaro, H. K. (1996). Dramatic play: The experience of block building. In E. S. Hirsch (Ed.), *The block book* (3rd ed., pp. 75-102). Washington, DC: National Association for the Education of Young Children.

Hirsch, E. S. (1996). *The block book* (3rd ed.). Washington, DC: the National Association for the Education of Young Children.

Johnson, H. M. (1996). The art of block building. In E. S. Hirsch (Ed.), *The block book* (3rd ed., pp. 9-26). Washington, DC: National Association for the Education of Young Children.

Wellhousen, K., & Kieff, J. (2001). *A constructivist approach to block play in early child-hood*. Australia: Delmar.

幼兒創造性思考的表徵經驗：台中市愛彌兒幼兒園積木活動紀實

chapter 7

自由創作與想像的表徵形式

第一節 愛彌兒積木活動實例：迷宮

文／洪巧音　朝陽科技大學幼兒保育系碩士

黃芳儀　中台科技大學幼兒保育系

由於孩子對立體及平面拼圖相當感興趣，老師在益智區放入了「連連看」、「賓果盤」、「迷宮書」、「跳棋」等教具，希望培養孩子更多的空間概念。

壹、「連連看」好像在走迷宮喔！

學習區時間，孩子常互邀一起進行連連看遊戲。班上孩子在小班時，曾有玩捲紙迷宮的經驗，因此，孩子一邊跟著線走，一邊說：「好像在走迷宮喔！」有些孩子走到交叉路線時會走錯路，問老師：「老師，這個一定要跟著線，才能回到家嗎？」（圖 7-1），發現圖卡「因為（有）相同路線，會回到一樣的家」的孩子們開始和其他孩子討論，孩子們結論是：「沒辦法變，因為這是有規則的啊！」

老師發現，孩子對於較簡單的連連看路線非常清楚，路線複雜時，部分孩子會猶豫路線如何走，顯示部分孩子對較有規則性的遊戲，還不太清楚。

圖 7-1　泓陞：「老師，這個一定要跟著線，才能回到家嗎？」

貳、加入賓果盤與迷宮書

為了幫助孩子對空間概念中的方位，及規則性遊戲有進一步的認識與了解，老師加入「賓果盤」，先以較短的錯縱線，讓孩子逐步建立左、右、上、下等「方位」概念。

怕破壞小朋友自家中帶來的迷宮書，孩子們都用手指走迷宮（圖 7-2～7-4），常常造成已走過的路線，因忘記而又重走一次，也有一些孩子因為迷宮路線太多、太複雜而走錯路。

圖 7-2　走紙上迷宮（雅淳，4 歲 9 個月）

圖 7-3　紙上迷宮——先找找看入口箭頭在哪裡？（映彣，4 歲 10 個月）

參、對「出口」、「入口」箭頭的體認

基於新經驗（連連看）與舊經驗（捲紙迷宮）的連結，孩子把家中的迷宮書拿到班上和小朋友互動時，會將爸媽引導走迷宮書的方法分享，如：以箭頭方向，判斷迷宮路線，透過同儕遊戲示範與語言互動成為班上孩子走迷宮時共同的認知。

劭光：『→ ＝』就是告訴人家，往這個方向走。『＝→』告訴別人，往那個方向出來。

常走迷宮引發孩子對箭頭符號的關注，戶外教學參觀展覽時，孩子發現參觀動線標示的箭頭，與迷宮書上的相同，也意識到參觀動線

圖 7-4　我在挑戰迷宮書的迷宮！

箭頭下方的文字，「出口」、「入口」與箭頭標示的相關性，主動詢問老師：「下面是什麼字？」老師介紹後，孩子回到學校設計迷宮時，開始要求老師將「出口」、「入口」寫在白板上，孩子進而仿寫在自己設計的迷宮圖上。

孩子不管是玩迷宮書上影印下來的迷宮，或玩自己設計的迷宮，都會特別留意兩個部分：一是迷宮出口與入口的相對關係；二是迷宮路徑的設計。

肆、挑戰別人的迷宮設計

　　為幫助孩子繼續探索「線在空間中的相對位置」，及有能力挑戰較複雜的迷宮，老師將「迷宮書」影印成單張紙張，提供孩子自由選擇迷宮圖，用筆畫出迷宮遊戲的路線軌跡，也提供大量紙張，鼓勵孩子自己創造設計迷宮。最後，孩子們設計出來的紙上迷宮，造型千變萬化，十分具創意（圖 7-5～7-9）。

圖 7-5　伯芳（5 歲 8 個月）

圖 7-6　翔智（4 歲 10 個月）

圖 7-7　宸漢（5 歲 2 個月）

圖 7-8　立融（4 歲 9 個月）

圖 7-9　致辰（5 歲 7 個月）

孩子玩別人設計的紙上迷宮時，開始會注意到迷宮形式的差異，也會問迷宮設計者：「這是什麼迷宮啊？」「是走『路』的還是走『線』的？」（圖 7-10）。確認迷宮形式後，孩子才開始以手指頭，找出入口箭頭的符號或文字，由起點開始走。也有些孩子會在走迷宮前，先確認出口、入口及死路的位置，才開始玩。

圖 7-10　挑戰別人的迷宮設計——這是走線的？還是走路的？

伍、一直走，都走不到出口，就是「死路」

致辰：從入口走到出口，在這段路上，一定都會有死路。

劭光：沒有死路就太簡單了。

致辰：挑戰有死路的迷宮，比較好玩，因為故意不讓別人走到出口。

老師：什麼是死路？

小光：死路就是沒有路。

致辰：就是走不出去，就表示他會死在裡面，死在裡面就是死路。死路就是我們一直走、一直走，怎麼都走不到出口，就是死路。

孩子將自己設計迷宮的心得與小朋友分享。致辰：「姵辰設計的死路太簡單了，這樣子別人就不好玩了。」走其他小朋友設計的迷宮，孩子也會將自己的遊戲心得回饋給迷宮設計者，激發彼此，設計出更複雜、更有挑戰性的迷宮。

陸、是「路」迷宮？還是「線」迷宮？

挑戰小朋友設計的迷宮時，常有孩子問：「你設計的是『路迷宮』還是『線迷宮』啊？」

老師問孩子：走「路」，跟走「線」有什麼不一樣嗎？

伯芳：路是平平的，線像在走獨木橋一樣。

懿德：路是畫兩線，線是畫一條線的。

宜蓁：路是胖胖的，線是瘦瘦的。

霄軒：走路的迷宮有兩條線，走線的迷宮只有一條。

劭光：路的迷宮不像蛇，線的迷宮很像蛇。

承昊：路就是我們走的路啊！線就像那個連連看的線一樣。

老師邀請孩子們分享迷宮設計，請孩子向大家介紹自己的作品，是「路迷宮」？還是「線迷宮」？

經由「路迷宮與線迷宮」的討論、分享，大部分孩子已明白路迷宮與線迷宮的差異。此外，從許多孩子所設計的迷宮圖中，也可以看到「出、入口方向箭頭」、「死路」、「活路」、「陷阱」的標示，這些孩子已大致了解「迷宮」所需具備的基本條件與迷宮的特色。經由孩子們自行設計，與挑戰其他孩子設計的紙上迷宮中，看出他們已經清楚了解「出口」與「入口」對迷宮的關鍵意義。

因此，老師鼓勵孩子創作迷宮時，嘗試運用更多元的媒材，以期能增加孩子探索空間概念的多元機會。

柒、運用不同素材建構迷宮

一、積木迷宮

有兩組孩子分別利用「積木」建構迷宮，小組各有不同任務。一組設計車子開的；另一組設計人走的。

（一）第一組的「車子迷宮」

孩子運用一些「單位積木」基本塊，排出一條路（圖 7-11）……

佳翰：你看，這樣很像車子在走迷宮吧！

當第一條路完成後……

佳翰：我們來蓋兩條路的，好不好？

泓陞：好啊！那就一條死路，一條活路。

圖 7-11　車子迷宮

佳翰：那你蓋死路，我去挖第二條路。

車子迷宮的路徑完成後，孩子們開始討論出入口要如何標示（包括：入口箭頭、出口箭頭、死路監牢、山洞）。

泓陞：完成了，那我去畫一下箭頭。

老師：為什麼要畫箭頭？

佳翰：別人玩車子時，才知道從哪裡進去啊！

整個車子迷宮的搭蓋，是經由孩子共同討論及分工合作而完成（圖7-12）。

圖 7-12　車子迷宮完成！

（二）第二組的「人可以走的迷宮」

1.第一次搭建

這組孩子搭蓋時，加入了「陷阱」與「障礙物」，並且利用基本塊排出「出入口」的箭頭（圖7-13），迷宮內容更加豐富，總共蓋出有四條路徑的迷宮，包括：兩條死路、入口箭頭、出口箭頭及喝茶休息的地方。

旻庭：我們蓋的有四條路，旁邊的死路是我蓋的，這個高高的是城堡，你走到這裡，可以來休息一下。

伯芳：我蓋了一個障礙物，走的時候要小心，不

圖 7-13　利用基本塊排出「出入口」標示

然會被關住。

懿德：我蓋活路，我蓋的入口箭頭跟他們的不一樣，因為我是用積木蓋的。

姵辰：我們蓋了四條路，有兩條活路，兩條死路，活路是用挖開的方法蓋的。

其他孩子聽完他們分享後，提出下列疑問……

昱賢：為什麼你們的障礙物都在旁邊？迷宮書的都在中間耶！

承昊：那是人家的設計啊！我們有我們的設計啊！

懿德：而且我們有討論，我們有自己的想法。

泓陞：你們的箭頭怎麼蓋的？

搭蓋「人可以走的迷宮」的小朋友立即用積木再排箭頭一次，給大家看。

霄軒：原來是這樣啊！

孩子：用積木也可以蓋箭頭耶！

孩子們踴躍的發問，迷宮搭建者也不厭其煩地認真回應，陳述他們的想法、目的。孩子的迷宮設計已豐富許多（圖 7-14），但由於是隨興設計迷宮，某些空間規劃並不恰當，老師想讓孩子自己發現，因此鼓勵孩子邀請其他班的人來，試走他們設計的積木迷宮。

孩子們先邀請園長試走積木迷宮，孩子告訴園長：「園長你直接走進去」（註：因為孩子們所設計的迷宮入口，是位在積木區較裡面的地方，要到達迷

圖 7-14 兩條死路，兩條活路的迷宮

宮入口處，必須先跨過一部分的迷宮路線才能到達）園長說：「哪有人沒經過入口，就走迷宮？」引發孩子們思考入口與出口位置安排的適切性，也點醒孩子注意，如何讓迷宮的每一項設計（包括物件或符號）都發揮它的功能。

2.第二次搭建

　　檢討後，孩子決定一開始就先標示「入口」及「出口」的位置，接著孩子按照出口方向，安排迷宮路線，同時直接排出兩條岔路，孩子們開始合作搭建死路障礙物。過程中，有孩子覺得：「這次蓋的路太窄了。」於是調整路寬並將積木排整齊。調整過程中，出口的城堡因為移動而倒塌了。

　　孩子第二次蓋的城堡，多了橋形積木撐住四倍塊，並將積木搭成的「箭頭」往後挪，使入口空出來，調整後仍然有孩子覺得會擋住入口，孩子於是再將出口的箭頭往旁邊移，然後將迷宮道路，向外再拓寬（圖7-15）。

　　這組孩子修正調整後，向大家解說他們的設計與搭蓋過程……

　　昱賢：我們今天蓋了兩條路，出口地方是城堡，你走出來的時候，可以到城堡玩。

　　昱賢：我們先蓋活路，然後把活路挖開，再開一條死路。

　　宸漢：我蓋了一個障礙物，那是死路，本來路小小的，這樣不能走，我就把它再移出去一點。

　　孩子改變道路，調整出口的方向（圖7-16），並邀請其他小朋友走走看。孩子發現：「改變箭頭後，真的比較方便」、「不會撞到牆壁了」。

二、沙坑迷宮

　　愛彌兒孩子常在沙坑玩，觸發老師繼續引領孩子蓋沙坑迷宮的靈感。挖沙坑迷宮時，孩子使用平常玩沙的工具，發

出口城堡

迷宮入口，亦是積木區入口

圖7-15　出口的城堡緊挨著牆，像死路

現沙子太硬不太好挖（圖 7-17），於是決定加
水，使沙變鬆軟。看著水在沙坑迷宮道流竄著，
致辰忍不住驚呼：「哇！我覺得像水迷宮！」
（圖 7-18）。

　　沙坑迷宮完成後，老師請孩子：「走走
看！」（圖 7-19）孩子發現挖的路太窄，不方
便行走（圖 7-20），於是運用沙坑旁邊的「樹
枝」、「樹幹」開路（圖 7-21）。完成後，孩
子在沙坑迷宮中再次加入水，並從水的流動中
發現：「水遇到死路就停住了」、「水會跟著
路一直流到出口」、「好像是水在走迷宮」。

三、空心大積木迷宮

　　孩子們對迷宮的探究，從迷宮書上的平面
迷宮，到用單位積木與沙坑建構的立體迷宮，
使他們對不同素材的迷宮所營造出的三度空間
獲得不同的體驗。接著，老師讓孩子使用更大
型的素材──「空心大積木」搭蓋迷宮（圖
7-22）。奠基於先前的經驗，孩子很快地用空
心大積木圍出了一條彎曲迂迴的路，是人可以
實際走進去的迷宮。試走後，孩子們提出問題：
「我們蓋的迷宮太矮了，走迷宮的時候，可以
看到死路和出口在哪裡，這樣不行啦！」後來
孩子們將圍成路的空心大積木加高（圖 7-23），
使人走在迷宮裡頭看不到迷宮全景，這樣走迷
宮才有「身陷迷宮」的真實感覺！

　　　　　　～原載於愛彌兒《探索》期刊 17 期
（2005.10 出刊）

圖 7-16　將迷宮的出、入口，都設
在積木區入口處

圖 7-17　畫沙坑迷宮

圖 7-18　致辰：「我覺得像水迷宮
了啦！」

圖 7-19　走走看，人能走嗎？

圖 7-20　挖的路太窄，不方便行走

圖 7-21　用「樹幹」開路

圖 7-22　用空心大積木搭建迷宮

圖 7-23　迷宮圍牆加高，才看不到「迷宮」全景！

☀第二節 積木迷宮活動分析

文／馬祖琳

積木「迷宮」為幼兒「**運用積木實現自己想像**」的自由創作品。幼兒在搭蓋積木「迷宮」之前，已有豐富的紙上「迷宮圖」的自創、設計與修正經驗，在幼兒彼此的挑戰對話中，也可發現幼兒對於「迷宮」所需具備的基本條件與迷宮特色已有初步理解，如：「出、入口方向箭頭」、「死路」、「活路」、「陷阱」的標示等。同時，在幼兒的「車子迷宮」與「人可以走的迷宮」的單位積木搭建成品中，可以明顯的看出幼兒運用單位積木來表徵其對於「迷宮」新訊息所建構的內在認知，如：路迷宮（兩條線）、出入口箭頭指示、活路、死路、陷阱及障礙物等積木造型結構。

單位積木「迷宮」的結構特質為幼兒自由想像與自創，因此「迷宮」的積木堆疊表現，是以想像及象徵性表現為主，且具體呈現出 Johnson 於一九九六年所提出的積木建構表現的「架橋」、「對稱」與「早期表徵」特徵。

在「車子迷宮」的積木創作成品中，「山洞」造型是運用「多重式架橋」的積木搭建方式完成，其特徵為：先完成將第三塊積木架在兩塊等長積木的上端的「簡單架橋」（如山洞的底部造型），而後以此形式重複往上發展，完成「多重式架橋」的「山洞」上端結構。此積木結構的表現，幼兒需要具備位置（上下）和距離（遠近）的空間概念，例如：幼兒在橫跨第三塊積木時，需注意兩塊積木間的距離，才能平衡。此外，幼兒選擇與山洞頂端形狀相似的「大羅馬拱門」積木的拱門形狀（「山洞」的下層造型），來替代與象徵真實山洞的頂端特性，也就是以積木的拱門形狀來表達幼兒對於山洞的圖像表徵（Iconic representation）記憶（Bruner, 1996）。幼兒所搭建及命名的「死路監牢」積木結構體，就外觀上與真實的建築物的相似度低，此為幼兒以物體替代方式（object substitution），運用其所搭建的積木結構體來象徵其所想像的「監牢」障礙物，此為「早期表徵」的積木建構表現特徵。幼兒運用基本塊、大半圓、兩個小三角等積木，以兩端相接所圍成的「雙線的迷宮路」，來表徵及複製幼兒對於紙

上「路迷宮」的圖像記憶，此排列方式並沒有運用「圍牆」搭建所需要的空間方向的理解概念（知道將積木轉哪一個方向以圍成封閉空間）。

幼兒第一次自由創作的「人可以走的迷宮」積木建構體，呈現出幼兒組織及表達對於紙上「迷宮圖」的學習經驗及圖像表徵記憶外，幼兒也連接生活經驗創新迷宮的想像結構，例如：幼兒所搭建及命名為「高高城堡」的建構體，為幼兒以象徵形式代表想像的休息場所以及喝茶的地方。由此真實度較低的「早期表徵」形式之城堡造型，可明顯看出幼兒運用「架橋」及「部分對稱」的堆疊手法，在城堡建構體的左右兩邊各排列兩個彩色紙捲，及城堡底部有兩層各放置對稱的兩個基本塊的方式，即為「對稱」的搭建表現特徵。幼兒運用基本塊及兩倍塊所排出代表出入口的「箭頭」造型，雖然尺寸大小與整體「迷宮」建構體的比例不同，但其主要用途為強化出、入口的標記（signs）功能（林美珍，2004），也就是幼兒以積木形式表達其對於箭頭的符號表徵（symbolic representation）記憶，同時也表達其對於箭頭標記（signs）所象徵的傳統溝通表徵（行走方向）之理解。

教師以鼓勵幼兒建築師邀請其他班幼兒，來試走他們所設計的積木迷宮的方式，引發幼兒再思考積木迷宮的空間規劃與出入口安排的適切性。此教學策略與 Csikszentmihalyi（1999）所提出的「變異」及「選擇」之創造力教學歷程類似：先由幼兒自我創新，以及與同儕討論、修正與變異多樣的想法後，再由教師針對幼兒創作成品或想法的合理性與實用性提問，以引導幼兒選擇有效的解題方法或驗證想法的行動方向，一方面突破幼兒個人思考與學習的極限，另一方面啟發幼兒更多創意的空間，進而使得幼兒的創意想法能更具效能性與實用性，概念知識因而能更加精進。在幼兒第二次搭蓋與修正「人可以走的迷宮」的出入口位置與加寬迷宮道路的行動歷程，即為幼兒將第一次創意發想的迷宮積木，依據「人可以走的迷宮」的實際需求，反覆修正積木造型，使得原有的創意構想更具實用性，例如：幼兒將「出口地方是城堡，就是你走出來的時候，就可以到城堡玩」的情境解說的出口說明，採取「改變道路，將迷宮的出入口，都設在積木區的出口處」的修正策略，解決「出口會撞到牆壁」的問題。

幼兒建築師是以單位積木為素材，來呈現其有關迷宮的內在心像與想像，

並以象徵方式建構出整體的迷宮樣式。然而,空心大積木迷宮的建構方式,主要是創作及搭蓋一個幼兒自己可以玩的迷宮,為達成走迷宮遊戲的娛樂性效果,幼兒在乎「不可以看見迷宮的出口在哪裡」的實用性,因此,反覆修正成為一個有彎曲迂迴及看不見出口的好玩迷宮。

幼兒一旦學習到一個新技巧或概念,他們需要練習所學到的新事物(金瑞芝、林妙徽、林聖曦,2000),幼兒積木「迷宮」遊戲即源自於紙上「迷宮圖」學習經驗的練習與複製。幼兒建築師所想像與搭蓋具象徵意義的單位積木「迷宮」,反映及表徵了幼兒對於迷宮所理解的內容。不同於單位積木的功能,中空大積木「迷宮」是幼兒為自己所設計的遊戲空間和遊戲設施,具有創造性及社會性戲劇遊戲的特質,同時也促進了幼兒主動與合作的學習。簡言之,迷宮積木遊戲擴展幼兒的創意、想像力及社會性發展。

參考文獻

金瑞芝、林妙徽、林聖曦（譯）（2000）。幼兒遊戲。台北：華騰。

林美珍（2004）。兒童認知發展：概念與運用。台北：心理。

Bruner, J. S. (1966). *Toward a theory of instruction*. Cambridge, MA: Harvard University.

Csikszentmihalyi, M. (1999). Implications of a systems perspective for the study of creativity. In R. J. Sternberg, (Ed.), *Handbook of Creativity* (pp. 189-212). United Kingdom: Cambridge University Press.

Johnson, H. M. (1996). The art of block building. In E. S. Hirsch (Ed.), *The block book* (3rd ed., pp. 9-26). Washington, D C: National Association for the Education of Young Children.

chapter 8

戲劇遊戲場景的建構

✺ 第一節　愛彌兒積木活動實例：圓形棒球場

文／莊雅珺　弘光科技大學幼兒保育系

職棒運動掀起台灣社會一股熱潮，班上放置了一些棒球用品，供孩子探索；孩子在積木區玩，想用積木蓋棒球場。

圖 8-1　使用四倍塊積木圍出棒球場範圍（根源，5 歲 11 個月；冠傑，5 歲 10 個月；忠錡，6 歲；和軒，6 歲；東亮，6 歲）

壹、你們蓋的不像棒球場啊！

孩子簡單的用積木圍出一個範圍（圖8-1），再擺幾塊積木在裡面，拿著四倍塊積木當球棒，假裝打棒球（圖8-2）……

> 冠傑：我們只有球棒，沒有球耶？
> 忠錡：我們可以到美勞角拿紙，把紙揉一揉，就可以當球了！

孩子到美勞角揉了幾顆紙球當棒球。

當天，角落活動結束，孩子一如往常的進行分享活動……

圖 8-2　紙揉一揉，打棒球了！（冠傑，5 歲 10 個月；和軒，6 歲；東亮，6 歲）

和軒：你們蓋的不像棒球場啊！

老師：為什麼覺得這個不像棒球場？

和軒：我看過的棒球場都有椅子啊！

東亮：他們只用積木圍一圍而已！

老師：你們覺得他們只是用積木圍一圍，所以不像棒球場，那你們看過棒球場裡面還有什麼？

東亮：有椅子！

冠傑：棒球場還有轉播球賽的地方！

和軒：有可以讓人家坐著看球的樓梯。

老師：你們說的是觀眾席嗎？

和軒：對！

老師：你們看過的觀眾席長什麼樣子？

和軒：我記得是長長的一排一排。

圖 8-3　孩子對搭蓋的棒球場提出看法（晟安，5 歲 8 個月；冠傑，5 歲 10 個月；至瑞，5 歲 3 個月；淇風，6 歲 1 個月）

分享時，孩子又提出自己不同的經驗（圖 8-3）……

冠傑：你們怎麼蓋長長的觀眾席？觀眾席應該是一個一個的啊！

和軒：不是，棒球場是長長的一排一排的！

老師：有的小朋友看到的觀眾席是長長的一排一排的，有的小朋友看到的觀眾席位置是一個一個的，怎麼知道誰說的才是對的？

冠傑：我們可以看看電視，就知道棒球場的觀眾席長什麼樣子！

忠錡：可是我爸爸不讓我看電視！

和軒：那我們可以去棒球場看啊！我去過棒球場喔！

貳、棒球場長什麼樣子？

由於孩子提議參觀棒球場，於是我們帶孩子參觀台中市立棒球場（圖 8-4）……

到了棒球場，剛好看到球員在場內練習，孩子坐下來欣賞球員的練習（圖 8-5），主動的

圖 8-4　孩子參觀棒球場的外觀及設備

幫球員加油！老師提醒孩子們看一看棒球場的
樣子。

回到班上，老師請孩子畫下自己看到的棒
球場，並問：「你們在棒球場看到什麼？」

圖 8-5　孩子坐在觀眾席看球員練
習

宣佑：我看到球員休息室！

佳宣：觀眾席！

建廷：還有廁所！

明輝：還有記分數的板子和電燈！

家豐：看到球員在打棒球！

老師：那棒球場的觀眾席長什麼樣子？

忠錡：一排一排的，很像樓梯！

冠傑：長長的，一排一排的。

淇風：觀眾席上面還有廁所！

孩子已經達成共識，認為觀眾席應該蓋成
一排一排長長的像樓梯的樣子，所以當天孩子
一起搭蓋時，對蓋樓梯較有經驗的孩子，拿著
幾個雙倍塊積木，先將一個放在地板，接著再
將兩個雙倍塊疊在一起，放在前一個雙倍塊積
木後面，依此類推，排出四層高的觀眾席（圖
8-6）……

圖 8-6　以雙倍塊積木搭蓋棒球場
觀眾席（詩雅，5 歲 4 個月；柏
源，5 歲 8 個月）

蓋出不同形狀的棒球場

宣佑：你們的觀眾席怎麼這麼短？

冠傑：對啊！觀眾席應該是長長的！

隔天孩子準備將觀眾席變長一點，孩子將很多雙倍塊積木連接，蓋出很長
的觀眾席，遇到櫃子或牆壁，孩子就將觀眾席轉彎，圍成一個不規則形狀；蓋
完觀眾席，有些孩子想到觀眾席上面還有廁所，又蓋了廁所，增加很多裝飾物

（圖 8-7）。

> 忠錡：我覺得棒球場看起來亂七八糟的，
> 　　　一點都不整齊！
>
> 老師：為什麼覺得棒球場亂七八糟的？
>
> 冠傑：你看觀眾席都蓋得歪歪的，而且有
> 　　　好多的東西在上面。
>
> 老師：要怎麼做，棒球場才不會看起來亂
> 　　　七八糟的？
>
> 小九：要先把觀眾席蓋整齊，再把廁所蓋
> 　　　上去！

圖 8-7　搭蓋出正方形的棒球場
（振文，5歲9個月；和軒，6歲）

　　孩子試著將長得像樓梯的觀眾席一層一層
蓋好，發現積木不夠，將別班借來的積木數量
記錄在紙上，以便日後歸還。

　　孩子將觀眾席蓋出來後，繼續討論：「要
不要蓋屋頂？」（圖 8-8）

圖 8-8　孩子們討論是否搭蓋屋頂
（忠錡，6歲；晟安，5歲8個月；
冠傑，5歲10月）

> 忠錡：我記得觀眾席沒有屋頂啊！
>
> 冠傑：有啦！只有一邊有屋頂！

後來，孩子幫觀眾席加蓋了屋頂……

> 老師：你們為什麼幫觀眾席蓋屋頂？
>
> 柏源：這樣下雨的時候，觀眾才不會被雨淋濕啊！
>
> 晟安：可是觀眾席只有一邊有屋頂，不是全部都有屋頂啊！

　　老師讓孩子決定到底要不要蓋屋頂，孩子表決結果，決定不蓋屋頂，因為
孩子認為觀眾席沒有屋頂的地方比較多，而且蓋屋頂會用掉很多積木。

　　觀眾席重排整齊後，孩子用雙倍塊積木，左右兩邊以直立式各放一塊，再
橫放一塊在兩塊積木上面，蓋了一間廁所。有孩子提出棒球場還有計分板，孩
子又用積木蓋出計分板。

老師發現孩子只是將觀眾席圍出一個範圍，而且每次蓋的棒球場形狀都不一樣（圖8-9），於是老師跟孩子討論棒球場形狀……

老師：你們蓋的棒球場是什麼形狀？

冠傑：應該是六邊形！

宣佑：好像是圓形。

老師：可是你們想蓋什麼形狀的棒球場？

忠錡：我們蓋六邊形好了！

和軒：我覺得蓋圓形比較好，因為棒球場長得比較像圓形！

圖8-9　多邊形的棒球場（根源，5歲11個月）

孩子決定將棒球場蓋成圓形。

肆、怎麼蓋圓形棒球場？

孩子使用四倍塊積木圍出觀眾席，蓋了很多次，孩子還是覺得我們的棒球場不像圓形……

老師：要怎樣才能蓋出圓形棒球場呢？

佳宣：我們可以去外面找圓形，畫下來，貼到積木區的地板上，再蓋出觀眾席啊！

至瑞：我們可以用粉筆在地板上面畫出圓形，再蓋出來！

孩子選擇先用粉筆在地板畫上圓形，畫了很多次，始終畫不成功，於是尋找校園中的圓形物品準備複製（圖8-10）。

剛好遇上家長座談會，我們邀請家長們進班挑戰搭蓋圓形棒球場（圖8-11）。

隔天，孩子看到爸爸媽媽昨晚在積木區蓋的圓形棒球場……

欣蔚：哇！好像圓形喔！

宣佑：真的是圓形的棒球場耶！

圖 8-10　尋找校園中的圓形（至瑞，5歲3個月；佳宣，5歲7個月）

冠傑：我知道應該怎麼蓋了！

孩子發現爸爸媽媽都用比較短的雙倍塊積木圍出觀眾席，而不是用四倍塊；當天孩子也使用雙倍塊積木圍出棒球場。

雖然雙倍塊積木有稜稜角角，但孩子小心注意圓形弧度，慢慢調整積木位置⋯⋯

圖 8-11　愛彌兒家長座談會時，爸爸媽媽蓋的圓形棒球場

和軒：我覺得我們這次蓋的比較像圓形棒球場了！

老師：為什麼？

和軒：因為旁邊沒有很多的角角啦！

忠錡：而且旁邊比較圓了！

蓋出大家都覺得很像圓形的棒球場後，孩子又陸續加蓋一些硬體設施，如：計分板和電燈就以直立的四倍塊積木，再橫放上基本塊積木（圖 8-12）。

圖 8-12　圓形棒球場完成了（和軒，6 歲；冠傑，5 歲 10 個月）

伍、用空心大積木蓋有觀眾席可坐的大球場

在教室，以單位積木蓋好圓形棒球場後，遇到愛彌兒簡介想拍攝一些空心大積木活動⋯⋯

老師：我們明天要玩大積木，你們希望蓋什麼呢？

冠傑：蓋棒球場好了！因為我們積木區現在也在蓋棒球場！

在積木區蓋的棒球場，孩子並不能真正坐上觀眾席的問題，孩子想空心大積木比較大，應該坐得上去，所以孩子主動提議要蓋大一點的棒球場，孩子選擇到學校一樓的廣場進行搭蓋。

孩子很快的將長方形大積木直立，圍出一個像圓形的地方（圖 8-13），就急著問老師：「老師，我們可以去樓上拿棒球下來打嗎？」

老師提醒孩子：你們的觀眾席，真的可以
　　讓人坐上去嗎？

淇風：喔！我們還要繼續蓋！

孩子繼續思考怎麼用大積木蓋出可以讓人
坐上去的觀眾席……

圖 8-13　孩子用空心大積木圍出圓形的範圍（和軒，6 歲；佳宣，5歲 7 個月；淇風，6 歲 1 個月）

和軒：我們也是要蓋得像樓梯一樣啦！

孩子照著搭蓋樓梯的方法，先平放一塊積木，第一層蓋完後，再用兩塊積木蓋第二層，蓋到第三層孩子將觀眾席延伸，依此類推。蓋到差不多 1/2 圓的時候，孩子發現積木不夠，但有孩子發現……

冠傑：老師，觀眾席真的可以坐耶！

蓋出了可以坐的觀眾席，有的孩子高興的直接坐上觀眾席，有的孩子假裝在觀眾席中間打棒球。

因積木不夠，向愛彌兒旅順分校商借空心大積木。

老師：你們還記得上次蓋幾層觀眾席嗎？
淇風：三層！可是積木就不夠了！
老師：你們這次也要蓋三層嗎！
冠傑：可以蓋高一點，蓋四層好了！因為還有旅順分校的大積木啊！一定
　　夠！
韻庭：可是會不會太高啊？
老師：你們可以先試試看啊！

決定搭蓋四層的觀眾席後，老師想到上次孩子蓋的棒球場還不很圓……

老師：你們覺得這個棒球場像不像圓形？
宣佑：不像，因為還沒蓋完！
老師：有沒有人想到怎麼蓋出圓形棒球場？

忠錡：咦！這不是有圓形的形狀嗎？我們可以直接照著圓形線蓋出觀眾席啊！（愛彌兒逢甲分校的一樓圓形廣場，地面恰以磁磚砌成圓形弧狀）

孩子以空心大積木進行第二次戶外搭蓋⋯⋯

孩子提議可以先將四個空心大積木疊起來，人上去試坐穩不穩（圖8-14），試過後，孩子認為蓋四層觀眾席是可行的。

圖8-14　真的可以坐的觀眾席！（和軒，6歲；冠傑，5歲10個月）

孩子這次先將四個空心大積木疊在一起，剛好壓在地面圓形磁磚的邊緣線上（最外面的一層），接著再往裡搭蓋。長方形積木不夠的時候，孩子會用兩個正方形積木或四個小長方形積木組合成長方形，有孩子會數著：「4.3.2.1」（觀眾席的層數）；有孩子負責將觀眾席擺整齊，也有孩子先用一塊積木將整個圓形範圍圍出來。蓋約1/3個圓時，積木又不夠了⋯⋯

冠傑：我們把棒球場變小好了！這樣就不會用到很多積木了！

和軒：我們不要蓋四層，我們蓋三層就好了！

最後孩子決定蓋三層的觀眾席。
有些孩子先將第一層的積木拿到圓形線上疊出三層的觀眾席⋯⋯

東亮：我們把四層的觀眾席拿下一塊積木，就變成三層的觀眾席了！

有孩子擔心積木還會不夠，把學校舞台的階梯移去當觀眾席的一部分⋯⋯但仍然沒完成觀眾席（不是每一邊都有三層），但孩子已按奈不住，先在中間打起棒球。

當把愛彌兒永春分校的空心大積木也暫借來後⋯⋯

和軒：這次一定可以蓋成功！

為了可以趕快打棒球，孩子搭蓋棒球場時態度更積極。快蓋好時，孩子發

現積木好像又不太夠。

冠傑：我們把它縮小好了！

孩子將第三層的部分先拆掉，留下第二層，再將第二層加上一塊大積木，第二層變成第三層，還將棒球場變小，終於蓋出有觀眾席的圓形棒球場。

陸、加蓋燈柱、出口的圓形大球場

至瑞：我們還要蓋電燈！

孩子將小的長方形積木直立，再放上正方形積木，蓋出很多球場電燈（圖8-15）。

圖 8-15　增加電燈

忠錡：我們要蓋一個出口，讓觀眾可以走進去，不然直接跨過去會把積木弄倒！

於是孩子將一邊的觀眾席拆掉，直立起積木，放在兩邊，中間再平放積木，蓋出一個出口，讓觀眾可以出入（圖8-16）。

圖8-16　圓形的棒球場完成了

(柒)、棒球比賽開打！

　　觀眾席完成後，孩子馬上拿著棒球用具，邀請其他孩子下來看他們班的「棒球比賽」，幾個孩子在球場中間揮著塑膠球棒打棒球（圖 8-17），觀眾席上的孩子主動幫著場上孩子加油。加油的孩子很賣力，打球的孩子也不馬虎，孩子覺得看他們班的棒球比賽好過癮喔！

圖 8-17　孩子在自己用空心大積木蓋的球場上打棒球！

　　～～本課程的簡略版，愛彌兒幼兒園曾提供臧瑩卓（2006）載於
《嬰幼兒學習環境：理論與實務》——積木區篇（群英出版社）

✿第二節　積木棒球場活動分析

文／馬祖琳

　　「圓形棒球場」的積木創作源起，是為進行「打棒球」的想像遊戲，因此幼兒先以象徵的手法，運用積木以「圍牆」搭蓋方式（Johnson, 1996），圍出一個封閉空間範圍來當作棒球場後，就開始拿著四倍塊積木當球棒及幾顆紙做的棒球，玩起假裝打棒球的想像遊戲。此時積木的用途為想像遊戲的道具，用以象徵戲劇（想像）遊戲所需的場景。在接下來的分享時間中，幼兒討論主題所呈現的焦點為積木造型本身，因此，對於以「象徵性」為主的積木造型，提出有關棒球場結構的「真實性」問題，並依據個人的生活經驗提出有關「棒球場」建築物真實性結構的疑問。此類疑問與討論將積木遊戲由想像色彩轉變為以複製真實物體的建構遊戲性質。教師更進一步將積木建構目標聚焦於棒球場「觀眾席」，並以實際參觀棒球場的方式來豐富幼兒的觀察經驗，以做為幼兒運用積木素材來表達其對於棒球場建築體的感受與想法的基礎經驗，並引發幼兒堆疊的想法及創意。

　　幼兒認為「觀眾席應該蓋成一排一排長長的像樓梯的樣子」的共識，為幼兒共同決定以「樓梯的階梯」來象徵他們對於「觀眾席」所記憶與知覺的顯著特徵。幼兒運用雙倍塊積木搭建「觀眾席」的象徵形式，是運用二倍塊積木外型與代表「觀眾席」的樓梯階梯之相似性，並以漸層加高的方式表徵出樓梯的特性（圖 8-6）。由於幼兒對於「棒球場」的知覺經驗不同，在完成共同決定的「觀眾席」的建構後，幼兒建築師仍然會完成其各自對於「棒球場」的個人內在表徵物，如廁所及其他裝飾品的堆疊。

　　幼兒所搭建的正方形的棒球場（如圖 8-7）造型，不僅包含以棒球場觀眾席為主體的建築體，尚有運用象徵手法以二倍塊積木創造出棒球場內球員賽球的想像情景。換言之，幼兒雖以建構「觀眾席」實體為導向，但打棒球的想像遊戲仍為其所關注。此階段積木造型仍偏向於表徵幼兒對於棒球比賽的想像及觀察的整體內在經驗，並以象徵與寫實手法交互用運用積木素材。

　　幼兒在完成正方形的棒球場後，再度對於「觀眾席」的真實性象徵提出疑問，對話內容為討論「觀眾席」及「觀眾席屋頂」的寫實性與實用功能，而寫實與功能的提問，則精進幼兒對於積木建構體的整體結構細節的關注，例如以「架橋」方式（Johnson, 1996）所堆疊出的廁所，以及以象徵方式利用基本塊積木所堆疊出的記分板。

　　在棒球場形狀的討論階段，教師引發幼兒對於「圓形」棒球場的寫實細節的關注，一方面提供幼兒練習如何解決問題的思考，另一方面引導幼兒體察積木本身的長條形特性（二倍塊與四倍塊）與棒球場標的物外型的圓形特性之差異與結構限制，以累積與精進幼兒的積木運用知能。

　　家長的成熟經驗，使得其所表徵的積木棒球場之細部結構與造型更具寫實性，但家長也運用了象徵手法以圓柱體代表球員方式，表徵出場內的球賽場景，以及採用外型與高架式燈架相似的四倍塊積木之合理性外型來象徵燈架。在觀察了家長的棒球場造型，幼兒的自發性積木創作由想像和記憶的表現，傾向發展為寫實表現（如圖 8-12）。

　　大積木提供幼兒建立一個自己得以進入的世界，促成社會戲劇遊戲的進行（郭靜晃，1992）。幼兒延續棒球場的建構目標，幼兒堆疊一個他們自己可以參與的創造性戲劇遊戲場景（如圖 8-15），與上述以象徵意義為主的單位積木創作有所不同。同樣的，在大積木的堆疊過程中，為進行打棒球的戲劇遊戲而建構積木棒球場仍為幼兒所最關注的，而教師再次將積木建構目標聚焦於棒球場「觀眾席」，以及關注圓形球場的寫實性。幼兒對於教師的提問，也展現出其問題解決能力，並由反覆修改已堆疊的積木造型來表徵與表現構想。當幼兒蓋出有觀眾席的圓形棒球場後，為了要進行棒球賽的角色扮演需要，積木的功能又轉為建構戲劇遊戲的場景道具，也因角色扮演的需要，更精緻化積木建構體的結構細節。因此，幼兒提出「蓋一個出口讓觀眾可以走進去」的出口，才不會有直接跨過去將積木弄倒的情形。於是幼兒將一邊的觀眾席拆掉，再直立起積木，放在兩邊，中間再平放積木，蓋出一個讓觀眾可以走進去的出口。

　　圓形棒球場的積木遊戲紀實，呈現出幼兒關注於打棒球的想像遊戲，以及教師關注於積木創作的寫實建構的現象。基於想像遊戲與建構遊戲的不同需求，幼兒以象徵與寫實手法交互用運用積木素材，來呈現屬於幼兒自己所詮釋

的真實棒球場模型與棒球賽情景。簡言之，積木遊戲可以幫助幼兒組織及表達經驗，也同時擴展其創意與想像力。

參考文獻

郭靜晃（譯）（1992）。兒童遊戲。台北：揚智。

Johnson, H. M. (1996). The art of block building. In E. S. Hirsch (Ed.), *The block book* (3rd ed., pp. 9-26). Washington, DC: National Association for the Education of Young Children.

chapter 9

幼兒表徵能力的創塑

第一節 愛彌兒積木活動實例:從「樓梯」到「天橋」

文/邱珮滋 屏東教育大學幼兒教育系

壹、游泳池的「樓梯」

積木區裡,群凱嘗試為他的游泳池(圖 9-1)搭蓋「樓梯」,他將四倍塊積木橫向疊放,做出層層階梯,再以小方塊調整階梯踏板的長度(圖 9-2)。老師發現,群凱並未察覺每個階梯間必須等距的特徵,導致搭建出來的樓梯不太整齊。

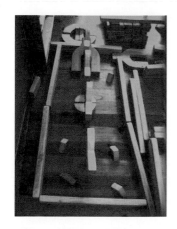

圖9-1 游泳池(群凱,6歲1個月)

圖9-2 不太整齊的樓梯(群凱,6歲1個月)

一、「樓梯」的初探索

由於孩子對「樓梯」特徵的理解尚不完全，老師引導孩子利用益智區的「骨牌」（圖9-3）、「古氏數棒」（圖9-4）與「拼接水管」等教具做「樓梯」，讓孩子體認等高（等距）的「階梯」特徵。

圖 9-3 以骨牌搭建樓梯（汝安，5 歲 3 個月）

圖 9-4 玩古氏數棒體驗「長度序列」（郁絜，5 歲 4 個月）

群凱再次搭蓋樓梯時，已呈現出等距間隔的階梯搭建方式，但搭蓋到第五層階梯時，倒塌了，群凱請奕愷協助扶住，盡速以不同尺寸的積木（雙倍塊、基本塊）填補空隙（圖9-5），以維持積木階梯的等距（圖9-6）。

圖 9-5 相互協助填補樓梯底層（群凱，6 歲 1 個月；奕愷，5 歲 2 個月）

圖 9-6 樓梯完成圖

堆疊

支撐

填補

二、「樓梯」特徵的再探索

老師在積木區加入「樓梯」照片，並引導孩子觀察校園中的樓梯（圖9-7）。

宇捷：像鋸齒狀。

郁絜：兩邊可以扶的扶手。

彥竹：像鱷魚的牙齒。

老師：樓梯還像什麼嗎？

泫丞：樓梯會有 123。

老師：123 指什麼？

群凱：是一格兩格三格（意指一格一格的）。

杰威：比下面多一個樓梯。

昀萱：第一層有一個正方形、第二層有兩個正方形、第三層（透過古氏數棒的操作，獲得樓梯序階的概念）……

圖 9-7　到地下室觀察樓梯

分享時，孩子已能夠點數出每個階梯間隔同樣數量的單位積木（圖 9-8～9-11）。

圖 9-8　蓋間隔三個單位積木的階梯（昀萱，5 歲 5 個月）

圖 9-9　蓋等距遞增次序的積木階梯

圖 9-10　樓梯記錄圖（昀萱，5 歲 5 個月）

圖 9-11　依序往上堆疊積木樓梯（亦加，5 歲 9 個月）

三、從「樓梯」到「天橋」

之後，亦加延伸「樓梯」蓋出橋面，告訴老師他蓋的是「天橋」，老師觀察，亦加已能用雙倍塊積木搭蓋出穩固的樓梯基底（圖 9-12），每個階梯的踏板皆等距同寬，他用基本塊做為「樓梯」與「天橋」橋面的支撐點，延伸蓋出簡要版的「天橋」（圖 9-13），但亦加對「天橋」的概念僅是有兩個樓梯和路（指天橋橋面），對「實際的天橋外觀」及「樓梯須對稱」，並未全然了解。

圖 9-12　用雙倍塊積木搭蓋出穩固的樓梯基底（亦加，5 歲 9 個月）

樓梯

路

圖 9-13　兩個不同形式樓梯的天橋

於是，老師在積木區放入《好想看世界的橋》（作者／菲勒蒙·史塔奇、蓋爾·拉契／ 2005 年和融出版），團討時介紹《在圓木橋上搖晃》（作者／木村裕一／ 2004 年維京出版）等書，提供孩子觀察與理解橋的基本要件。

接著，老師與孩子進行討論……

老師：你們覺得天橋是什麼樣子？

宇儂：有平平的地方。

芯妤：平的，走完旁邊還有樓梯。

郁絜：樓梯是兩邊都要蓋的。

老師：怎麼蓋天橋呢？

奕雋：要先蓋出口。

宇捷：先用四倍塊做橋的樓梯。

老師：樓梯完成後呢？

宇捷：上面平平的街
　　道。

芯妤：天橋上面平平的
　　地方有扶的，不然會
　　看不到下面。

孩子使用益智區教具排
列（圖9-14、圖9-15）、畫
下自己的天橋設計圖（圖
9-16～9-18）。

圖9-14　用一公分小立方塊組合出左右對稱的天橋（泫丞，5歲7個月）

圖9-15　用古氏數棒排出天橋與樓梯（昀萱，5歲5個月）

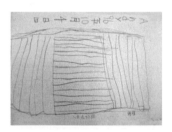

圖9-16　仕穎（5歲10個月）

圖9-17　宇捷（6歲1個月）

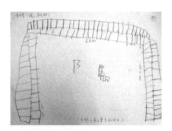

圖9-18　奕雋（5歲11個月）

（一）第一次合作搭蓋天橋

孩子分兩組合作搭蓋天橋，一組以四倍塊由下往上遞增搭蓋樓梯（圖9-19）；另一組用雙倍塊由上往下遞減搭蓋樓梯（圖9-20），然後以四倍塊積木搭蓋橋面，將兩邊的樓梯銜接起來（圖9-21），完成第一次合作的天橋（圖9-22）。

（二）第二次合作搭蓋天橋

孩子點數兩邊樓梯階梯數（圖9-23），拿掉多餘積木，將兩邊樓梯調整成相同階梯數（圖9-24），完成第二次合作的天橋（圖9-25）。

孩子比較老師貼在積木區的「天橋」照片（圖9-26）和他們蓋的「天橋」……

圖 9-19　以四倍塊由下往上遞增搭蓋樓梯（宇捷，6 歲 1 個月；仕穎，5 歲 10 個月）

圖 9-20　用雙倍塊由上往下遞減搭蓋樓梯（甯竣，5 歲 9 個月；奕雋，5 歲 11 個月）

圖 9-21　以四倍塊積木做為橋面，銜接兩邊的樓梯（宇捷，6 歲 1 個月；仕穎，5 歲 10 個月）

圖 9-22　第一次合作完成的天橋

圖 9-23　點數階梯數（奕雋，5 歲 11 個月）

圖 9-24　調整另一邊的樓梯（群凱，6 歲 1 個月）

圖 9-25　加上扶手的天橋（第二次合作完成）

圖 9-26　老師在積木區貼的「天橋」照片

老師：積木區蓋的天橋和照片的有什麼不一樣？

宇捷：樓梯不一樣，我們的是直直走上去的。

郁絜：照片的樓梯先是直的，他們蓋的是斜的（意指照片中的樓梯最上端

有轉彎處，而孩子所搭蓋天橋樓梯沒有轉彎處）。

芯妤：相片的扶手比較高。

泫丞：扶手有一根根分開。

杰威：裡面的路比較長（意指橋面比較長）。

老師：為什麼比較長？

宇儂：因為馬路很大。

（三）第三次合作搭蓋天橋

孩子討論後，重新搭建天橋（圖 9-27～9-31）。

圖 9-29　增加支撐點（彥竹，6 歲 1 個月）

圖 9-27　將一邊的樓梯往後推（群凱，6 歲 1 個月；彥竹，6 歲 1 個月）

圖 9-28　加長橋面

圖 9-30　加上扶手（彥竹，6 歲 1 個月）

圖 9-31　加長橋面後的天橋（第三次合作完成）

（四）第四次搭蓋不同造型扶手的天橋

　　孩子發現第三次搭的天橋，橋面傾斜（雖左右階梯都是八階，但右邊樓梯從第二層才開始銜接），且樓梯和橋面排列並不整齊，橋面和樓梯間出現空隙，導致無法緊密連結，促使孩子再度調整（圖 9-32），並改變扶手造型（圖 9-33），完成第四次合作的天橋（圖 9-34）。

（五）漫步在台中市忠明南路的天橋上

　　老師帶孩子們到台中市忠明南路大勇國小旁，實地走上真正的天橋，並畫下來（圖 9-35～9-37）。

圖 9-32　調整樓梯和橋面

圖 9-33　加上不同造型的扶手（杰威，6 歲 1 個月；信彰，5 歲 9 個月）

圖 9-34　改變造型的天橋（第四次合作完成）

圖 9-35 在天橋下畫出觀察（仕穎，5 歲 10 個月）

圖 9-36 天橋觀察圖（仕穎，5 歲 10 個月）

圖 9-37 天橋觀察圖（彥竹，6 歲 1 個月）

（六）孩子比較真正的天橋和他們蓋的天橋（表 9-1）

🔔 表 9-1 「積木區蓋的天橋」VS「真正的天橋」比較表

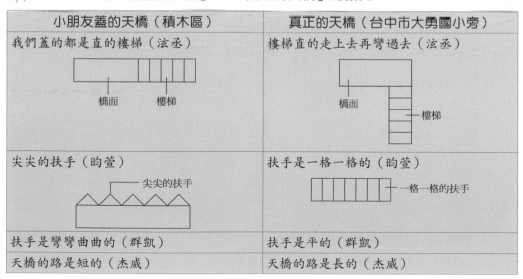

小朋友蓋的天橋（積木區）	真正的天橋（台中市大勇國小旁）
我們蓋的都是直的樓梯（泫丞）	樓梯直的走上去再彎過去（泫丞）
尖尖的扶手（昀萱）	扶手是一格一格的（昀萱）
扶手是彎彎曲曲的（群凱）	扶手是平的（群凱）
天橋的路是短的（杰威）	天橋的路是長的（杰威）

（七）第五次搭蓋天橋──先蓋轉彎的樓梯

回學校後，孩子們共同設計天橋（圖 9-38）、分工搭蓋，如男生蓋左邊的樓梯（圖 9-39），女生蓋右邊的樓梯（圖 9-40）；兩組孩子協商後，達成共識，決定兩邊各蓋十一階的階梯數。

孩子累積幾次蓋天橋的經驗，知道先蓋兩邊樓梯，再蓋橋面銜接兩邊樓梯，就可完成「天橋」，但這次兩組孩子分開蓋樓梯，未事先預估橋面需留多少寬度，所以銜接不起來（圖 9-41）。老師再次邀請孩子對照實際的天橋相片……

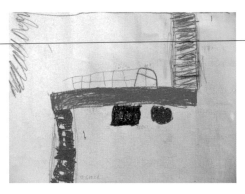

圖 9-38　孩子合作畫出「天橋」兩邊轉彎的樓梯（昀萱，5 歲 4 個月；群凱，6 歲 1 個月；杰威，6 歲 1 個月；宇寧，5 歲 4 個月）

圖 9-39　搭蓋一邊的樓梯（群凱，6 歲 1 個月；杰威，6 歲 1 個月）

圖 9-40　搭蓋另一邊的樓梯（宇寧，5 歲 4 個月；昀萱，5 歲 4 個月）

圖 9-41　未預估橋面寬度，兩邊樓梯接不起來（第五次合作）

老師：你們的天橋從哪裡開始蓋？

杰威：樓梯。

老師：一定要從樓梯開始蓋嗎？

杰威：一定要。

群凱：對啊！因為如果不從樓梯開始蓋的話會倒。

老師：從樓梯開始蓋，跟從走的路（指橋面）開始蓋，哪裡不一樣？

群凱：如果先蓋走的地方（指橋面），我們的手要一直拿著！

老師：你們上次蓋的天橋，不是可以成功的接起來嗎？

杰威：可是一定要先從樓梯開始。

老師：你們沒試試看，怎麼知道不行呢？

杰威：我們就試試看吧！

（八）第六次搭蓋天橋──先預估橋寬、橋高和橋長

孩子測量評估後，預留五個四倍塊積木的橋寬、兩個雙倍塊積木加兩個基本塊積木的橋高、三個四倍塊積木的橋長，然後再分組搭蓋。這回，孩子從橋面開始搭蓋（圖 9-42～9-46）。

孩子進一步分組完成橋面扶手（圖 9-47），並修飾成與樓梯斜度一致的樓梯週邊（圖 9-48）。終於，完成他們的「天橋」（圖 9-49）。

～原載於愛彌兒《探索》期刊 23 期（2008.4 出刊）

第二節　從「樓梯」到「天橋」活動分析

文／馬祖琳

幼兒運用積木來表徵其內在想法的能力，隨著幼兒年齡和經驗的增加而增加（Wellhousen & Kieff, 2001）。在「從樓梯到天橋」的積木建構遊戲的初始階段，幼兒的游泳池積木創作，是幼兒以積木為建構材料，將其記憶中的游泳池結構以象徵性方式搭蓋完成：運用「旋轉」的空間概念，將六個四倍塊積木各

圖 9-42　正在排三個四倍塊
積木的橋長（泫丞，5 歲 7
個月；杰威，6 歲 1 個月；
宇寧，5 歲 4 個月）

圖 9-43　正在排五個四倍塊
積木的橋寬（群凱，6 歲 1
個月）

圖 9-44　兩個雙倍塊積木加
兩個基本塊積木的橋高

圖 9-45　進行樓梯與橋面的銜接（杰威，
6 歲 1 個月；信彰，5 歲 9 個月）

圖 9-46　不同樓梯方向的天橋（第六次
合作完成）

自轉向，再組合而成具直角特性的長方形形狀游泳池之外形，內部並運用「小
叉形」積木的合理性外形，以替代物的方式來象徵「噴水」的情景。幼兒為游
泳池所搭蓋的「不整齊的樓梯」具有「層層階梯」的樓梯特性，雖未呈現等高
與等距的階梯造型，但反映出幼兒主動建構有關樓梯的個人化表徵內容。幼兒
教師為精進與完整化幼兒對於樓梯的「階梯等距」結構特徵之內在表徵與認
知，引導幼兒利用益智區的「骨牌」、「古氏數棒」與「拼接水管」等教具來
「做樓梯」，提供幼兒體驗等高與等距的階梯特徵之學習經驗，用以聚焦及改
變幼兒建築師對於「樓梯」及「做積木樓梯」的心智模式（mental model）。

圖 9-47　加上橋面的扶手（群凱，6 歲 1 個月）

圖 9-48　進行樓梯修飾（泫丞，5 歲 7 個月）

圖 9-49　終於完成了「天橋」

　　學者對於心智模式的定義不盡相同，但咸接受心智模式是一種協助思考的符號表徵，並強調其捕捉特定、非一般性知識的動態特質（邱美虹、林靜雯，2002）。心智模式為個體轉譯日常生活和學習經驗，以及透過與人、環境與事物的交互作用而形成，個體利用其內在心智模式做為解釋或預測所觀察到的外在事物或現象的工具，且能轉化這些解釋與預測並反映在行動表現上（任宗浩，2001）。任宗浩（2001）進一步歸納相關學者的論述，指出心智模式是人們日常理解事物和推理過程時，在短期記憶或工作記憶中所建立對問題情境或外在事物的一種暫時性表徵，也可以是人們儲存在長期記憶中，對外在世界的

穩定表徵或圖像。據此，幼兒所搭蓋的積木游泳池及樓梯結構，即反映幼兒經由轉譯游泳池相關的生活經驗，所建構的個人化的心智模式。

幼兒對於自己周遭環境的觀察，每日經驗的感受，會形成一個素樸（naïve）心智模式（林伶芳，2004，Vosniadou, 1994），此初始心智模式通常是簡單或直觀的（任宗浩，2001，Strike & Posner, 1992），例如：幼兒為游泳池所搭蓋類似「層層階梯」的「不整齊」積木樓梯，反映其對於「樓梯」的素樸心智模式。對於心智模式的精練與轉變，Greca 及 Moreira（2000；引自林伶芳，2004）認為，由於心智模式是個人化的建構歷程，提供能讓幼兒本身的模式與其他模式互動之模化（modeling）表徵化歷程的教學，為最適當的路徑。在「樓梯的初探索階段」，幼兒教師在益智區運用相關教具提供幼兒「做樓梯」的操作經驗，類似於提供幼兒建構樓梯的等高（等距）階梯表徵的「模化」學習歷程。經由此「模化」表徵階梯的歷程，幼兒（群凱）所搭建的積木階梯創作：以雙倍塊為階梯踏板寬（等距），以相差一塊積木厚度為高（等高）的方式搭蓋積木階梯，反映出幼兒心智模式的轉變。此外，真實樓梯的「等距階梯」特性具有便利人類使用的實用性功能，幼兒的樓梯素樸心智模式（象徵性的層層階梯），經由階梯表徵的「模化」學習歷程（教具操作），轉變為更符合成人的寫實性樓梯心智模式（關注於等距與等高的階梯特性）。

McNamara 認為，心智模式包含「類比成份」和「符號成份」（引自任宗浩，2001）。在「樓梯特徵的再探索」階段，幼兒觀察樓梯照片及校園樓梯後，幼兒對於樓梯的解釋為「像鋸齒狀」、「像鱷魚的牙齒」，反映出幼兒「類比表徵」形式的心智模式內涵（任宗浩，2001，Johnson-Laird, 1993）。此心智模式內涵是幼兒運用視覺心像所構成，而其所建構的概念為視覺所賦予觀察對象（樓梯）的暫時性類似物。另外，幼兒對於樓梯的解釋與描述為「樓梯會有 123」、就「是一格兩格三格」、上面「比下面多一個樓梯（層）」、「第一層有一個正方形、第二層有兩個正方形、第三層……」，反映出幼兒轉譯樓梯階梯的觀察經驗所形成「上面比下面多一層」的「符號表徵」之心智模式內涵。這些符號表徵協助兒童構思如何搭建積木階梯，因而這些解釋與表徵的轉化反映於幼兒所繪製的「樓梯記錄圖」，以及搭建完成聚焦於等距與等高屬性的「間隔三個單位積木高」與「間隔一個積木高」兩類較為整齊的積木階梯之

行動表現上，並「能夠點數出每層階梯間隔同樣數量的單位積木」。

在「從樓梯到天橋」的階段，幼兒（亦加）搭蓋出「每層階梯的踏板皆等距同寬」之樓梯造型後，為賦予該積木樓梯意義，而延伸出「天橋」的積木創作主題。該象徵性的「天橋」樓梯造型是一塊斜著放的兩倍塊積木，反映出幼兒個人對於樓梯的心智模式：樓梯具有斜坡（往上或往下）特性（attributes）並可連結橋與地面。若以Bruner的心智運思表徵的觀點而言，該幼兒是運用圖像思考（iconic thinking），選擇一個可用於斜放，並具有長條形特徵的兩倍塊積木做為樓梯的表徵，用來連結地面與天橋。同樣的，幼兒以此象徵手法，架高及連結多個基本塊積木來搭建出簡易版的「天橋」造型，該造型反映出幼兒生活經驗轉譯：可供行走的橋面。此外，幼兒以想像方式創作出具變化性的曲折橋面來豐富天橋的造型。

教師再次為精進幼兒有關「天橋」的心智模式，以「提供新訊息」的方式，運用《好想看世界的橋》及《在圓木橋上搖晃》兩本繪本，提供幼兒經由觀察與討論的方式，就繪本所呈現的表徵形式與作者的心智模式互動，增加幼兒對於「橋」的細部構造之學習經驗，用以誘發幼兒精緻（elaborate）其有關天橋心智模式之組織結構。接著，教師安排幼兒以語言陳述個人的天橋知識（符號表徵），利用教具來排列與設計天橋（行動表徵），以及設計天橋書面設計圖（圖像表徵），三種表徵方式溝通與表達其個人對於積木天橋結構的思考模式。在此三種表徵活動中，幼兒開始有意識的構思如何運用積木來搭蓋積木天橋，而其構思的共同特徵為：兩邊都有樓梯，兩個樓梯連結平平的橋面。然而，幼兒的書面設計呈現三種不同的個人化表徵內容，有鳥瞰式的積木排列設計圖，有具體呈現鋸齒狀樓梯的積木天橋側面圖，有象徵取向的天橋側面積木排列圖，此說明幼兒知識的建構並不只是對外在具體世界刺激的反應與吸收，而是由幼兒個人心智主動建構，因而所呈現的心智模式表徵各有不同。同時，此對同一事物進行三種心智表徵方式以及後續積木天橋造型的表徵經驗，提供幼兒進行多樣化表徵形式之間「轉譯」的學習經驗，此隱藏在幼兒認知發展過程中的表徵轉譯思考，為幼兒理解與詮釋外在世界的重要思考方式（詹勳國等，2003），協助幼兒建立自發的符號表徵與具體理解之間的連結與溝通，並發展、理解和使用更有效的表徵形式，以精進其內在想法與外在真實世界之

間的關係性知識，而積木在此迅速且細微的轉譯發展中，擔負著重要的工具與媒介物角色，將心智模式運作具體化。

在「第一次合作搭蓋天橋」階段，幼兒完成的天橋造型包含「樓梯」與天橋「橋面」兩個元素，此與之前語言表達、教具安排，以及書面設計圖的構思相符：兩邊有等距階梯特的樓梯，有連結樓梯的平面橋面；但未能兼顧兩邊樓梯的階梯數量與造型是否相同。由於個人化的心智模式有不完備性的特質（Norman, 1983），以及個人經由心智運作建構的特定心智模式，所建立的心智模式又去影響新產生的心智運作，因此，心智模式運作轉變與精進為「連續不斷建構、再建構、回饋循環」的過程（任宗浩，2001）。幼兒「第二次合作搭蓋天橋」時，調整樓梯的積木數量，使兩邊樓梯的階梯數及造型相同，並為天橋加上扶手，而此修正歷程反映出幼兒對於天橋本身結構與如何利用積木表徵天橋結構的心智模式之轉變與精進歷程。接著，為精鍊幼兒心智模式，教師引導幼兒觀察比較天橋照片與積木天橋之間的差異，並進行討論。經由天橋結構更細部的觀察、比較與討論後，幼兒修正與增加搭蓋積木天橋的新元素：樓梯與橋面的連結不同，比較高的扶手、比較長的橋面。但在幼兒「第三次合作搭蓋天橋」的積木創作中，只呈現加高的扶手及加寬的橋面兩個元素，對於樓梯與橋面的連接方式並未處理。由於加寬的牆面有傾斜的狀況，幼兒「第四次搭蓋天橋」時，調整樓梯與牆面的連接處的積木數量及排列方式，使其平整。另外，基於積木的藝術創作特性（Johnson, 1996），幼兒運用大羅馬拱門、大半圓、基本塊、大三角等多樣化積木形狀的裝飾性用途，組合成樓梯及橋面的扶手，用以創作及表達其內在藝術性的知覺感受，而此種表現欲望能帶給幼兒極大的滿足感。

個體的知覺是一種對外在世界事物理解的表徵，為心智模式的重要來源，而我們所建構的各種心智模式，也成為我們知覺外在世界的限制（任宗浩，2001，Johnson-Laird, 1989），而個體執行心智模式運作的能力也有其合理的侷限性（Norman, 1983）。就第四次所完成的積木天橋創作而言，其所表徵的天橋結構仍有不足之處（樓梯的方向與位置）。教師為完備幼兒樓梯與天橋結構的心智模式，採用「身歷其境」的具體知覺感受經驗的教學策略，帶幼兒「實地走上真正的天橋」，並運用幼兒與環境互動的經驗，來比較真實天橋與積木

天橋之間的差異，做為新知覺訊息的來源，以促成幼兒「天橋」概念知識的活化與精進。在實際走天橋及觀察天橋後，幼兒的天橋觀察圖仍呈現象徵取向的天橋與兩個同邊的樓梯，以及紅綠燈、樓梯扶手及天橋扶手的圖像紀錄。此現象說明個人主觀滿足的感受對於心智模式運作的影響（任宗浩，2001），如同積木區的積木天橋的結構與造型，幼兒描繪與表徵其所「感」、所「想」，而非其所「見」（柳賢、陳英娥、陳彥廷、柳嘉玲，2006）。幼兒經由比較與討論積木與真實天橋差異的歷程，將所「看見」的知覺訊息做為更新建構有關真實天橋心智模式的結構訊息：橋面與樓梯連結為直角（再彎過去）、扶手的構造（扶手是平的）及橋面長度。幼兒第五次所搭蓋的積木天橋造型，表徵出上述的心智模式結構。

幼兒第五階段的積木天橋搭蓋歷程，誠如 Rogers 和 Russo（2003）從觀察幼兒的積木建構遊戲發現，當幼兒面臨新的挑戰時，會以個別或合作的方式，預估所需積木的形狀與數量，事先規劃建構物造型，且在建構時，應用先前的知識和技能精緻化建構作品。此階段幼兒先繪製如其所「見」的天橋結構圖：兩個不同方向的樓梯位置，並分工完成兩側不同方向的樓梯造型。但銜接兩側樓梯時產生問題，於是教師提出暗示性的疑問：「一定要從樓梯開始蓋嗎？……你們沒試試看，怎麼知道不行呢？」用以「暗示」幼兒搭建的靈感：先蓋橋面再蓋樓梯。於是，幼兒在第六次搭蓋天橋階段，再一次經由預估所需積木的形狀與數量，事先規劃建構物造型，分組搭蓋的歷程，完成積木天橋的基本結構造型。幼兒最後階段的橋面與樓梯扶手的修飾創作，反映出幼兒以往的積木堆疊經驗與技能，並統整他們當前對於扶手的心像：幼兒選擇大半圓積木的裝飾性用途，以重複性手法排列組合成為橋面的護欄，用以象徵橋面的重複排列的方形網狀護欄。另外，幼兒運用基本塊、兩倍塊、斜坡等三種積木，修飾完成與「樓梯斜度一致」的扶手造型，雖沒有呈現一格一格的扶手特性，但卻明確表徵出其對於扶手漸增高度與樓梯斜度的一致性的知覺感受與所建構的心智模式結構。

積木有自我教育的功能（Johnson, 1996）。藉由積木能具體表徵幼兒內在思考之工具性功能，幼兒對於樓梯及天橋的心智模式及其表徵方式，經由多個階段的「建構與回饋循環」的精鍊歷程，從個人化及直觀式的素樸心智模式，

轉變為較完備及更精進的心智模式，其對應表徵之積木作品，反映出幼兒對於外在世界所理解的概念內容及其認知發展的演變。在此心智模式轉變歷程，教師所採用的心智模式精鍊途徑，包含：教具操作的模化歷程、新訊息的提供、閱讀繪本的模式互動、照片與積木造型的差異比較、增加身歷其境的知覺經驗與暗示性疑問的解題建議；而此類有意義的學習經驗，促成積木堆疊樣式的改變，提升幼兒表徵內在思考的能力，也提供成人了解幼兒內心世界的管道。

參考文獻

任宗浩（2001）。心智模式動態變化之研究──物理現象的觀察與詮釋。**科學教育學刊，9**（2），147-168。

林伶芳（2004）。**教科書和教師教學對學童「動物生殖」心智模式建構歷程的影響**。屏東師範學院數理教育研究所碩士論文，未出版，屏東市。

邱美虹、林靜雯（2002）。以多重類比探究兒童電流心智模式之改變。**科學教育學刊，10**（2），109-134。

柳賢、陳英娥、陳彥廷、柳嘉玲（譯）（2006）。**幼兒數學教材教法**。高雄：麗文。

詹勳國、李震甌、林心怡、侯美玲、侯淑芬、莊蕙元、戴政吉（譯）（2003）。**幼兒數學發展與教育：零歲到六歲**。台北：心理。

Greca, I. M., & Moreira, M. A. (2000). Mental models, conceptual model and modeling. *International Journal of Science Education, 22* (1), 1-11.

Johnson-Laird, P. N. (1993). *Human and machine thinking*. Hillsdate, NJ: Lawrence Erlbaum Associates.

Johnson-Laird, P. N. (1989). Mental models. In M. I. Posner (Ed.), *Foundations of cognitive science* (pp. 469-499). Cambridge, MA: MIT Press.

Johnson, H. M. (1996). The art of block building. In E. S. Hirsch (Ed.), *The block book* (3rd ed., pp. 9-26). Washington, DC: National Association for the Education of Young Children.

Norman, D. A. (1983) . Some observations on mental models. In D. Gentner & A. L. Stevens, (Eds.), *Mental models* (pp. 7-14). Hillsdale, NJ: Erlbaum.

Roger, A., & Russo, S. (2003). Blocks: A commonly encountered play activity in the early years, or a key to facilitating skills in science, maths and technology? *Investigating: Australian Primary & Junior Science Journal, 19* (l), 17-20.

Strike, K. A., & Posner, G. J. (1992). A revisionist theory of conceptual change. In L. A. Duschl & R. J. Hamilton (Eds.), *Philosophy of science, cognitive psychology and edu-*

cational theory and practice (pp. 147-176). New York: State University of New York Press.

Vosniadou , S. (1994). Universal and culture-specific properties of children's mental models of the earth. In S.A. Gelman & L. Hirschfeld. (Eds.), *In Mapping the mind: Domain specificity in cognition and culture*. Cambridge: Cambridge University Press.

Wellhousen, K., & Kieff, J. (2001). *A constructivist approach to block play in early childhood*. Australia: Delmar.

chapter 10

視覺世界的表徵轉化

第一節　愛彌兒積木活動實例：用積木蓋出愛彌兒旅順分校

文／邱美嫚　弘光科技大學幼兒保育系、東海大學所長班

壹、探索教室環境

我們想讓孩子協助規劃教室的學習區，因此，帶孩子到教室觀察廊（愛彌兒旅順分校每間教室均挑高兩層，在挑高樓層的教室外設觀察廊）鳥瞰整個教室空間角落的規劃（圖 10-1）。

圖 10-1　孩子到教室觀察廊，鳥瞰整個教室空間角落的規劃

貳、積木區的一張地圖

積木區恰有一張老師隨手放入的國立台中科學博物館簡介，這是孩子熟悉的地方，孩子對這張簡介深感興趣，老師特將簡介內的科博館平面圖局部放大。孩子聚在一起研究，並指著說這是廁所，這是吃飯的地方。後來，孩子提出想去科博館，我們帶著科博館的平面圖，和孩子一起去尋找圖上標示的地方（圖 10-2），孩子漸漸會拿著平面圖尋找要去的方向。

圖 10-2　依照科博館平面圖，尋找圖上標示處

參、協助規劃教室學習區

回校後，我們邀請孩子幫忙規劃教室學習區。孩子會以一個地方為參照點，做相對位置的安排。如孩子說：前門進去是科學區，科學區旁邊是英文區，英文區的旁邊是語文區，語文區的旁邊是美勞區，然後又回到科學區，而科學區的對面是裝扮區，裝扮區的旁邊是積木區，積木區的旁邊是益智區……等。

肆、想做個愛彌兒

孩子對空間規劃產生了興趣，也想看看愛彌兒的校園規劃，提議做一個愛彌兒，孩子到美勞區，開始將愛彌兒畫在紙上（圖 10-3），剪下來。

圖 10-3　孩子將愛彌兒畫在紙上

采瑜：這是我做的愛彌兒。
老師：怎麼樣才能讓愛彌兒站起來？
奕孝：穿繩子吊起來（圖 10-4）。
楊蕙：貼在瓶子上面，立起來（圖 10-5）。
采緹：用罐子做，可以站起來（圖 10-6）。
德筠：我們可以用積木蓋愛彌兒。

圖 10-4　穿繩子吊起來（奕孝，4 歲 10 個月）

圖 10-5　貼在瓶子上，立起來的愛彌兒（楊蕙，4 歲 3 個月）

圖 10-6　用罐子做站著的愛彌兒（采緹，4 歲 3 個月）

伍、用積木蓋個愛彌兒

一、第一次搭建愛彌兒

　　孩子以堆高的方式搭建（圖10-7）。老師在積木區加入立體建築物的各式廣告單（圖10-8）。孩子一邊看著廣告單，一邊討論如何蓋出像圖上一樣，可以看到裡面的學校。

二、第二次搭建愛彌兒

　　第二次，孩子改變搭建方式，先圍個可以進去的範圍，因為孩子認為房子應該是人可以住進去的；但仍未出現樓層（圖10-9）。老師帶著孩子從學校外面看愛彌兒（圖10-10），孩子發現，原來愛彌兒旅順分校有兩棟建築物，由三座橋連接而成（圖10-11）。

　　看完後，孩子的畫出現了愛彌兒旅順分校的兩棟建築物（圖10-12）。分享時，我們帶著孩子回到觀看的地方，實景與圖畫對照後（圖10-13），孩子馬上告訴老師，他畫錯了，只有三座橋，不是四座。對於「愛彌兒旅順分校到底有多少層樓？」，孩

圖10-7　以堆高方式搭建愛彌兒

圖 10-10　帶孩子看愛彌兒的外觀

圖10-8　積木區的各式房屋廣告單

圖10-9　用積木圍出一個方框：「房子應該是人可以住進去。」（德筠，4歲8個月）

圖 10-11　連繫愛彌兒旅順分校兩棟樓房的橋

圖 10-12　觀看後第一次畫的愛彌兒兩棟建築物，由四座橋連結（瑋霖，4歲11個月）

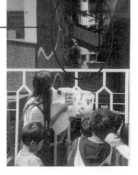

圖 10-13　老師與孩子拿著所畫的「愛彌兒建築物圖」對照實景

子有不同的說法，有人說三層，有人說四層，都不太一樣。

於是，我們帶著孩子實際走愛彌兒旅順分校每一個樓層，讓孩子數數到底走過幾層樓！因愛彌兒旅順分校是由高低不同的兩棟樓，藉由三座樓梯連接而成，對孩子而言，上上下下，不易理清楚。

接著，老師帶孩子坐學校電梯，希望藉由電梯實際操作，讓孩子看到電梯顯示板出現的樓層，例如：箭頭往上，數字從 1 變成 2 時，門打開，表示二樓到了（圖10-14）。當孩子從電梯走出，即已知道這是幾樓，還會指著另外一棟，說這個橋走過去就是另外一棟的二樓。到了三樓時，沛遙（4 歲 10 個月）告訴老師：「學校應該有四樓，因為這裡還有一個樓梯可以上去。」

我們陪著孩子繼續往上一探究竟（圖 10-15），孩子發現，學校果真有四個樓層（圖 10-16）。孩子認為，另一棟愛彌兒應該也有四樓，於是孩子興致高昂的繼續尋找，他們發現一個斜斜地方，說從這裡走過去就可以到另一棟的四樓，順著斜坡轉過去，果真發現一扇門，一打開，智凱（3 歲 10 個月）高興地說：「找到了，真的有四樓耶！」（圖 10-17）。

孩子又畫下他們此次的發現，孩子這次的圖，明顯標示出，愛彌兒有兩棟建築物，中間由三座橋連接，共四層樓，還有地下室（圖 10-18）。

三、第三次搭建愛彌兒

孩子繼續在積木區搭建愛彌兒。用四倍塊積木圍出旅順分校建築物的外圍，用基本塊搭出樓梯，再用四倍塊積木隔出不同的樓層（圖 10-19）；搭建到第三層樓時，四倍塊的積木不夠了，但他們又想蓋有樓層區隔的

圖 10-14　坐電梯～「一樓往上，二樓快到了」

圖 10-15　有四樓，這裡有樓梯可以上去（宸語，4 歲 10 個月）

圖 10-16　往上走，真的有四樓

圖 10-17　另一棟還有另一個四樓

圖 10-18　第二次繪製的愛彌兒旅順分校（俊淞，5 歲 1 個月）

愛彌兒。於是，為了節省積木，孩子改用鏤空方式呈現樓層（圖10-20）。

分享時，孩子提到還缺東西，讓他們不能把學校蓋完整，於是老師提供了板子。有的孩子把板子當地板（圖10-21），有的孩子把它當牆壁（圖10-22），當孩子把四邊圍起來，蓋上屋頂時，孩子發現，怎麼暗暗的，都看不到裡面的東西。

四、第四次搭建愛彌兒

於是，老師和孩子分享《你的房屋我的房屋》（作者／加古里子／1985年漢聲出版）、《奇妙國》（作者／安野光雅／1991年漢聲出版）書中的房屋透視圖，並在積木區加入3D透視圖的房屋廣告單（圖10-23）。

孩子再次以鏤空方式建蓋學校（圖10-24）。他們以四個基本塊積木當作每個樓層的四個支柱，並以夾板隔出每個樓層，再以基本塊積木做出兩棟樓之間的連結橋（圖10-25）。

最後，孩子不忘在一樓的部分，加入愛彌兒的大門。終於完成了「愛彌兒旅順分校」的搭建（圖10-26～10-27）。

～原載於愛彌兒《探索》期刊13期（2003.12出刊）

《探索》主編高琇嬅重新修訂於2008.12

圖10-19　用四倍塊積木圍出學校外圍，用基本塊積木搭樓梯

圖10-20　用鏤空方式呈現出樓層

圖10-21　用板子當地

圖10-22　用板子蓋圍牆

圖10-23　加入3D透視圖的房屋廣告單

圖10-24　再次用鏤空方式搭建

圖10-25　以基本塊積木做兩棟樓間的連接橋

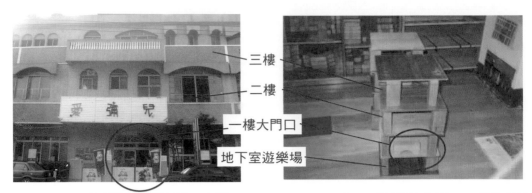

圖 10-26　「愛彌兒旅順分校」大門　　　　圖 10-27　加入愛彌兒的大門，完成了「愛彌兒旅順分校」

✹第二節　用積木蓋出愛彌兒旅順分校活動分析

文／馬祖琳

「蓋愛彌兒旅順分校」的積木課程活動，是源自於幼兒「做愛彌兒」的興趣，以及教師認可運用積木搭建愛彌兒建築物對於幼兒學習的意義與價值，此由師生所共同決定與展開的課程模式，為萌發性課程（emergent curriculum）取向（Jones & Nimmo, 1994）。依據瑞吉歐萌發課程模式分析（Fraser, 2000，引自何素娟等，2006），「旅順愛彌兒」積木活動的學習歷程呈現出幼兒為學習的主導者（protagonist），幼兒為內在思考的溝通者，幼兒們彼此為合作學習者，愛彌兒建築物為第三位教師，身為學習夥伴與引導者的教師提供積木、廣告單、繪本、板子等材料，來延伸幼兒的學習經驗。另外，幼兒溝通者是以畫圖及排積木的表徵符號系統，將其對於愛彌兒建築物的想法與知識轉化為具體化的圖形與積木創作。同時，幼兒的圖畫表現與積木造型也成為教師辨識幼兒建築物結構與空間關係知識發展的重要媒介。

幼兒首先以繪圖方式來「做愛彌兒」。對於教師表徵其「立體化愛彌兒構圖」想法的「怎麼樣才能讓愛彌兒站起來？」提問，幼兒的回應，有就「站起來」的表面字義的詮釋：把圖畫「穿繩子吊起來」、「貼在瓶子上面，立起來」及「用罐子做，就可以站起來了」；有就「站起來」的「立體化」表徵意

義的詮釋，並轉譯為改變表徵形式的「我們也可以用積木蓋愛彌兒」。

在「用積木蓋愛彌兒」的第一次搭建階段，幼兒「以堆高的方式搭建」積木愛彌兒，該積木創作呈現幼兒運用「架橋」、「形式與對稱」的搭建技巧，而堆高的積木造型反映出幼兒對於愛彌兒建築物特徵所形成的「高度」心智表徵（mental representation）。教師為精緻化幼兒對於愛彌兒建築物的心智圖像結構（mental pictures），提供立體建築物的各式廣告單，增加幼兒對於立體建築物內部與外部結構的視覺感知新訊息。幼兒統整廣告單的視覺訊息，重新建構有關建築物結構的心智表徵，於是有「蓋出像圖上一樣，可以看到裡面東西的學校」的構想與搭蓋行動意圖。

第二次搭建階段，有幼兒以「圍牆」積木搭蓋技巧，圍出一個讓人可以「住進去」的建築物「範圍」的積木創作，將積木建築物的範圍與周圍區分開來，此積木建造形式所表徵的「圍出封閉空間」及「裡、外」的拓樸空間關係，反映出幼兒的拓樸幾何知覺能力（perceptions of topology geometry）（Leeb-Lundberg, 1996）。對於幼兒積木建築物未能呈現樓層的結構，教師以增加幼兒視覺訊息及重構視覺心像的方式，教師帶著幼兒從「學校外面」觀察愛彌兒的建築物的整體造型。此次教師所引導的觀察活動，具體聚焦於愛彌兒旅順分校的建築物結構，此與之前的「逛」校園的校園認識與廣泛觀察不同，因此，有幼兒「突然發現，原來愛彌兒旅順分校有兩棟建築物，而且是由三座橋連接而成」的認知。然而，對幼兒而言，此次的觀察記錄仍為表達其個人對於「愛彌兒旅順分校的建築物」的獨特想法、看法和感受，幼兒運用線條、顏色，以象徵性手法表徵兩棟建築物外型、連接建築物的四座橋、樓層分隔層、樓梯階梯、門等心智圖像結構外，並呈現其他生活中體驗，如：太陽、車子、人物等，也就是藉畫圖來說明其內在思想表徵的故事。

依據萌發課程的觀點，環境為第三位老師（the environment as a third teacher）（何素娟等，2006），而愛彌兒旅順分校建築物的多變性內外部結構體，誘發幼兒投入觀察與行動體驗的熱誠，可視為一個資源豐富的學習環境教師。此外，幼兒教師多次引導幼兒實際觀察建築物內外部結構，以精緻幼兒對於建築物結構的視覺心像（任宗浩，2001）與心智模式（mental model）（邱美虹、林靜雯，2002）。在幼兒完成第一次建築物外觀的觀察紀錄圖後，為確定建築物

幼兒創造性思考的表徵經驗：台中市愛彌兒幼兒園積木活動紀實

的連結橋與樓層數量，幼兒拿著自己的圖畫去觀察建築物外觀，並比較兩者差異。比較結果，雖釐清連結兩棟建築物連結橋的數量，但從外觀上仍然無法確定建築的樓層數。幼兒與教師進入建築物內部實際觀察樓層數，教師引導幼兒運用電梯顯示樓層的「數字符號」來「標記」樓層數，並回應幼兒的發現，與幼兒一起由三樓樓梯步行至四樓，並穿過連結橋到另一棟建築物的四樓。幼兒經由此行動經驗所建構的視覺心像與心智模式，反映於幼兒第二次繪製的愛彌兒旅順分校建築物觀察紀錄圖。幼兒以象徵性手法運用線條區隔出兩棟樓的各樓層範圍，再以電梯樓層標示法（B1、1、2、3、4），標記出建築物的樓層數。此單純記錄建築物結構的觀察紀錄構圖，同時也表徵出幼兒所內化的旅順分校建築物結構知識與抽象化數字符號所代表的意義，並表現在後續的積木創作成品上。

在「第三次的搭蓋」階段，幼兒的積木搭建結構也反映出幼兒根基於「確定樓層量」的行動經驗，所形成的建築物結構心智表徵，如：圍出建築物的範圍，搭出有階層狀的樓梯，區隔出不同的樓層等建築物的基本結構特徵。四倍塊數量不足的限制，雖中斷與阻礙幼兒的原始構想，但卻同時誘發幼兒以「變異」搭建構想來完成創作，以透視的方式呈現出樓層。另外，對於建構材料不足的問題，教師以提供新材料（板子）的方式，誘發幼兒變異搭建構想與嘗試，幼兒選擇運用板子的平面屬性，做為地板與牆面的替代品（象徵性）。當幼兒利用板子搭建出並不令人滿意的「裡面暗暗的」房子創作時，教師再度以有房屋透視圖的繪本與廣告單為媒介，引入表徵房屋空間安排的新視覺訊息刺激，激發幼兒運用視覺感知，並經由認知發展的適應（adaptation）歷程，統合樓層觀察行動經驗，重新建構積木搭建構想，進而發展出更為精緻的「鏤空」積木建築物構想。幼兒運用基本塊及板子所完成的鏤空積木建築物造型，亦以象徵手法創造出反映真實建築物基本結構之表徵特性：四層樓高，每層樓的高度一致、每層樓都有樓底板區隔，上面有屋頂，二、三、四樓各有一個連結橋；最後選擇「大羅馬拱門」的拱門形狀積木來象徵大門。

「旅順愛彌兒」課程的學習主題是幼兒所發起，但藉由教師的引導，幼兒的興趣發展為有意識的學習經驗，並經由熱衷參與及學習，幼兒所學到知識與概念超過他們原有的興趣。教師回應幼兒興趣，所引導有關建築物結構的實際

觀察與書面表徵圖像閱讀，為製造視覺心像的手段。幼兒將浮現於幼兒腦海中的視覺心像，轉化為平面構圖與立體積木造型兩個象徵系統，來表徵其所詮釋與理解的建築物結構。幼兒在此以視覺心像為主的心智模式中，自由選擇與轉譯此兩個系統的表徵形式與思考媒介，用以建構及溝通有關於愛彌兒旅順分校建築物的知識及概念。此外，Athey 發現幼兒對於其經驗的表徵方式（不管是在玩遊戲、做模型或畫圖的方式），反映出他們目前對於空間的興趣或認知基模（引自詹勳國等，2003）。

　　幼兒為認知發展的主角（劉玉燕，2002），積木為幼兒環境認知的表達工具（陽婉，2004），繪畫也是幼兒最常用於表達內在想法與知識的重要工具（范瓊方，2002）。簡言之，幼兒描繪的紀錄或規劃圖像，以及積木創作成品，不僅提供幼兒認知發展的紀錄，也提供成人了解幼兒內心世界的管道。此外，幼兒的無限想像與創造思考，透過繪畫及積木創作歷程所精進的表徵能力，而得以發揮。

參考文獻

何素娟、陳彥文、劉夢雲、黃麗錦、林璟玲、沈文鈺（譯）（2006）。**嬰幼兒學習環境設計與規劃**。台北：華騰。

任宗浩（2001）。心智模式動態變化之研究——物理現象的觀察與詮釋。**科學教育學刊**，**9**（2），147-168。

邱美虹、林靜雯（2002）。以多重類比探索兒童電流心智模式之改變。**科學教育期刊**，**9**（2），147-168。

范瓊方（2002）。**幼兒繪畫心理分析與輔導**（再版四刷）。台北：心理。

陽婉（2004）。**學前教育**。台北：台灣培生教育。

詹勳國、李震甌、林心怡、侯美玲、侯淑芬、莊蕙元、戴政吉（譯）（2003）。**幼兒數學發展與教育：零歲到六歲**。台北：心理。

劉玉燕（譯）（2002）。**兒童、空間與關係：兒童環境設計的後設方案**。台北：光佑。

Fraser, S. (2000). *Authentic childhood: Experiencing Reggio Emilia in the classroom*. Scarborough, ON: ITP Nelson.

Jones, E., & Nimmo, J. (1994). *Emergent curriculum*. Washington, DC: NAEYC.

Leeb-Lundberg, K. (1996). The block builder mathematics. In E. S. Hirsch (Ed.), *The block book* (3rd ed., pp. 9-26). Washington, DC: National Association for the Education of Young Children.

chapter 11

科學本質的創作與問題解決歷程

第一節 愛彌兒積木活動實例：單位積木蓋的「溜滑梯」（中班）

文／陳佩婷 嘉南藥理科技大學嬰幼兒保育系、東海大學所長班

期初，孩子仍沉浸於火車與鐵軌的搭蓋，老師發現孩子搭蓋主題多為舊經驗（圖 11-1），所以希望孩子嘗試不同的搭蓋主題，因此老師在積木區加入許多圖片與圖鑑。慢慢的，開始有孩子會主動翻閱積木區的圖鑑，也提出不一樣的想法，孩子提到可以蓋圖鑑上的城堡、廟、教堂⋯⋯等，部分孩子提到可以蓋和遊樂場一樣的溜滑梯；溜滑梯是孩子天天接觸的，十分貼近孩子的生活經驗。

圖 11-1 積木作品：火車（柏皓，4 歲 10 個月）

壹、斜斜、直直、轉彎、捲捲的溜滑梯

老師：聽起來好像很好玩，那溜滑梯要怎麼蓋？

駿辰：很簡單啊！只要用積木，然後放在另外一個高高的積木上面，這樣斜斜的就是溜滑梯了！

老師與孩子一起討論溜滑梯的外型與特徵，請孩子將自己的想法畫下來。

祺樺：溜滑梯是斜斜的、滑滑的。

姝宇：也有彎彎的（螺旋形）。

駿辰：往上跟往下的溜滑梯（波浪形）（圖 11-2）。

乙璇：像龍捲風的溜滑梯（圖 11-3）。

柏皓：溜滑梯，可以讓人溜下來的……。

搭蓋時，孩子先將積木堆疊變高，再將四倍塊積木的一邊架高在積木上，當作溜滑梯的斜面。孩子搭蓋單向溜滑梯（圖 11-4）、雙向溜滑梯（圖 11-5）、轉彎溜滑梯（圖 11-6）、捲捲（彎彎曲曲）溜滑梯（圖 11-7）等不同形式的溜滑梯。角落分享時，孩子們針對單向和雙向的溜滑梯提出看法：

乙璇：它不像溜滑梯，太矮了。

祺樺：沒有很斜，不好玩。

姝宇：要高一點。

芝瑄：它是直直的，沒有一轉一轉的。

駿辰：沒有樓梯怎麼上去？

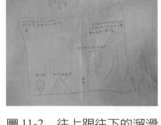

圖 11-2　往上跟往下的溜滑梯（駿辰，5 歲 2 個月）

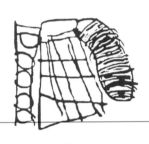

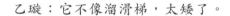

圖 11-3　像龍捲風的溜滑梯（乙璇，5 歲 3 個月）

圖 11-4　單向的溜滑梯（育德，5 歲 3 個月）

圖 11-5　雙向的溜滑梯（采瑄，4 歲 8 個月）

圖 11-6　搭蓋轉彎的溜滑梯（安豫，5 歲 9 個月）

圖 11-7　捲捲的溜滑梯（宗勳，5 歲 7 個月）

貳、樓梯的搭蓋

「樓梯要怎麼蓋呢？」老師提出疑問，透過分享，老師知道孩子對樓梯的概念是——「樓梯會越來越高」、「後面會比前面多一個」。於是，藉由孩子們在益智區用古氏數棒排樓梯（圖 11-8、圖 11-9），加強孩子對樓梯的概念。

圖 11-8　用古氏數棒排樓梯（柏皓，4 歲 10 個月）

圖 11-9　用古氏數棒排樓梯（婷椏，5 歲 5 個月）

搭蓋樓梯時，孩子運用了不同鋪排的方式：

1. 先數好數量，將積木全部平鋪地上，再以一層多一個積木的方式慢慢墊高（圖 11-10）。

2. 由低至高排列：第一排一塊，第二排二塊，第三排三塊（圖 11-11）。

3. 由高至低排列：先決定要蓋多高（幾層）再逐層減少一塊積木（圖 11-12）。

參、決定樓梯的高度

過程中，孩子知道樓梯的高度會影響溜滑梯的高度，以及溜滑梯斜坡積木的長度，於是，我們與孩子一起嘗試使用不同長度的積木當做高度標準，蓋出溜滑梯。

嘗試後，孩子們決定使用最長的四倍塊積木，當做樓梯的高度。

圖 11-10　先平鋪底層再慢慢墊高（芝瑄，4 歲 9 個月）

圖 11-11　由低至高排列（祺樺，5 歲 2 個月）

圖 11-12　由高至低排列（安豫，5 歲 7 個月）

育德：用四倍塊比較好，因為四倍塊可以撐得住積木。

妹宇：溜滑梯要有支撐的地方，四倍塊比較堅固。

辰宇：溜滑梯要高一點，太矮不好看，也比較不好玩。

搭蓋過程：

1. 用直立的基本塊當高度標準時，樓梯的階梯數是三個再多一點點，四個再少一點點（圖 11-13）。

2. 用直立雙倍塊當高度的標準——樓梯的階梯數是七層（圖 11-14）。

3. 用直立四倍塊當高度的標準——樓梯的階梯數是十四層（圖 11-15）。

圖 11-13　直立的基本塊是三層再多一點點、四層再少一點點（育德，5 歲 3 個月）

圖 11-14　直立的二倍塊有七層高（辰宇，5 歲；祺樺，5 歲 2 個月）

圖 11-15　直立的四倍塊有十四層高（育德，5 歲 3 個月；辰宇，5 歲）

肆、樓梯與坡道的連結

完成樓梯搭蓋後，孩子遇到第二個問題。在樓梯與坡道的連結上，孩子是直接把坡道架在樓梯上，因此銜接處凸了起來（圖 11-16）。分享時，其他孩子也發現坡道與樓梯直接銜接處凸起來的問題。

圖 11-16　坡道與樓梯直接銜接處凸起（祺樺，5 歲 2 個月；安豫，5 歲 7 個月；宗勳，5 歲 7 個月）

駿辰：我覺得積木區的溜滑梯跟遊樂場的
　　　溜滑梯不一樣！積木區的溜滑梯溜的地方凸起來，好危險！
祺樺：溜滑梯應該是平平的，沒有翹起來。
安豫：這裡（坡道與樓梯銜接處）凸凸的，會害人家跌倒。
姝宇：溜滑梯不是走上去就直接溜的啊！
乙璇：它要先走一段路才溜。

發現問題後，老師邀請孩子一起畫出設計圖（圖 11-17），孩子依照設計圖一起搭建出可以讓人走上去的樓梯。孩子也用四倍塊支撐銜接樓梯與坡道間的平面空間（圖 11-18），不過，搭建溜滑梯時，平台倒了！

孩子說：「因為四倍塊太重了！」孩子再一次嘗試將四倍塊（溜滑梯坡

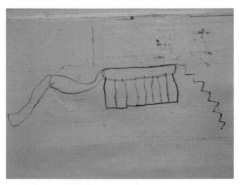

圖 11-17　畫的溜滑梯設計圖（姝宇，5 歲 7 個月）

圖 11-18　搭蓋坡道與樓梯間的平台（睿鈞，5 歲 9 個月；乙璇，5 歲 3 個月）

面）架上去，積木還是倒了。二、三次後，孩子決定讓樓梯與坡道間的支撐點靠近一點，增加穩固性（圖 11-19），並在坡道頭再加一排由四倍塊做成的牆當支撐（圖 11-20），不過溜滑梯還是倒了！

> 老師：為什麼我們的溜滑梯一直倒？
>
> 育德：因為積木太重了。
>
> 宗勳：因為溜滑梯太短，不夠長，它就一直掉下去。
>
> 老師：怎麼辦？
>
> 姝宇：先把溜滑梯變長，下面再放積木靠著。

伍、增加支撐物與改變支撐點

姝宇與宗勳改變策略，在溜滑梯斜坡底端加上積木當支撐（圖 11-21），不過孩子發現，這樣蓋好的溜滑梯坡道仍會凸凸的。

孩子修正搭建方式，改在溜滑梯斜坡下面加支撐物（圖 11-22）。姝宇說：「讓撐住溜滑梯的那個積木站起來，像樓梯一樣。」解決了溜滑梯坡道太短、容易倒下的問題後，孩子發現，溜滑梯的坡道雖然不會倒，可是溜滑梯坡道卻會一直往下滑……

圖 11-19　不斷拉近積木與積木的距離，顧及穩固性（育德，5 歲 3 個月）

圖 11-20　加四倍塊積木做成牆以支撐（育德，5 歲 3 個月）

圖 11-21　在溜滑梯斜坡底端加上積木當支撐物（育德，5 歲 3 個月；姝宇，5 歲 7 個月）

宗勳：因為沒有用東西撐住。

姝宇：那是因為下面的積木沒有碰到上面
　　　的積木。

老師：有什麼好辦法可以解決？

育德：那就加多一點積木在溜滑梯下面，
　　　它就可以撐住溜滑梯了。

姝宇：把下面的那一些積木蓋得像樓梯一
　　　樣，溜滑梯就會躺在上面了。

圖 11-22　在溜滑梯斜坡下面加支
撐物（姝宇，5 歲 7 個月）

　　孩子以蓋樓梯方式搭蓋，在坡道下面增加更多的積木支撐（圖 11-23），
並由下而上鋪設坡道，卻讓溜滑梯坡道出現不順、不平整，孩子再調整，改為
由上而下鋪坡道，溜滑梯還是往下滑。因此，育德提出：「因為積木下面（坡
道底端）沒有東西擋住，我們可以用很重的積木擋住就不會滑下來了。」（圖
11-24）。

陸、調整斜坡扶手及坡道下方的緩衝處

　　孩子搭蓋好溜滑梯坡道後，興奮地以玩偶試溜，孩子發現：「如果溜斜斜
的話，人會掉出去！」於是老師帶孩子到遊樂場溜滑梯，看看「為什麼遊樂場
的溜滑梯不會讓小朋友跌出去！」（圖 11-25、圖 11-26）。

圖 11-23　以樓梯方式搭蓋，增加更多的
積木支撐

圖 11-24　在坡道下面增加更多的積木支
撐（祺樺，5 歲 2 個月；育德，5 歲 3 個
月；辰宇，5 歲；姝宇，5 歲 7 個月）

圖 11-25　到遊樂場試滑溜滑梯
（睿鈞，5 歲 9 個月）

圖 11-26　到遊樂場試滑溜滑梯（育德，
5 歲 3 個月；芝瑄，4 歲 9 個月）

睿鈞：溜滑梯彎彎的，會讓我彎來彎去，旁邊有扶手，保護不讓人家跌倒。

姝宇：樓下的溜滑梯有手把可以擋住，人不會掉出去，而且它比較寬。

芝瑄：我溜溜滑梯的時候，感覺它好像龍捲風一樣，因為它一轉一轉的，而且它有蓋住和把手，不會讓小朋友掉下去。

俊幟：溜滑梯都有可以扶著的那一個，你溜不下去的時候，可以用扶的那一個推，而且它不會害你跌倒。

　　回教室後，孩子把自己的發現與大家分享，並將四倍塊積木排放在溜滑梯坡道上當扶手（圖 11-27），並以半圓形積木塞住坡道與平面空間銜接處凹下去的地方（圖 11-28），再貼上白紙，溜滑梯就變平了（圖 11-29）；孩子依照遊樂場溜滑梯的造型，增加屋頂（圖 11-30），完成第一次的溜滑梯（圖 11-31）。

　　孩子再次以布偶試溜（圖 11-32），發現溜滑梯坡道往下滑的部分，用教具籃擋住不好看，也和真實的溜滑梯不一樣。駿辰提到：「我溜滑梯的時候不會直接掉到地上，也不會撞到籃子，是會慢慢、慢慢停下來。」「因為溜滑梯會慢慢變成平平的。」於是孩子試著使用四倍塊積木延伸溜滑梯的坡道，當作緩衝處（圖 11-33），如此一來，便解決了溜滑梯坡道往下滑的問題！

圖 11-27　將四倍塊積木排在溜滑梯坡道上當扶手（育德，5 歲 3 個月；芝瑄，4 歲 9 個月）

圖 11-28　用半圓形積木塞住銜接坡道處

圖 11-29　貼上紙張使坡道平整（宗勳，5 歲 7 個月；姝宇，5 歲 7 個月）

圖 11-30　孩子依照遊樂場溜滑梯的造型，增加屋頂（育德，5 歲 3 個月）

圖 11-31　第一次完成的溜滑梯

圖 11-32　以布偶試溜溜滑梯（育德，5 歲 3 個月；宗勳，5 歲 7 個月；姝宇，5 歲 7 個月）

柒、積木替換的統整

搭蓋溜滑梯坡道與支撐點時，因二倍塊積木不夠用，老師藉機與孩子討論積木替換的問題。

老師：二倍塊積木都沒有了，怎麼辦呢？

安豫：可以用兩個基本塊積木啊！

睿鈞：也可以用大方塊……，要一、二、三、四個。

姝宇：用三角形的積木，也可以變成二倍塊。

乙璇：比較大的三角形跟比較小的三角形都可以變成二倍塊、四倍塊。

祺樺：兩個大的三角形是二倍塊，兩個小的三角形是小方塊，如果有八個就可以變成二倍塊了。

圖 11-33　增加緩衝處，解決溜滑梯坡道往下滑的問題（駿辰，5 歲 2 個月）

老師邀請孩子一起為所有積木進行替換（圖 11-34、圖 11-35），將結果以紙筆記錄下來與大家分享（圖 11-36、圖 11-37）。

當孩子們模擬積木的替換後，開始動手替換溜滑梯的單位積木，孩子們以兩個三角塊組成一個基本塊或兩個大三角塊組成一個二倍塊，替換樓梯的基本塊及二倍塊，節省基本塊及二倍塊的使用（圖 11-38）。搭蓋支撐滑道的過程中，除了積木長度的替換外，孩子也發現了積木長與寬的比例。育德與祺樺說：「我發現積木一個站著，一個躺著……到最後就會變成剛剛好了。」（圖 11-39）他們以一個二倍塊加一個基本塊和一個立方塊當成溜滑梯的滑道支撐，並依序隔兩排遞減一個立方塊的高度。孩子們以積木替代方式，解決二倍塊不夠的問題，也重新完成較美觀整齊的溜滑梯（圖 11-40）。

圖 11-34　孩子進行積木替換（安豫，5 歲 9 個月）

圖 11-35　孩子進行積木替換（姝宇，5 歲 7 個月）

圖 11-36　孩子記錄積木替換的結果（姝宇，5 歲 7 個月；辰宇，5歲）

圖 11-37　積木替換結果紀錄圖（姝宇，5 歲 7 個月）

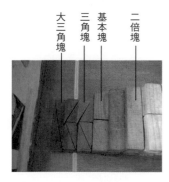

圖 11-38　用基本塊、大三角與三角塊來代替二倍塊

圖 11-39　育德與祺樺說：「我發現積木一個站著，一個躺著……到最後就會變成剛剛好了。」

圖 11-40　美觀整齊的溜滑梯完成了！

❋第二節　中班孩子建構「溜滑梯」的學習經驗

文／楊蕙鍈

　　當某件事上手的時候，人總是習慣不斷的重複進行或加以修正、改造得更精緻，孩子也不例外。如他們對上學期搭建的火車站信心十足、且興致高昂時，這個搭蓋的主要物件總會是積木區的焦點，一位敏銳度且挑戰性高的老師，在此需扮演一位訊息的提供者、興趣的觀察者，提供孩子與生活經驗相關的參考資訊，等待並捕捉孩子的興趣焦點，以不同的學習內容再次豐富孩子的學習經驗。溜滑梯的搭建歷程中，老師為了顧及不同孩子的興趣及個別化發展，搭蓋初期，積木區中出現多為個人式的、物件較小的作品，透過個別性的搭建，老師可以檢視每位孩子對目標物的認知，及積木搭建的能力現況。當孩子們開始聚焦、有共同搭建目標時，老師為了保留多數人的興趣，直到搭蓋中期，積木區幾乎維持兩組較大型的創作同時存在，一是溜滑梯、一是中國傳統式建築。此時，老師增加孩子們合作性，及對單位積木特性運用能力的檢視。

　　為什麼教育學者向來不斷重視孩子操作積木的經驗，Harriet Johnson 提出三點看法：

　　1. 透過自由建構玩具，可以自然增加孩子和環境互動的能力。

2. 積木和類似教材提供了各種可能性，孩子排積木時，會表現出節奏性、圖形和設計等概念。

3. 孩子透過積木或類似教材能重現過去的經驗（引自臧瑩卓，2004）。

建構溜滑梯過程中，孩子們不斷以校園內的溜滑梯為他們創作的藍本，「捲捲的、轉彎的」一直是他們期待的目標，但受限於弧形積木搭的主體結構不夠大，孩子們改而嘗試簡易式的溜滑梯。從搭建過程中，分析他們平日接觸頻繁的溜滑梯的構造，主要包含：樓梯、滑道、銜接樓梯與滑道的平台、滑道旁的扶手，及滑道下方的緩衝處。孩子們從每日爬上爬下溜滑梯的經驗中，將溜滑梯的完整結構逐一分解，並透過積木再次重組結構。重組過程中，他們體驗了力學中的平衡、斜面支撐、高度與斜面坡度的關係、物體在緩坡與陡坡滑行的差異等。樓梯的堆疊過程中，孩子們利用數量遞增（遞減）的概念，展現他們對序列的了解。單位積木的替換，孩子們也表現出幾何圖形的認識（兩個三角形可結合出一個長方形），及對單位積木特性的了解，如：兩個基本塊等於一個二倍塊、兩個二倍塊等於一個四倍塊，以此做為數量計算的基礎。而整座溜滑梯造型美感的呈現，與積木幾何形狀的堆疊也有很大的相關，初次完成的溜滑梯，孩子任意拿取不同大小的積木置於滑道下方做為支撐物，從側面看出整個支撐結構的未規劃；當孩子替換單位積木後，修正支撐結構較為一致性，則能展現出設計與美感的作品，就如同許多古文明的建築其造型藝術的展現，來自於精密的幾何與數學的計算。

課程進入尾聲時，老師們再次回顧孩子一路的學習，或許當這群孩子們能力日漸成熟、下次積木搭建時，老師仍是依著他們的生活經驗，再次挑戰更高層次的能力，不再以堆疊式的支撐方法，而是尋找支撐點，以最少積木支撐物體為原則，並進行更複雜的數量替換與計數，創作另一個積木作品。

～原載於愛彌兒《探索》期刊 21 期（2007.11 出刊）

✿ 第三節　積木溜滑梯活動分析

文／馬祖琳

在「單位積木蓋的溜滑梯」的建構遊戲活動中，幼兒由個別堆疊象徵性溜滑梯的平行遊戲，發展至共同複製溜滑梯模型的合作遊戲。前者的積木用途為替代物，表徵幼兒個人「溜」滑梯的知覺經驗，如：以高低斜放一塊雙倍塊積木做為坡道的方式來象徵溜滑梯；後者的積木用途除為建構材料外，尚兼具實驗性功能，幼兒可用於「實驗」解決積木堆疊問題的構想（Leeb-Lundberg, 1996）。如：幼兒持續拉近積木之間距離，用以解決「銜接平台」不穩固的問題。在建構積木溜滑梯的歷程中，教師是採用「問題解決」取向之引導方式，引導幼兒自發性思考如何解決積木建構上的問題，而達成複製溜滑梯模型的目標。幼兒在搭蓋「溜滑梯的樓梯」與「為撐住坡道而鋪排的樓梯」兩項樓梯創作歷程中，運用積木的數學關係特性，完成包含數量關係的「後面會比前面多一個積木」之樓梯造型創作構想，以及包含比例關係的「積木替換」之積木數量不足解題構想。另外，幼兒的解題歷程呈現出幼兒天生解決問題的能力，例如：雖然幼兒沒有領悟到需要運用物理的「力學」知識，但卻能採用「擋住」的自然想法與舉動，成功解決四倍塊積木坡道會往下滑落的問題，並觀察到積木之間的力學作用現象。

壹、思考類型與引導策略

在活動歷程中，教師以近似於「挑戰思考」的引導策略，協助幼兒練習基礎思考（basic thinking），並進階運用高層次思考（advanced thinking）來解決積木搭建所遭遇的問題（MacDonald, 2001）。此挑戰思考引導策略，是指經由開放式提問方式來增進幼兒的思考層次，而基礎層次的思考，包含：回想資訊內容的知識性思考（knowledge）、詮釋事件意義的理解性思考（comprehension），以及變化問題解決策略的應用性思考（application）。高層次思考則包含：發現影響因素的分析性思考（analysis）、以新思維統整個別經驗的整合性

思考（synthesis）、依據目的判斷材料實用性的評估性思考（evaluation）。

活動初期，幼兒個人所搭蓋的積木溜滑梯（如：安豫、祺樺與育德的作品）是以高低斜度的「積木坡道」特徵來象徵溜滑梯，此簡易結構的搭蓋構想偏向基礎思考的運用，例如：回憶「溜」滑梯經驗的知識思考、覺察坡道高低落差特徵的理解性思考，以及運用長條形積木斜放來表徵坡道的應用性思考。活動後期，幼兒為回應同儕對於積木溜滑梯結構的檢視，增加「樓梯」以及用於連接樓梯與坡道的「平台」結構，以完成更貼近寫實結構的積木溜滑梯模型複製。在此建造歷程，幼兒運用高層次思考解決搭建問題，例如：認為平台會倒塌的原因是四倍塊太重的分析性思考，統整多次撐住坡道失敗經驗，而創新出「以樓梯支撐坡道」來增加支撐點之統整性思考，以及選擇四倍塊積木當作坡道扶手與緩衝墊的評估性思考。

教師所循環運用的思考引導步驟為（參見圖 11-41）：(1)提問與佈題：以「如何蓋？」「怎麼辦？」「有什麼好辦法可以解決？」等開放式提問，或是問題明確化的提問，引發幼兒對於問題深入思考。(2)發表與討論：引導幼兒針

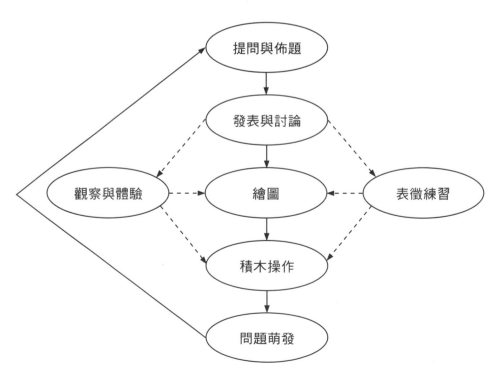

圖 11-41　積木遊戲引導策略循環架構圖

對被表徵實體，進行經驗分享、結構特徵描述與檢視，以及建造行動構想發表。(3)以繪圖方式表徵想法：鼓勵幼兒以類似於設計圖方式，將個人內在想法或團體討論結果之構想繪製於紙上。(4)表徵練習：運用教具（古氏數棒）或積木強化幼兒內在表徵與外在工具之間的連結經驗。(5)觀察與體驗：增加幼兒解題思考的訊息與靈感來源。(6)積木操作：幼兒運用積木表徵內在知覺經驗，或依據預先構想圖堆疊積木，並持續實驗與修正堆疊方式，直至完成積木創作。(7)問題萌發：積木操作期間若有問題產生，教師則又由步驟一的「提問」開始，引導幼兒聚焦於另一階段的積木搭建構想思考。

貳、積木表徵經驗

　　在第一階段的「斜斜、直直、轉彎、捲捲的溜滑梯」建造活動中，教師引導幼兒思考的步驟為（參見圖 11-41）：溜滑梯怎麼蓋的佈題→溜滑梯外型與特徵的團體討論→構想繪圖→積木操作→積木溜滑梯結構特徵檢視的團體討論→樓梯怎麼蓋的提問，並開始引導幼兒聚焦於第二階段「樓梯的搭蓋」之思考歷程。如前述的基礎層次思考說明，第一階段的團體討論內容、幼兒圖畫與積木創作表現，反映出幼兒對於溜滑梯外型與特徵的回憶、理解及應用思考，皆聚焦於「溜」滑梯行動的知覺經驗與主觀感受。誠如Bruner的名言「洞是用來挖的」，幼兒定義事情的方式是透過他們從事的活動，而不是它們的名稱。對幼兒而言，地上挖的一個洞並不被視為是一個東西——洞，而是一項活動——挖（引自葉淑儀、楊淞丞、吳雅玲、蘇秀枝、黃文娟、莊美玲，2005）。幼兒描述溜滑梯的內容，反映了幼兒的行動知覺經驗，如：「溜滑梯是斜斜的、滑滑的」、「有也彎彎的（螺旋形）」、「往上跟往下的溜滑梯（波浪形）」、「可以讓人溜下來的」等，以及「只要用積木，然後放在另外一個高高的積木上面，這樣斜斜的就是溜滑梯了啊！」的搭蓋構想說明。幼兒的溜滑梯特徵構圖，也反映了幼兒由行動經驗與感受所形成的心像與心智模式：溜滑梯結構包含往上爬的「樓梯」與往下溜的「坡道」（駿辰與宗勳）；而「像龍捲風」及「捲捲的」溜滑梯圖像內容（乙璇與宗勳），則表徵幼兒滑行有彎曲坡道溜滑梯經驗的顯著知覺向度。

　　在幼兒所搭建的單向、雙向、彎彎曲曲的簡易式溜滑梯創作中，積木的用

途是替代物，幼兒選擇四倍塊與雙倍塊積木的合理外形（長條形）來表徵坡道（如：育德、祺樺與育德、采瑄的作品）。另外，安豫的彎彎曲曲溜滑梯，則是運用二倍塊積木與圓形拱塊積木組合而成，並用來象徵有直行與彎曲坡道的溜滑梯特殊結構。此外，幼兒的簡易結構成品，皆以斜放積木的方式來表徵坡道高低落差的結構，也反映了幼兒對於溜滑梯結構的顯著知覺與記憶。此以顯著知覺為基礎的積木溜滑梯素樸創作，在教師引導幼兒進行結構檢視的團體討論時，面臨「知識不完整」的挑戰，同儕幼兒以複製真實物的思考方向，比較積木溜滑梯與真實溜滑梯之間的結構差異，並提出結構細節缺失的質疑。

參、科學本質的解題歷程

第二階段的積木建構活動，包含「樓梯要怎麼蓋呢？」與「決定溜滑梯（樓梯）高度」兩個思考主題，教師引導幼兒思考的步驟分別為（參見圖11-41）：怎麼蓋樓梯的佈題→樓梯結構特徵的討論→樓梯結構的具體表徵練習→積木樓梯堆疊；以及樓梯高度與坡道斜度關係的提問→樓梯高度與坡道斜度關係的討論→不同高度的積木樓梯堆疊練習→決定樓梯高度。

在「樓梯要怎麼蓋呢？」的解題歷程中，教師為強化幼兒內在表徵與外在工具之間的連結經驗，運用「古氏數棒」的長度序列關係，讓幼兒體驗與練習「樓梯會越來越高」與「後面會比前面多一個（階梯）」的具體表徵呈現方式，並轉換運用於積木操作上。無論是古氏數棒的排列或是後續積木樓梯的鋪排，幼兒是以數量的排序關係為架構，採用多一個或少一個積木的排序標準，並以遞增或遞減的橫放排列方式完成樓梯造型。此外，幼兒選擇相同種類的積木做為建構材料，為其分類能力的展現。幼兒以遞增或遞減排列方式所完成的積木樓梯作品，一方面呈現出樓梯結構的心像，另一方面也具體呈現數與數之間量的關係。然而，積木成品所表徵的數量關係，必須由幼兒賦予意義，此數量關係才存在，否則對幼兒而言，只是一組與樓梯造型相似的積木素材組合。換言之，此類具數量遞增（遞減）特徵的積木樓梯成品，可能只是單純反映幼兒內在的階梯結構心像（圖像），以一塊積木象徵一層階梯，幼兒並不知道積木材料之間的數量關係，但也可能是幼兒運用已有的數量關係概念所完成的作品，而也有可能是成品刺激幼兒去發現積木樓梯所表徵的數量關係。

基於幼兒對於樓梯高度、溜滑梯高度與斜坡積木長度之間的相互影響關係認知，教師以「決定溜滑梯（樓梯）高度」的佈題，引導幼兒比較以直立的基本塊、雙倍塊、四倍塊為高度基準的樓梯階梯數。經由操作比較後，幼兒發現四倍塊高度的十四層階梯為最多也最高，並認為「溜滑梯要高一點，太矮不好看，也比較不好玩」，因而決定採用四倍塊積木的高度做為樓梯的高度。就幼兒的說明內容，可推論幼兒對於溜滑梯高度與好玩的趣味性（速度快）之間的關係性思考（relational thinking），主要是源自於平時的遊戲經驗與知覺感受。依據 Johnson-Lair 所提出的心智模式觀點（引自林伶芳，2004），心智模式可被分成物質心智模式與概念心智模式，其中物質心智模式是指個體與外在物質實體互動經驗所形成的內在認知模式，而概念心智模式則是指個體經由理解科學法則或抽象概念所形成的內在認知模式。幼兒的問題解決是依賴幼兒已建構完成對外在世界個別發展的內在感官認知模式，所發展的解題策略（段慧瑩、黃馨慧，2000），因此，可推論幼兒的心智模式是由感官經驗所形成的物質心智模式為主。換言之，幼兒並不需要理解重力加速度的抽象概念，才能洞察高度與速度的相關性，從遊戲經驗所形成的內在心智模式，可幫助幼兒自我詮釋高度與速度的關係。重力加速度是指物體落下的速度會隨著高度的增加而加快速度。

綜上所述，在此解題歷程中，幼兒是以源自於平時遊戲經驗所形成的心智模式，來處理及回應教師的提問與佈題，並不一定需要領悟用於解決問題的科學抽象概念，才能發展解題方案。換言之，幼兒為天生的問題解決者，在一個自由、探索及有意義的遊戲情境中，許多源自生活體驗的初步的理解力（pre-liminaries）與解決問題能力就會產生連結（段慧瑩、黃馨慧，2000），並啟動幼兒進行思考、推論、探究的解題歷程。

肆、結構問題的解題歷程

基於幼兒源自於「溜」滑梯行動經驗所形成的結構心像：樓梯與坡道；在完成樓梯的搭蓋後，幼兒將四倍塊積木所組合而成的坡道，直接架在樓梯上，因此，產生第三階段解決溜滑梯「樓梯與坡道的連結」處有凸起來的問題。教師引導幼兒解題思考的步驟為（參見圖 11-41）：問題發現（結構凸出問題）→

討論→問題聚焦（坡道的放置位置）→解題構想繪圖（增加銜接平台）→積木結構修正操作→新問題發現（積木成品容易倒）→問題聚焦再提問（為什麼、怎麼辦）→討論（影響因素分析與修正構想）→積木結構修正操作（增加樓梯的支撐點）。在坡道凸出來問題的團體討論內容中，幼兒關注於積木結構實用性的功能（例如：會害人跌倒，要先走一段路才溜），於是構想增加用於連結樓梯與坡道的平台結構。對應於討論的結果，幼兒的符號化結構圖示（姝宇的設計圖），呈現出樓梯、平台與坡道的結構圖示。幼兒搭建的方式，是運用直立的四倍塊來搭蓋平台結構，並在平台上斜放四倍塊當作坡道，但卻面臨此積木造型不斷倒塌的困境。幼兒針對坡道與銜接平台無法穩固問題的討論內容與解題行動，反映出幼兒的分析性思考：積木太重、平台積木素材的間隔太大（幼兒拉近積木距離的行動）、溜滑梯（坡道）太短；以及幼兒運用統整性思考所提出的新修正構想：先把溜滑梯（坡道）變長，下面再放積木靠著（支撐著）。

第四階段「增加支撐物與改變支撐點」的解題策略，是用於解決象徵溜滑梯坡道的四倍塊積木容易倒往下滑的問題。幼兒所採取的策略分別為：在積木坡道的底端加上橫放的積木做為支撐物來阻擋積木坡道的下滑（姝宇與宗勳），以及在坡道的下面加上直立式雙倍塊積木做為支撐物來支撐積木不要倒下（姝宇）。前者解決了坡道下滑的問題，後者雖能撐住坡道，但是積木坡道仍會下滑。在積木坡道的底端加積木，而使得積木坡道不會下滑的原理，是橫放在底端的支撐積木與地面接觸的面積較大，所以產生的摩擦力也較大，因此，底端積木的摩擦力能抵銷斜放積木的向前分力，而使得積木坡道不會下滑，但是，此種組合方式仍然會有積木坡道凸出的問題沒有解決。於是，幼兒改為嘗試以直立式雙倍塊積木為支撐物的解題想法，但因直立雙倍塊與地面接觸的面積較小，所產生的摩擦力也較小，因此，雙倍塊積木的摩擦力無法完全抵消斜放積木的向前分力，所以積木坡道仍會有下滑的情形。

幼兒再次分析積木坡道下滑原因，其想法有：沒有東西「撐住」，下面積木沒有「碰」到上面的積木，「多」加一點積木在「下面」就可以「撐住」溜滑梯。此分析說明，反映出幼兒已由觀察及操作行動經驗中，建構、形成阻擋積木下滑的感官認知模式（段慧瑩、黃馨慧，2000），其內容為：要有支撐物，支撐物與積木坡道要有接觸（點），積木支撐物要放在坡道的下面。於

是，幼兒統整上述的感官認知，提出在積木坡道下面搭蓋樓梯來增加更多支撐物（接觸面）的新構想：「把下面的那一些積木蓋得像樓梯一樣，溜滑梯（坡道）就會躺在（樓梯）上面了。」當幼兒發現躺在樓梯上面的四倍塊積木仍然會下滑時，幼兒又再度提出「因為積木下面（坡道底端）沒有東西擋住，我們可以用很重的積木擋住就不會滑下來了」的解題想法，並採取「在積木坡道下面（底端）增加更多積木」與「延伸加長坡道」的對應解題行動，成功地「擋住」了下滑的坡道，並完成表徵溜滑梯結構特徵的積木表徵物，包含樓梯、坡道與銜接平台等基本結構，但沒有其他裝飾性細節。

在上述的解題歷程中，雖然幼兒的原始構想是認為在坡道下面搭蓋樓梯，坡道可以躺在上面就不會倒下。若採用力學的觀點，此解題策略不成功的原因是，四倍塊積木坡道實際與積木樓梯的接觸點並不多，僅與積木樓梯的階梯邊緣有接觸，因此積木階梯所產生的摩擦力小，無法有效抵消四倍塊積木的向前分力，使得積木坡道仍然會下滑，雖然積木樓梯的階梯結構確實增加了積木坡道的支撐物與接觸點數量。「很重」的底端積木之所以能擋住下滑坡道的原理是，積木坡道與底端積木接觸時，積木坡道的向前作用力使得底端積木與地面產生摩擦力，當底端積木的摩擦力加上本身的重量（重力）所產生的力量大於積木坡道的向前分力時，底端積木就可以擋住下滑的積木坡道。此抽象的力學概念無法經由直接觀察積木操作結果獲得，但是幼兒以積木「撐住」坡道與「擋住」坡道的動作，使得積木間產生力學作用，而且具體呈現出可明顯觀察到的積木間力學相互作用現象與結果，幼兒因而能以觀察到的物理現象形成感官認知模式（或稱為物質心智模式）。例如：上述的支撐物、多點接觸、很重的積木擋住等。幼兒依據此心智模式詮釋與推理積木下滑的問題情境，並構思解題策略，而不需依賴抽象的物理概念知識。如同 Piaget 的幼兒物理知識觀點（physical knowledge）（陳燕珍，1999），透過積木建構遊戲的解題歷程，幼兒經由嘗試錯誤的解題實驗，以及行動結果的觀察與省思，所獲得的物理知識為其所觀察到的物理現象，而非對物理科學原理與法則的理解。再者，本階段的積木遊戲所提供的開放式解題遊戲，也呼應 Piaget 所主張的幼兒物理知識活動類型（陳燕珍，1999）；物理知識活動是指，提供幼兒操作物體並觀察物體反應的機會，讓幼兒自主（autonomy）建構物理學的基礎知識，並非教導科學

概念、原理。另外，幼兒試著找出為什麼會發生這樣的問題，以及他們可以做什麼改善的解題歷程，是幼兒為回應教師的開放式提問與佈題，所採取的自發性思考、詮釋以及推論。教師的開放提問引導功能並不在於教導或示範幼兒解題技巧，而在於啟動及延續幼兒對於問題情境的再思考，並使得幼兒能持續且專注於變異、實驗解題策略構想，進而完成解決（積木結構）問題的自助式任務。

伍、溜滑梯結構細節化歷程

在第五階段的「調整斜坡扶手及坡道下方的緩衝處」之解題歷程中，教師引導幼兒思考的步驟為（參見圖 11-41）：問題發現（坡道缺少安全防護結構）→觀察與體驗（真實溜滑梯的安全措施）→發現分享（真實溜滑梯的結構）→積木結構細節化修正。幼兒完成包含樓梯、平台、坡道的基本結構後，進行「玩偶試溜」的遊戲，以檢視積木溜滑梯的實用性。因積木坡道缺少扶手的構造，玩偶會斜斜的溜出去，幼兒因而有「如果溜斜斜的話，人都會掉出去」的看法，於是教師帶領幼兒實際觀察及滑溜滑梯，並以「看看為什麼遊樂場的溜滑梯不會讓小朋友跌出去」的提問與佈題情境，引導幼兒展開真實溜滑梯的觀察與體驗，以及之後的發現分享解題歷程。源自於參觀與體驗的新知覺以及發現分享的新訊息，幼兒修正、重組內在原有的幼兒溜滑梯心像與心智模式，因而在具基本特徵的積木溜滑梯成品上，增加扶手、屋頂等細節結構。

基於對安全性結構的關注與溜滑梯結構細節的新印象，幼兒在原有的積木溜滑梯上，增加積木坡道上的四倍塊積木扶手、以圓形拱塊（大彎曲）積木為替代物來象徵溜滑梯的屋頂，運用半圓形積木塞在坡道與平台連接處的空隙中，以及為使得坡道更為平滑而貼上白紙，完成「第一次完成的溜滑梯」積木模型。這些細節化積木溜滑梯結構的「靈感」，反映出幼兒依據目的判斷材料實用性的評估性思考。例如：四倍塊外形與真實溜滑梯扶手的相似性，圓形拱塊與屋頂外形的相似性，半圓形積木的高度與空隙深度的相符程度，以及白紙表面的光滑度。另外，幼兒的「溜」滑梯行動經驗與知覺，增進幼兒對於積木結構完整性的察覺能力，以及細節化積木溜滑梯結構的能力。例如：幼兒提到：「我溜滑梯的時候不會直接掉到地上，也不會撞到籃子（防止積木下滑），

是慢慢、慢慢停下來……因為溜滑梯會慢慢變成平平的。」於是，幼兒選擇四倍塊積木為材料，複製出類似於真實溜滑梯坡道底端的緩衝區造型，此源自於行動知覺經驗的靈感成功的解決了溜滑梯坡道下滑的問題。因為由數個四倍塊積木組合而成的緩衝區與地面接觸的面積大，再加上四倍塊本身的重量，所形成的摩擦力抵消了積木坡道的向前分力。

陸、單位積木替換的教育性經驗

在幼兒搭蓋「可讓坡道躺在上面的樓梯」的歷程中，發生二倍塊積木不夠用的問題，於是教師「藉機」引導幼兒思考如何以其他「積木替換」的方式，來補足樓梯搭建的材料，其步驟為（參見圖11-41）：開放式提問（怎麼辦）→發表與討論（積木替換經驗）→表徵練習（積木替換練習）→繪圖（記錄替換結果）→積木操作（再次重組坡道下的樓梯）。此經由教師引導而發展的解題歷程，為機會教育類型的非正式學習（informal learning）（柳賢、陳英娥、陳彥廷、柳嘉玲，2006）。非正式學習是指幼兒在自發式學習過程中，藉著教師引導來學習並非事先計畫的內容，教師則依據個人經驗和直覺，決定鷹架與介入的時機，比如說：幼兒正在解題但需要提示，或是教師認為需要強化特定的概念。本階段的樓梯搭蓋遊戲是幼兒自發的，但在搭蓋歷程中，教師選擇強化積木替換概念，因而介入安排幼兒參與積木替換的經驗分享、替換練習、圖示紀錄等活動，但教師保持旁觀的角色，鼓勵幼兒自行操作練習，並以積木為教材，提供幼兒建構數學比例關係，以及部分與整體概念的管道。

單位積木具有數學的比例關係（吳雅玲，2008），因此不同單位的積木可以相互替換運用，若以基本塊積木為單位（unit），基本塊、二倍塊與四倍塊積木三者之間的比例關係為1：2：4，所以八個小方塊（1/2基本塊）可以等長替換（組合而成）一個四倍塊。二倍塊與基本塊、三角塊（large triangle）、大三角塊（double triangle）、斜坡、方柱塊（pillar）的比例關係為1：4：2：4：4，也就是一個雙倍塊可由四個三角塊、兩個大三角塊、四個斜坡、四個方柱塊來替換（組合而成）。另外，四個三角塊可以組合成一個菱形。單位積木之間的制式化比例關係，可讓幼兒在操作積木時自由組合與替換，此操作歷程提供幼兒練習擴散性思考的管道，同時，也提供幼兒體驗與理解整體與部分之數

學關係知識的機會（林嘉綏、李丹玲，1999）。幼兒對整體與部分關係的理解，為日後理解分數（fractions）與發展保留概念的基礎知識（柳賢等，2006）。

在教師的「二倍塊積木都沒有了，怎麼辦？」的提問後，幼兒分享如何利用其他積木來替換二倍塊積木。在幼兒口頭分享（符號表徵）個人的積木替換經驗與知識後，教師邀請幼兒運用長方體與三角體的積木，練習與統整各種可能的等長積木替換方式（行動表徵），並將各式替換結果以圖示方式記錄（圖像表徵）。幼兒的積木替換組合與記錄圖示（圖 11-38），統整性呈現幼兒同儕所討論分享的二倍塊積木替換組合外，也延伸至四倍塊的替換組合。依據心智表徵的觀點（邱皓政，2008，蔣治邦，2002；Bruner, 1996），此隱藏在幼兒內在的符號、行動、圖像表徵「轉譯」練習歷程，一方面提供幼兒經由與專家同儕的積木操作合作經驗，來形成、重組、更新認知結構，使得幼兒的積木替換與比例關係的知識更為完整；另一方面，增進幼兒抽象解題思考的能力與技巧，在幼兒再度有積木替換的操作需求時，不需要操作積木，直接經由記憶心像來想像積木替換的可能組合，並能以語言及繪製圖示來組織內在思考，以及說明內在的構想。

幼兒繪製完成的積木替換圖示紀錄，是幼兒將排列完成的「各式積木替換組合」所呈現的視覺圖像轉化為運用線條所組成，用來代表與象徵該積木組合的圖示。然而，此圖示紀錄之所以能發揮象徵意義，是在於幼兒或教師的視覺感知（〈視覺感知〉，2008），依據既有的積木替換的心智模式，辨識線條訊息刺激，並詮釋出該圖示所象徵的積木替換關係。因此，在幼兒所繪製的紀錄中，積木之間的替換數量與實際的積木替換數量有出入，但圖示中所標記的數字符號，反映出幼兒對於積木之間替換與比例關係之心像。對幼兒而言，圖示中的線條組合主要是象徵積木形狀類別而非正確之數量；對成人而言，線條組合所象徵的意義則需兼顧積木形狀類別與真實的數量。換言之，此圖示紀錄一方面呈現幼兒的積木操作結果，另一方面象徵幼兒內在所形成的心像與心智模式，再一方面為幼兒自我溝通，以及與教師溝通的媒介。

在積木替換教育性經驗的啟發下，幼兒運用基本塊、大三角塊與三角塊來替換二倍塊的方式，完成支撐坡道樓梯的搭蓋。就探索遊戲的觀點而言（段慧瑩、黃馨慧，2000），此延續怎麼運用（what）長方體與三角體的積木替換練

習經驗，而完成樓梯造型並解決二倍塊積木不夠的問題遊戲類型稱為明確探索遊戲（specific exploration），而積木遊戲的自由探索情境，則可引導幼兒主動探究積木可以用來做什麼（how）的多樣性探索（diverse exploration）遊戲。例如：幼兒主動發現小方塊的長寬比例（育德與祺華），可以橫放與直放小方塊積木的方式，變化出樓梯階梯的層次性，並連結小方塊、基本塊、兩倍塊的比例關係的統整性構想，完成以自己想法為主的樓梯造型。換言之，教師的引導式遊戲經驗可以啟發幼兒的解題思考，並提供轉換為多樣性探索遊戲的機會，但幼兒需要有足夠的機會，去練習與創新解決問題的可能選擇方案。

柒、結論

　　兒童是天生的問題解決者，問題解決能力隱含在其存疑的態度與天生的好奇心。在受限於積木的低真實性與結構性的特性，幼兒在複製積木溜滑梯模型的真實結構細節時，產生許多搭建的問題，幼兒是以「我不知道為什麼，但是我要去找出原因」的解題態度（段慧瑩、黃馨慧，2000），主動觀察自己的解題行動與結果之間的因果關係，並思考、推論、實驗可能的解題嘗試。幼兒在上述的積木遊戲解題歷程中，觀察到物理的力學作用現象，以及運用積木的數量、比例，以及部分與整體關係，但不一定理解力學現象的科學原理，或是積木之間所呈現的數學邏輯關係。換言之，問題解決是一種目標導向的思考歷程，企圖找到替代方案或解決方法，不論方法的本質是具體或抽象的。幼兒解題能力的展現，是藉由教師「問題解決」提問所啟發。教師將問題明顯化，並以最少介入的方式引導幼兒自由探索、討論建構行動、反思想法，並提供幼兒逐漸精進思考層次，鍛鍊邏輯思考與問題解決能力的遊戲情境。因此，積木遊戲可被視為能讓幼兒自我滿足、體察科學現象與練習創造力的學習與發展媒介（Wellhousen & Kieff, 2001）。

參考文獻

吳雅玲（2008）。幼兒單位積木的表現型態與建構歷程之研究。國立臺南大學幼兒教育系碩士論文，未出版，台南市。

林伶芳（2004）。教科書和教師教學對學童「動物生殖」心智模式建構歷程的影響。屏東師範學院數理教育研究所碩士論文，未出版，屏東市。

林嘉綏、李丹玲（1999）。幼兒數學教材教法。台北：五南。

邱皓政（2008）。組織創新的認知歷程。2008 年 7 月 20 日，取自 http://cnet.crea-tivity.edu.tw/download/final/organization/chapter2.doc

柳賢、陳英娥、陳彥廷、柳嘉玲（譯）（2006）。幼兒數學教材教法。高雄：麗文。

段慧瑩、黃馨慧（譯）（2000）。不只是遊戲：兒童遊戲的角色與地位。台北：心理。

陳燕珍（譯）（1999）。幼兒物理知識活動──皮亞傑理論在幼兒園中的應用。台北：光佑。

視覺感知（2008）。2008 年 7 月 10 日，取自 http://www.belovedhome.org/multisen-sory04.htm

葉淑儀、楊淞丞、吳雅玲、蘇秀枝、黃文娟、莊美玲（譯）（2005）。幼兒教育概論。台北：華騰。

臧瑩卓（2004）。幼兒學習環境──理論與實務。台北：群英。

蔣治邦（2002）。由表徵觀點探討實驗教材數與計算活動的設計。載於詹志禹（主編），建構論──理論基礎與教育應用（頁 295-312）。台北：正中。

Bruner, J. S. (1996). *Toward a theory of instruction*. Cambridge, MA: Harvard University.

Leeb-Lundberg, K. (1996). The block builder mathematics. In E. S. Hirsch (Ed.), *The block book* (3rd ed., pp. 9-26). Washington, DC: National Association for the Education of Young Children.

MacDonald, S. (2001). *Block play: The complete guide to learning and playing with blocks*. Beltsville, Ml: Gryphon House.

Wellhousen, K., & Kieff, J. (2001). *A constructivist approach to block play in early child-hood*. Australia: Delmar.

chapter 12

力學原理的科學遊戲

文／劉曉晴　中台科技大學幼兒保育系、靜宜大學幼教學程

第一節　愛彌兒積木活動實例：彈珠溜的「溜滑梯」（大班）

壹、彈珠溜滑梯

　　為了增加孩子積木搭建的多樣性，老師將「彈珠」放入積木區做為配件。孩子發現了，拿起彈珠說：「彈珠要用滾的，從上面滾下來。」於是，孩子們在四倍塊積木下方墊積木當支撐點，架出一個斜面坡道（圖 12-1），再將斜面加寬（圖 12-2），然後將坡道的出口以積木擋住，玩起滾彈珠的遊戲。

　　孩子對可讓彈珠滾動的積木斜坡深感興趣，覺得像彈珠的溜滑梯。

老師：溜滑梯什麼樣
　　　子？
彥祺：有斜坡。
思妤：有架高的梯
　　　子。
程昱：有樓梯。

圖 12-1　孩子在四倍塊積木下方墊積木當支撐點，架出一個斜面坡道（暐勳，5歲10個月；德銘，5歲7個月）

圖 12-2　將斜面加高加寬（姝嫻，5歲7個月；德銘，5歲7個月）

陳昂：請小朋友畫設計圖就知道了。

孩子著手畫溜滑梯設計圖（圖12-3），並進行搭蓋。他們對溜滑梯的特徵、高度，及斜坡相當關注。先加長溜滑梯的滑道，老師增加了大小不同的玻璃彈珠、空心紙筒等物品，提供孩子觀察滑道坡度、長度與彈珠、物品滾動的關係（圖12-4）。事後，孩子分享使用不同物體在滑梯上滾動的觀察……

圖12-3　溜滑梯設計圖（維靖，6歲6個月）

陳昂：用這個（空心紙筒）可以滾下來，彈珠也可以。

陳昂：溜下來的地方變長。

老師：從哪裡開始溜？

維靖：從上面溜，要高一點溜比較好。

圖12-4　用這個（空心紙筒）可以滾下來，彈珠也可以（伯奕，6歲1個月）

貳、加寬、增高積木滑梯的坡道斜面

孩子在積木蓋的滑梯，玩過幾次彈珠、紙筒後，發現滑梯坡道還不夠高、滾動起來不好玩，決定蓋高一點的滑梯。老師邀請孩子一同溜校園的小滑梯（圖12-5），希望增加孩子對溜滑梯的認識。

回教室後，孩子搭建起點變高、終點變長的溜滑梯（圖12-6、圖12-7）。

圖12-5　孩子一起至戶外溜小滑梯

一、調整積木銜接處，解決滑道不平問題

加長的溜滑梯坡道由兩根四倍塊銜接而成，兆維試溜彈珠時，發現彈珠溜到一半會卡住，因為它（積木銜接）凹進去。孩子立即調整坡道銜接處下的積木高度（圖12-8），試圖解決滑道不平的問題，稍微緩合滑道不平整的狀況。

圖 12-6　將高度及斜面架高
加寬（彥禎，6 歲 4 個月；
敏閔，5 歲 11 個月）

圖 12-7　搭蓋高度遞減的溜滑梯柱子（承
婕，6 歲 6 個月）

二、比較不同高度的溜滑梯

調整積木斜面坡度後，孩子持續搭蓋完成
兩座高低不同的溜滑梯，完成後，老師引導孩
子進一步觀察滑道坡度高低與彈珠滾動快慢間
的關係（圖 12-9、圖 12-10），並請孩子畫下觀
察記錄圖（圖 12-11）。

圖 12-8　調整坡道銜接處下方的積
木高度，試圖解決滑道不平的問題
（逸涵，6 歲）

老師：這次溜下去有什麼不一樣？

大鈞：高的溜比較快、低的溜比較慢。

兆維：因為斜斜的。

佳佑！大的彈珠溜比較久，小的溜比較快。

參　搭蓋單一滑道的長形溜滑梯

孩子繼續搭蓋直線型溜滑梯，將它加大、加長。莫亞反應：「蓋滑梯很容
易倒下來，要先蓋柱子。」孩子們同意，並先畫下設計圖（圖 12-12）。

這回，孩子使用柱子支撐方形底層（圖 12-13），再加上屋頂；滑道仍以
兩根四倍塊銜接，並以橫式堆疊出滑道旁的扶手，蓋好一座小小溜滑梯（圖
12-14）。邀請孩子們一起輪流使用彈珠玩溜滑梯。

試玩溜滑梯時，發現滑道仍然不平……

哲弘：四倍塊會凸起來。

圖 12-9　實驗高坡滑道速度（大鈞，6 歲 1 個月）

圖 12-10　兆維實驗低波滑道速度矮的滑梯

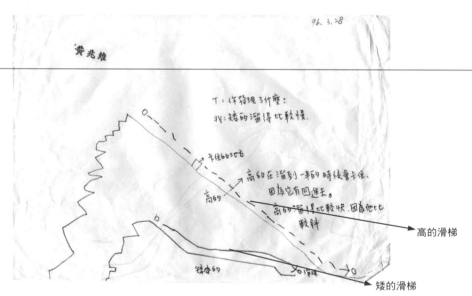

圖 12-11　高、低溜滑梯紀錄圖（兆維，6 歲 4 個月）

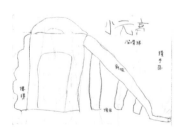

圖 12-12　有扶手及預計溜下的位置設計圖（元亭，6 歲 5 個月）

圖 12-13　使用柱子支撐方形底層（姝嫻，5 歲 10 個月；品傑，6 歲 6 個月）

圖 12-14　完成的小小溜滑梯

兆維：就是積木的頭對頭黏起來的地方。

老師：怎麼辦？

姝嫻：積木換一樣長的。

孩子建議更換一樣尺寸的單位積木，但積木的銜接處仍突出不平（圖 12-15）。

圖 12-15　積木銜接處仍凹凸不平

肆、解決不平的滑道，挑戰多滑道的溜滑梯

老師發現只有單一滑道，孩子玩彈珠時產生擁擠，老師期待孩子增加滑道數量，並解決滑道不平的問題。

老師：如果想要增加其他路線，可以用什麼方法？

彥禎：可以蓋多一點，本來是一條的溜滑梯，旁邊再加二條。

老師：可是積木會不夠。

兆維：換別種好了。

元亭：樓下的空心積木長板子。

老師：為什麼要用長板子？

哲弘：因為四倍塊會凸起來（指斜坡處）。

為了改善遊戲時的擁擠，孩子提出增加滑道數量，又擔心積木數量不足，因此，以長板子替代單位積木成滑道斜坡，同時解決了滑道不平的問題（圖 12-16）。增加滑道的部分，孩子由中心的正方基座，延伸出長板子搭蓋的三邊斜坡（圖 12-17）；為阻擋彈珠滾出滑道，滑道側邊由積木橫疊的階梯式扶手（圖 12-18）改成直立排列（圖 12-19）；並在中心的正方基座加入屋頂造型（圖 12-20），完成三條滑道的溜滑梯。

伍、修正滑道扶手，完成三條滑道的溜滑梯

老師考慮到孩子使用彈珠時，滑道兩側扶手很重要，與孩子討論兩旁滑道的扶手樣式。

圖 12-16　孩子改用長板子當溜滑梯的滑道

圖 12-19　改成直立式扶手

圖 12-17　由中心的正方基座，延伸出長板子搭蓋的三邊斜坡

圖 12-18　三條路線的搭蓋（階梯式扶手）

圖 12-20　加高尖尖屋頂（逸涵，6 歲）

老師：有沒有人覺得溜滑梯的兩邊（扶手），哪種樣子比較好？

亦庭：都是直的，滾的時候會垮下來。

莫亞：可以用平的。

大鈞：沒有圍牆會滾到旁邊。

宇瑄：橫的比較不會垮，直的很會垮。

承婕：用樓梯型的試試看。

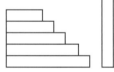

橫疊式扶手

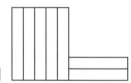

直立式扶手

　　孩子原預計使用樓梯式的橫疊加蓋滑道兩旁扶手（圖 12-21），搭蓋過程中，承婕發現只用一個四倍塊當扶手（圖 12-22），就可以擋住滑道兩側，且不會影響彈珠溜滑梯時的互相碰撞。

　　參考承婕的建議，孩子們修正搭蓋方式，順著溜滑梯的斜面放置與斜面平行的扶手積木。最後，孩子美化了溜滑梯基座上方及樓梯，完成有三條滑道的彈珠溜滑梯（圖 12-23、圖 12-24）。

圖 12-21　用樓梯式的橫疊法蓋扶手

圖 12-22　承婕發現將積木與滑道平行、斜躺支撐即可

圖 12-23　孩子完成三條滑道的溜滑梯

圖 12-24　孩子試溜三條滑道的溜滑梯

❀第二節　大班「溜滑梯」遊戲活動分析

文／馬祖琳

　　幼兒的遊戲主題往往與遊戲素材有關，而特定的素材會導引特定的遊戲內容與方式（郭靜晃，1992），例如：幼兒在沙坑挖沙來建城堡，用顏料畫畫，用洋娃娃或家具組合玩具進行想像遊戲。積木常被幼兒用來創作「彈珠滑道」，並進行對幼兒有相當吸引力的滾彈珠遊戲，幼兒喜愛控制彈珠在積木滑道的滾動方式，並以變異積木滑道造型及斜面傾角的方式，來探索、觀察及決定彈珠的滾動方向和速度（柳賢、陳英娥、陳彥廷、柳嘉玲，2006）。在積木區，幼兒也常以相同斜面傾角的滑道結構，試驗及觀察不同物體，因摩擦力大小的差異，而產生的物體滾動速度變化（葉淑儀、楊淞丞、吳雅玲、蘇秀枝、黃文娟、莊美玲，2005）。此類運用斜面（ramp）結構為主的物體滾動遊戲活動，提供幼兒經由操作行動，觀察物體滾動變化，進而建構有關力學（mechanics）之物理知識（physical knowledge）的絕佳機會（陳燕珍，1999）。而該類物理知識活動的特質為：(1)能讓幼兒以自身行動直接操弄物體，而物體會有立即性的運動反應可供觀察；(2)物體所反應的力學現象與幼兒的操作行動有直接相關性。

　　誠如上述，「彈珠溜的溜滑梯」遊戲活動，反映出幼兒對於滾動彈珠與搭蓋積木斜面結構所產生的興趣，以及在遊戲歷程中，幼兒體驗力學現象之潛在學習經驗，其間積木的用途為表徵幼兒內在認知之媒介外，積木也同時為幼兒檢視想法以及進行科學探索（inquiry）的實驗性材料（Moffitt, 1996）；其中「想法」是指幼兒組織（幸曼玲，1999）其觀察、比較彈珠滾動現象與積木斜面結構經驗所形成的想法；而「科學探索」是指尋找問題與解決問題的思考歷程（王美芬、熊召弟，1998），亦指幼兒在搭建積木滑道過程中，找尋、發現可能的結構問題，以及構想解決問題行動之思考歷程。

　　在活動之初，幼兒為「玩」彈珠遊戲，而自發性完成具斜面特性的簡易式積木斜坡，積木之主要用途為「表徵」幼兒對於彈珠的滾動特性之內在認知及

遊戲經驗。而後，經由教師的引發，在幼兒觀察到彈珠滾動現象與積木斜面結構的關聯性後，為增加彈珠遊戲的好玩與趣味性，幼兒創作完成具「溜滑梯」造型特徵的彈珠滑道。積木在此階段的主要用途為，幼兒用於實驗如何才能搭蓋出「又高又長」積木滑道的實驗性材料。此外，受限於四倍塊積木的長度，幼兒以連接兩根四倍塊方式，組成加長型積木彈珠滑道的歷程中，面臨滑道不平整（接縫處有凹洞）的挑戰，但此類挑戰卻也提供幼兒自發性的找尋問題與解決問題之科學探索學習情境。在積木彈珠滑道完成後的彈珠「試溜（滾）」實驗行動，一方面檢視積木斜面結構的效果性，另一方面也提供幼兒觀察與體驗重力、摩擦力等力學現象之科學遊戲經驗；而科學遊戲是指將科學活動與遊戲活動結合，寓教於樂，讓幼兒從遊戲中體會科學原理（蕭次融、羅芳晃、房漢彬、施建軍，1999）。

在「彈珠溜的溜滑梯」的科學遊戲活動中，彈珠及積木為進行力學科學遊戲之實驗道具（Cuffaro, 1996; Moffitt, 1996），幼兒滾動彈珠或其他物品的操作行動為動力學（dynamics）原理的實驗，幼兒為穩固與平衡積木滑道結構的各種試驗性堆疊行動則為靜力學（statics）原理的實驗。對幼兒而言，積木搭建的靜力學實驗為其不自知的潛在性實驗歷程，幼兒僅視積木為創作素材，經由不斷嘗試錯誤的歷程，找出能讓積木穩固不倒場的堆疊方式，此嘗試性的積木操作行動即是在進行靜力學的實驗。彈珠滾動的動力學實驗內容主要是探討彈珠滾動的速度，包含：滾動時間、滾動距離及加速度等。彈珠滾動速度的影響因素為：彈珠的球形形狀特質、重量及大小的內在變因；以及積木坡道寬度、長度與表面光滑度，與斜面的傾角大小的外在環境變因。當積木坡道的斜面傾角越大（坡度越陡），坡道長度越長，則彈珠的滾動速度會越快，而滾動時間也越長。對幼兒而言，要能搭蓋出一個能讓彈珠滾的速度越快，時間越久的積木滑道，才能讓「滾彈珠」遊戲變得有趣而好玩。因此，如何以積木搭建出一個坡道又長，而坡度又陡且穩固的斜面構造之建構遊戲，成為此科學遊戲的主角，而滾動彈珠的遊戲本身則成為配角。積木建構遊戲成為主角的原因，是因為積木的可重組性遊戲素材特質，可提供幼兒多重變化的坡道斜面組合，而能使幼兒實驗出一個理想中又長、又陡、又穩固的坡道斜面構造。此外，當幼兒完成此理想的斜面構造時，其好奇心與探究動機被滿足的同時，「滾彈珠」的

遊戲也進入了尾聲。

簡言之，積木溜滑梯的搭蓋目的是為了「玩」滾彈珠遊戲，但此蘊含力學原理的探索性科學遊戲（inquiry-based science play）（Moffitt, 1996），提供幼兒一個可體驗「只知其然但不知其所以然」（陳燕珍，1999）的力學原理實驗活動。

壹、彈珠遊戲的力學現象體驗

在第一階段「彈珠溜滑梯」遊戲活動的最初始，幼兒自發性的運用四倍塊積木搭蓋出具斜面特性的簡易式彈珠滑道（以積木墊高四倍塊積木的一邊），是源自於幼兒對於實驗彈珠滾動特質的興趣，以及先備知識：「彈珠要用滾的，從上面滾下來」。此時，積木的功能為幼兒用於表徵其對於彈珠滾動現象與斜面關係的內在認知之媒介。另外，幼兒將積木斜坡出口端圍堵起來，以用於阻擋彈珠繼續滾動的搭蓋行動，則反映幼兒對於彈珠會在地面持續滾動現象的觀察經驗與認知。

就物理的力學觀點而言，因地吸引力的關係，使得任何物體可由高處往下掉落，此一現象是由重力（gravity）所造成。在幼兒不需使力的情況下，彈珠會自然由積木斜坡的上端往下滾動，亦為此一原理所表現出的現象。彈珠滾動速度的快慢則與積木斜坡的傾斜角度之大小有關；彈珠在傾斜的積木坡道上，因重力的作用產生了「下滑分力」，及垂直於滑道的「正向力」（楊之初，2005；如圖 12-25）。當斜坡的斜度越陡時，彈珠受到下滑分力的力量就越大，因此速度就越快；彈珠滾動的速度越快，可以觀察到滾動的時間就越短。另

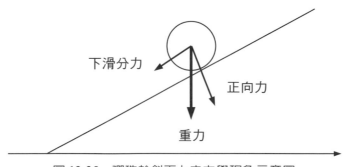

圖 12-25　彈珠於斜面上之力學現象示意圖

外，彈珠自積木斜坡往下滾動至地面時，仍會繼續往前滾動，是物體的慣性原理（inertia，靜者恆靜，動者恆動）所造成。在地面滾動的彈珠會因與地面接觸所產生的摩擦力作用，而停止滑動，而摩擦力是指阻礙某固體在另一固體上滑動與滾動之力（大英簡明百科知識庫，2008）。當地面越光滑（摩擦力越小）則彈珠會滾得越快，時間與距離也就越長。至於幼兒在坡道下端放置積木，來阻擋下滑彈珠的直覺想法與行動之所以能成功，亦為摩擦力的原理。當彈珠撞擊幼兒所放置於坡道下端的積木塊時，該積木塊與接觸地面之間將產生摩擦力；若該摩擦力大於彈珠的撞擊力，所放置的積木將可阻止彈珠繼續滾動。

　　幼兒覺得積木斜坡像「彈珠溜滑梯」的知識建構，為幼兒「同化」其個人「溜」滑梯經驗的認知表現：幼兒以自己由溜滑梯坡道往下滑的個人經驗來詮釋彈珠自積木斜坡往下滾動的觀察經驗。在教師詢問：「溜滑梯（是）什麼樣子？」時，幼兒以口說語言說明其所認知的溜滑梯結構特徵：樓梯與斜坡；但並未能說明溜滑梯的具體結構外型（樣子），因此，幼兒有「請小朋友畫設計圖就知道」溜滑梯樣子的建議。幼兒所畫的溜滑梯結構圖示（diagram），呈現出表徵往上走樓梯的線條，與表徵多個往下的彈珠溜滑梯（滑道）線條之結構關係位置，此圖像語言（graphic language）有表達性、溝通性及認知性語言的功能（劉智雄，2003），能讓幼兒表達較為完整的內在認知與想法。

　　在第一階段「彈珠溜滑梯」遊戲活動中，經由繪圖、搭蓋及變化彈珠溜滑梯的結構，以及實驗、觀察不同物品的滾動情況，幼兒所觀察及體悟到的物理知識為：要讓彈珠遊戲好玩，積木溜滑梯坡道的長度要加長，而溜滑梯坡道的頂端也要架高（斜度要越陡），例如：「溜下來的地方有再變長」，「從上面溜，（坡道）要高一點溜比較好」。就力學觀點，加長坡道長度，可以增加彈珠的滾動時間，幼兒可以觀察的時間也越長；而坡道斜面的斜度越陡，彈珠的滾動速度就越快，皆可提升彈珠遊戲的趣味性。另外，幼兒所觀察到：「用這個（空心滾筒）可以滾下來，彈珠也可以」，以及「彈珠是圓圓的，可以溜（滾）」的物體滾動現象，是由物體本身的形狀，以及物體與坡道接觸面積範圍大小的關係所產生。彈珠為球形，其與積木斜面的接觸為一「點」，因此，在坡道斜面上所產生的重力方向線會持續超過接觸點（如圖 12-26），而產生滾動現象。空心滾筒的外型為圓柱體，當圓柱體橫放（與斜面方向垂直）時，

其與積木斜面的接觸為一「線」，因此，在斜面上所產生的重力方向線會持續超過接觸線（如圖 12-26），而產生滾動現象。若物體為塊狀體，其與積木斜面的接觸為「面」，因此，在斜面上所產生的重力方向線，若超過該接觸面積範圍亦會發生滾動現象，此將取決於斜面的傾斜角度大小，傾斜角度越大，發生滾動現象的機會越大（如圖 12-27）。

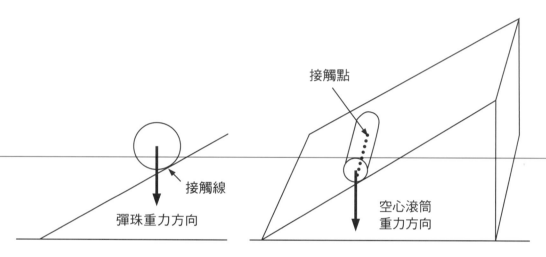

圖 12-26　彈珠及空心滾筒於斜面上滾動之力學原理

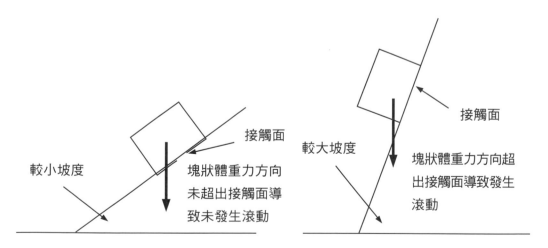

圖 12-27　塊狀體於不同之斜面坡度上是否發生滾動現象示意圖

貳、讓彈珠滾的快又久的溜滑梯

在第二階段「加寬、增高溜滑梯的坡道斜面」的積木搭建中，幼兒為達成最想製造的好玩效果，如何搭蓋一個增加坡道長度、架高坡道頂端高度的彈珠溜滑梯，成為此階段幼兒積木建構的焦點。此外，因溜滑梯造型為積木建構的主題，幼兒以不同積木堆疊方式來表徵樓梯結構外型，並運用四倍塊所組成的斜面來表徵溜滑梯的坡道。

承婕加高溜滑梯坡道的方式，是採用在四倍塊積木下，直立放置二倍塊、基本塊等積木來支撐四倍塊斜面的方式完成。彥禎與敏閎為架高坡道斜面的高度及加長坡道，採用把兩個四倍塊連結起來增加坡道的長度，以及在連接處及坡道下橫放積木支撐坡道的方式完成。此兩種方式的積木斜面結構之所以能保持穩定，不會倒塌的原理，是因為積木斜面與支撐積木之間所產生的摩擦力所導致。當積木斜面與地面接觸時，會產生阻礙斜面前進之摩擦力（楊之初，2005）。當此摩擦力不足以阻擋斜面的下滑力時，積木斜面將倒塌。但幼兒在積木坡道斜面下放置支撐積木塊，可增加接觸面，因而也增加阻礙斜面前進之摩擦力，因此坡道下支撐的積木數量越多，則接觸面越多，所產生的摩擦力也越大，因而穩固了坡道結構。此外，坡道下的橫放支撐積木更為穩固的原因，是因為橫放積木與地面的接觸面積範圍較直放積木的接觸面積為大，因此，當斜面積木本身重量所產生的下滑分力推向支撐積木時，使得支撐積木的重力方向產生變化；該變化如果超出接觸面積範圍，將導致支撐積木傾倒，而橫放積木的重力方向變化較直放積木不易超出接觸面積範圍，因而更為穩固，不易倒塌。此一現象即為幼兒沒有覺察到，且不需理解的靜力學原理所導致。

在完成並以彈珠試溜（滾）坡道後，兆維自己發現以連結兩個四倍塊積木所組成的加長坡道，在銜接處會有空隙，彈珠滾動時，會有被卡在空隙內的問題：「溜到一半會卡住，因為它（積木銜接處）凹進去。」為達成彈珠的遊戲效果，兆維立即調整坡道銜接處下的支撐積木高度，試圖解決滑道不平的問題。雖然此方法只能減緩連接處的凹陷程度，並沒有真正解決積木坡道有空隙的問題，但此主動發現與找尋問題解決策略的思考及實作歷程，具有科學探究（science inquiry）（徐慶雲，2008）的意義，能增進獨立思考能力、問題解決

能力及創造力（段慧瑩、黃馨慧，2000）。換言之，積木的組合性遊戲功能與可重組性的遊戲素材特質，提供幼兒經由發現而學習的科學探究性質的學習情境：幼兒由自己的想法出發，藉由積木來自我檢視想法的合宜性，並在完成理想中的積木創作成品的動機激發下，主動找尋積木結構問題，並持續嘗試可能的解決行動策略。

在教師引導下，幼兒觀察、比較滑道坡度高低與彈珠滾動快慢之間的關聯性，並以圖示繪製的圖像語言與口語說明方式，分享觀察心得。幼兒觀察與比較出坡度斜度「高的溜比較快、低的溜比較慢」，以及「大的彈珠溜比較久，小的溜較快」之彈珠滾動現象之差異性。如前述，彈珠滾動速度的快慢與積木斜坡的傾斜角度之大小有關，當斜坡的斜度越陡時，彈珠受到下滑分力的力量就越大，因此速度就越快；彈珠滾動的速度越快，因而可以觀察到滾動的時間就越短。當幼兒使用較大體積的彈珠時，會發現滾動時間較小體積的彈珠為久，其原因為空氣阻力及摩擦力所導致。大彈珠由於與空氣的接觸面積較小彈珠大，所以，空氣對大彈珠所產生的阻力也較大。因此，大彈珠的下滑分力被空氣阻力所削減的量較小彈珠為大。此外，大彈珠由於重量較小彈珠為大，因此，大彈珠因重力與接觸斜面之間所產生的摩擦力亦較小彈珠為大，因而導致大彈珠的下滑分力亦減少。在此雙重效應之下，導致幼兒所觀察到大彈珠滾動的速度較慢，時間也較久。

在「能讓彈珠滾的快又久的溜滑梯」的積木搭建目標下，幼兒未預期的完成了高低不同的彈珠坡道（溜滑梯坡道），並經由實驗、比較不同斜度的坡道，及大小不同彈珠的滾動情形的歷程，幼兒觀察到彈珠滾動的動力學現象，並且在不自覺的情況下，運用了靜力學原理來完成積木坡道的搭建。

參、不好玩的彈珠溜滑梯

在第三階段「搭蓋單一滑道的長形溜滑梯」的活動中，幼兒延續「搭蓋加長坡道的彈珠溜滑梯」的積木搭建主題。由幼兒所設計的溜滑梯結構圖示，以及幼兒對於搭蓋加大及加長坡道的溜滑梯，所發表的積木搭蓋心得：「蓋（坡道）很容易倒下來，要先蓋柱子（坡道下的支撐積木）」；可以發現幼兒對於積木坡道下滑與倒塌問題的覺察，以及對於該問題的解決行動策略。幼兒採取

增加支撐積木的數量來防止坡道下滑與倒塌，以及選擇不同長度的積木做為支撐積木以維持坡道的穩定，為靜力學原理的運用。如前述，由於坡道斜面因本身重量下滑時，與支撐積木之間的接觸點，將形成反作用力形式的摩擦力，而阻止坡道下滑，形成靜力平衡。當支撐積木的數量越多，與坡道斜面之間所形成的接觸點越多，則摩擦力越大，而阻止坡道下滑的力量也越大，使坡道更行穩固。然而，幼兒並不需要理解此原理，而能藉由觀察或堆疊經驗所形成的直覺想法，採取增加支撐積木的解題行動。

　　由於幼兒將用於實驗彈珠滾動的滑道比擬為溜滑梯，因此，幼兒在此階段所完成的彈珠溜滑梯積木造型，具有真實溜滑梯的寫實特徵結構：樓梯、樓梯與坡道之間的平台結構、平台上的屋頂、加長的坡道以及扶手等。利用上下兩排四倍塊積木所組成的加長坡道，在幼兒開始玩「滾彈珠」的遊戲後，仍然出現連接處有凸起來（凹進去）的問題沒有解決。Cuffaro（1996）指出，積木的種類決定了幼兒在積木操作的創造性想像能力。因此，幼兒受限於四倍塊積木的長度（單位積木中最長的積木），幼兒只能以連結兩根四倍塊的方式，來達成加長坡道的搭建目的，但這項問題挑戰也成為幼兒經驗科學探索的學習機會。此問題在第四階段「挑戰多滑道的溜滑梯」的搭建歷程，獲得了解決：以「樓下的空心積木長板子」代替「會凸起來」的四倍塊，此問題解決的構想與行動，反映幼兒源自於幼兒積木建構經驗所形成的「感官認知模式策略」（段慧瑩、黃馨慧，2000）。

肆、滑道扶手的巧思

　　幼兒利用四倍塊積木或長板子所組成的坡道斜面，會因為放置的角度，會有向左或向右傾斜的現象發生，致使彈珠沿斜面向下滾動的過程中，會有向左或向右偏斜滾動的情況，因而彈珠會滾出坡道斜面外。因此，幼兒為阻擋彈珠滾出滑道，以直覺想法，在滑道側邊加裝類似溜滑梯扶手的積木，以阻擋彈珠滾出滑道。幼兒先是以橫放積木方式，組成配合坡道斜度的階梯式積木扶手。在幼兒加高坡道頂端高度後，幼兒在斜度頂端與前端，以直立排列積木方式搭建出積木，下端則仍採用橫放積木堆疊出積木扶手。

　　在教師引導下，幼兒說明其所觀察到與分類出的積木扶手穩定度差異為：

「都是直的，滾（彈珠）的時候會垮下來」，「橫的比較不會垮，直的很會垮」。此差異性的產生，是由力學中穩定度（stability）原理所導致：橫放積木更為穩固（穩定度大）的原因，是因為橫放積木與地面的接觸面積較直放積木的接觸面積為大，因此，橫放積木在接受外在推力（幼兒自己碰到或是彈珠滾動時撞到）時，其重力方向線較直放積木不易超出接觸面，因而更為穩固，不易倒塌。

幼兒統整橫向放置積木與支撐積木的搭蓋與觀察經驗，以兩個四倍塊積木橫放在坡道側邊，並以兩倍塊與基本塊積木撐在四倍塊積木扶手的方式，完成更具寫實性的溜滑梯坡道及其扶手的造型結構。此扶手結構組成的穩固原理，是扶手積木與支撐積木與地面之間的接觸點所產生摩擦力所致。扶手積木塊因本身的重量所產生的下滑力與兩個支撐積木與地面所構成的三個接觸點，產生反作用形式的摩擦力，而能阻止扶手積木的下滑，使其穩固。

最後，幼兒以裝飾性與對稱性的積木建構型式（Johnson, 1996），完成溜滑梯基座（連結平台）上的美化創作，再由多種積木堆疊表徵樓梯的積木創作，完成其理想中，坡道又長、又高（陡）的「彈珠溜的溜滑梯」。

伍、結論

透過遊戲進行科學活動，特別吸引兒童（鐘聖校，1998），在彈珠及積木斜面所建構的遊戲情境（context）中，幼兒經由觀察、比較、分類、預測、解釋、實驗等實物操作途徑，觀察彈珠滾動的動力學現象，且運用靜力學原理完成彈珠溜滑梯的搭建，雖然幼兒並不理解重力、摩擦力、慣性等抽象力學原理。此類源自於幼兒操作經驗所形成的直觀概念（intuitive concepts）（幸曼玲，1999）或直觀理解（intuitive understanding），卻能做為幼兒解讀外在世界相關現象、解決問題與發展抽象化物理概念的基礎知識（幸曼玲，1999；Landry & Forman, 1999）。積木及彈珠為幼兒提供一個從建構遊戲中體驗科學原理的非正式科學學習（informal science learning）（Landry & Forman, 1999）之學習情境。

參考文獻

大英簡明百科知識庫（2008）。摩擦力的定義。2008 年 9 月 30 日，取自 http://wor-dperdia.britannica.com/concise/content.htm

王美芬、熊召弟（1998）。國民小學自然教材教法。台北：心理。

幸曼玲（譯）（1999）。科學教育的迷思。載於陳燕珍（主編），幼兒物理知識活動──皮亞傑理論在幼兒園中的應用（頁 9-13）。台北：光佑。

柳賢、陳英娥、陳彥廷、柳嘉玲（譯）（2006）。幼兒數學教材教法。高雄：麗文。

段慧瑩、黃馨慧（譯）（2000）。不只是遊戲：兒童遊戲的角色與地位。台北：心理。

徐慶雲（2008）。實施探究式科學闖關遊戲提昇國小學童科學學習成果之行動研究。國立屏東教育大學數理教育研究所碩士論文，未出版，屏東市。

郭靜晃（譯）（1992）。兒童遊戲。台北：揚智。

陳燕珍（主編）（1999）。幼兒物理知識活動──皮亞傑理論在幼兒園中的應用。台北：光佑。

楊之初（2005）。國小中高年級學童之摩擦力概念之研究。國立台中師範學院自然科學研究所碩士論文，未出版，台中市。

葉淑儀、楊淞丞、吳雅玲、蘇秀枝、黃文娟、莊美玲（譯）（2005）。幼兒教育概論。台北：華騰。

劉智雄（2003）。92 年度幼稚園課程與教學專業成長專書：以心智圖發展的主題教學。台北市教育研習中心。

蕭次融、羅芳晃、房漢彬、施建軍（1999）。動手玩科學。台北：遠哲科學基金會。

鐘聖校（1998）。如何提高師專學生的研究精神。國民教育，**24**（11），28-30。

Cuffaro, H. K. (1996). Dramatic play: The experience of block building. In E. S. Hirsch (Ed.), *The block book* (3rd ed., pp. 75-102). Washington, DC: National Association for the Education of Young Children.

Johnson, H. M. (1996). The art of block building. In E. S. Hirsch (Ed.), *The block book* (3rd ed., pp. 9-26). Washington, DC: National Association for the Education of Young Children.

Landry, C., & Forman, G. (1999). Research on early science education. In C. Seefeldt (Ed.), *The early childhood curriculum: Current findings in theory and practice* (pp. 133-159). New York: Teachers College Press.

Moffitt, M. W. (1996). Children learn about science through block building. In E. S. Hirsch (Ed.), *The block book* (3rd ed., pp. 27-34). Washington, DC: National Association for the Education of Young Children.

國家圖書館出版品預行編目資料

幼兒創造性思考的表徵經驗：台中市愛彌兒幼
兒園積木活動紀實／馬祖琳主編.--初版.
--臺北市：心理，2009.04
　　面；　公分. --（幼兒教育系列；51125）
含參考書目
ISBN 978-986-191-252-3（精裝）

1.幼兒教育　2.幼兒遊戲　3.教具　4.創造性思考

523.24　　　　　　　　　　　　　98003581

幼兒教育系列 51125

幼兒創造性思考的表徵經驗：
台中市愛彌兒幼兒園積木活動紀實

作　　者：馬祖琳、戴文青、臧瑩卓、林意紅、愛彌兒幼兒園教學團隊
主　　編：馬祖琳
策　　劃：高琇嬅
執行編輯：高碧嶸
總 編 輯：林敬堯
發 行 人：洪有義
出 版 者：心理出版社股份有限公司
地　　址：231 新北市新店區光明街 288 號 7 樓
電　　話：(02)29150566
傳　　真：(02)29152928
郵撥帳號：19293172　心理出版社股份有限公司
網　　址：http://www.psy.com.tw
電子信箱：psychoco@ms15.hinet.net
駐美代表：Lisa Wu（lisawu99@optonline.net）
排 版 者：辰皓國際出版製作有限公司
印 刷 者：辰皓國際出版製作有限公司
初版一刷：2009 年 4 月
初版三刷：2018 年 1 月
I S B N：978-986-191-252-3
定　　價：新台幣 450 元